論集

明治時代の東大寺

――近代化がもたらした光と影――

ザ・グレイトブッダ・シンポジウム論集第十七号

東大寺

表紙カバー　杉本健吉　画伯

序

平成三十年（二〇一八）は元号が明治に改元されてから百五十年目ということから、昨年の第十七回「ザ・グレイトブッダ・シンポジウム」（GBS）は十一月二十四日・二十五日の両日、「明治時代の東大寺―近代化がもたらした光と影」をテーマに開催いたしました。

明治への転換期は現在へと続く、政治・経済・社会の基礎が築かれた時代で、「近代化」の言葉にはそれまでの「暗」の時代を打ち破った「明」のイメージが広がっています。しかし宗教の「近代化」にともなった廃仏毀釈・神仏分離の動きは奈良や東大寺、興福寺などにとって一千年以上育んできた価値観を一変させるものでした。ただ百五十年という時間の長さは、まだ「歴史」としては認識されにくく、「明」「暗」の両面ともこの時代の具体的状況の解明に向けた研究は緒に就いたばかりだと言えます。

本論集はこうした百五十年前の明治時代のさまざまな面の「歴史」を明らかにする発端となる講演や研究報告、討論会を集録しております。本論集が今後の明治時代史の一つの記念碑となることを願っております。

最後になりましたが、今後共本シンポジウムに対し皆様のご支援を賜りますようお願い申し上げます。

令和元年十一月二十三日

第二二三世東大寺別当　狹川普文

目次

序……狹川　普文

基調講演
近代仏教史観の見直しと東大寺—正法理念と『金光明最勝王経』に着目して—……島薗　進　7

特別講演
明治期における神仏分離と修験道……田中　利典　27

特別講話
東大寺に残る神仏習合……狹川　宗玄　41
東大寺を管轄した時代の浄土宗—『教導職要用記』を手がかりとした予備的考察—……谷川　穣　61
文化財写真の資料的意義—明治時代の奈良の調査を中心に—……田良島　哲　79
近代南都と奈良博覧会……黒岩　康博　87

近世近代移行期の東大寺—組織の変遷を中心に—……坂東　俊彦　103

全体討論会
明治時代の東大寺—近代化がもたらした光と影……吉川　聡　狹川　宗玄　島薗　進　谷川　穣　田良島　哲　黒岩　康博　坂東　俊彦　127

発表者一覧……8

英文要旨……3
英文要旨作成／原まや

基調講演

近代仏教史観の見直しと東大寺
——正法理念と『金光明最勝王経』に着目して——

島薗　進

はじめに

二十世紀に広く受け入れられてきた日本仏教史観の特徴の一つに、鎌倉仏教優越史観がある。禅と浄土教に大乗仏教の到達点を見出し、それこそが日本仏教のすぐれた達成であるとする。あるいは、日蓮仏教に高い期待をかけ、そこを中心に日本仏教史を振り返るというものだ。鈴木大拙『日本的霊性』はその顕著な例だが、姉崎正治、内村鑑三、西田幾多郎、和辻哲郎、家永三郎、中村元、丸山眞男などにもそうした捉え方が見て取れる。

いやいや平安仏教こそ鎌倉仏教の基礎を築いたとか、聖徳太子が先駆者だとかいう評価も加わってくるが、最澄、空海、法然、道元、親鸞、日蓮らに高度の宗教思想上の達成があると見て、その前提に立って歴史が捉えられる。現代の宗派仏教の史観に影響を受けているることは明らかだろう。宗祖への崇敬が高いことが日本仏教の一つの特徴だが、仏教史・日本仏教史を振り返るときにもそれが反映していること、これが一つの理由である。もう一つの理由として、個人の内面の事柄として宗教を捉えようとするプロテスタント的・近代主義的な宗教観が作用してもいる。日本の仏教史で個人の内面的信仰が強調されるようになるのは、確かに平安時代から鎌倉時代にかけてである。

この仏教史観で見失われているものの一つは奈良時代の仏教であり、東大寺、また東大寺に関わった人々の歴史的意義である。聖武天皇、行基、鑑真、宇佐八幡宮などが思い起こされる。また、東大寺に深く関わった『金光明最勝王経』(『金光明経』)、四天王信仰、西大寺、戒壇、さらには正法という理念などだ。そして、社会に対して指導理念を提供し、人々の苦難に向き合い共生に尽くすとともに、護国の機能を果たすという仏教のあり方だ。「鎮護国家の仏教」と見るときは「護国」というところだけを見ていて、前者の側面が忘れられている。

明治維新以後の近代仏教史を振り返ると、神仏分離や国家神道の下での祭政一致体制の構築という流れに抗いながら、正法を掲げて社会の指導理念を示そうとしたり、人々の苦難に向き合い共生に尽くすという側面が折に触れて喚起された。だが、国家神道と富国強兵路線によってそれらが挫折を余儀なくされ、屈服していく過程が繰り返された。日蓮・法華系の仏教の隆盛もこのことと関わって理解すべきだろう。また、戒律復興や社会生活への積極的関与、あるいは菩薩行の興隆といった側面は鑑真や行基の存在の歴史的意義を想起させるものでもあった。国家神道による挫折という点では、大逆事件による思想弾圧の意義も再考すべきところだ。

現代において、正法理念や『金光明最勝王経』について、また奈良仏教の歴史的意義について捉え返すことも大きな課題だと考える。国家や神聖統治理念に従属するのではなく、むしろ社会に公共善の思想的基盤を提示し、仏教に基づく社会倫理を指し示していくようなあり方を展望することも必要である。このような日本仏教の現代的課題の提示は、東大寺という場にふさわしいことでもあるだろう。

一　正法の概念の重要性とその忘却

仏教の社会倫理を捉える際、重要な概念の一つに「正法」がある。そこでまず、中村元の『宗教と社会倫理』（岩波書店、一九五九年）によって、初期仏教から大乗仏教に至る「仏教と国家」観の展開を概観しよう。中村によれば、初期仏教以来、仏教は社会理想を示し、社会関与の実践を勧めてきた。やがて国家支配があまり強力ではなかったインドにおいても、国家支配が確立してくると、社会理想や社会関与はあるべき国王の理想像として示されるようになる。

その際、アショーカ王の登場が画期となり、理想的な仏教的帝王として転輪聖王の理念も成立する。そして、その後、ヒンドゥー教の影響を受けながら、大乗仏教的な仏教国家理想が定着してくる。国家と仏教教団の関係はさまざまにぶれるが、相互に支えあう関係はある程度、コンスタントに続く。その相互依存関係の核心に「正法」概念があった。このように見てくると、仏教の社会思想や社会関与実践は古代において、何よりも正法思想という形でその原型が確立したと言えるだろう。

㈠　インド仏教の正法理念と古代日本の鎮護国家論

『宗教と社会倫理』第七章の締めくくりの叙述で、中村は「国王の神聖性は、法の実現のうちに存する。「人は王を以て命と為し、王は法を以て身と為す」（『四十華厳』）と言う。宗教的な意味における法が王の生命なのである」とする。仏教が国家に優越するという点を強調しているのだ。その上で、中村は古代日本の鎮護国家思想に言及する。

このような思想を受けて仏教は「国家を守護するもの」として日本に受容されたのである。「鎮護国家」ということは、初期の日本仏教教団が単に強大な国家権力に迎合するために唱えたとのみ解することができない。（四一五ページ）

ここで、中村はたいへん重要な論点に触れている。古代日本の鎮護国家の理念は、初期仏教以来の正法理念、とりわけ大乗仏教の正法理念と深い関連をもつということだ。空海は「国家の為に薫修し、人天を利済せむ」と標榜して仏教を広め、延暦寺は「国家を鎮護するの事」（『三代実録』）を目的としていたと理解されていた。だが、中村はこれらはインドの正法国家理念とは大いに異なるものだと主張する。日本では仏教が「国家を指導するものというよりは、むしろ国家に奉仕するものと考えられていた。したがってインドの場合とは正反対な地位の顛倒が行われたのである。」（四一六ページ）

「正反対」というのはやや言いすぎである。日本古代においては、古代インドに比べて仏教に対して国家により高い地位が付与されたというのは確かだろう。「鎮護国家」の理念は確かにそうした特徴を反映していよう。

(二) 国家と宗教の好ましくない関係とは？

だが、それが正法理念とどういう関係にあるかは丁寧に検討してみなくてはならない。ここでは次のことだけを確認しておこう。日本では、少なくとも正法国家の理念や正法を掲げる仏教の理念が、古代から近代に至るまで根強く生きつづけてきた。正法理念は日本仏教史を貫く重要な概念の一つだった。

ここは確かに、現代人がかんたんには納得できないところだろう。国家が仏教教団を強権的に統制しようとするのはもちろん好ましくない。だが、国家が仏教教団を排他的に後押しし豪華な施設を作り、物量的に仏教の影響力を強めようとすることは是とされるべきなのか。教権が上位に立つにしろ、政権と教権が結びついて支配力を拡張していくことが、そのまま肯定されてよいのだろうか。

宗教と政治（国家）が相互に支え合って自己防衛的、拡張主義的に力を行使しようとするようなあり方に対して、疑問をもつ現代人は少なくない。現代社会では、権力者側の宗教や思想が少数者に押しつけられ、多元的な宗教や思想の共存が認められないような政治のあり方は、受け入れられない。経典が形成されていた時代の規範を、そのまま現代に適用するのは適切ではないということの典型的な例である。

とはいえ、以上に述べたことは、正法の概念を仏教の社会倫理の基本に関わるものとして再考することの意義を否定するものではない。また、実際に日本の仏教史において、それがどのように機能してきたかの検討を軽視してよいということにもならない。事実、正法の概念は日本仏教史において重要な位置を持ち続けてきた。道元の『正法眼蔵』や日蓮の『立正安国論』はそのことを示すわかりやすい例である。そして、東大寺の歴史的意義を振り返るときには、正法の概念を振り返ることが不可欠とさえ思われるのだ。

(三) 正法概念が軽視されていった経緯

仏教は最初期から正法による社会秩序の実現を目指す宗教だった。タイの仏教においてこれは今も真実と受け止められている。そして、日本仏教史においても正法の理念はきわめて重要な役割を果たしてきた。だが、従来の仏教論ではこの語やこの語が指し示す実践思想が、それにふさわしい注意を引いてこなかった。

中村元自身、『宗教と社会倫理』で「正法」の概念に頻繁に論及しているのに、その後の仏教思想論や仏教倫理論において、この概念にしかるべき場所を与えていないように思われる。それはどうしてだろうか。

第一に、仏教が国家と密接に関わる側面について、中村はしばしば強くマイナスの評価を与えがちだったという理由がある。仏教思想の伝統において、正法は国家を通して実現するものと考えられることが多かった。だが、中村はそれは国家が理想的なあり方をした場合に限られると考え、実際には俗にまみれた国家に宗教が従属するのが普通だったと見ていたようだ。

中村はアショーカ王に見られるような遠い過去の国家に理想を見ることはしても、現実の仏教国家のための施策に関与できるとは考えていなかった。これは、近代西洋の政教分離という理念を、「宗教は政治に関わるべきではない」と強く受け取る考え方に影響されたためかもしれない。他方、国家以外の形態で正法が社会に具現するというイメージも持ちにくかったようだ。二十世紀の最後の四半世紀になって顕著になってくる、公共空間における宗教の働きという考え方（公共宗教論、ホセ・カサノヴァ『近代社会の公共宗教』玉川大学出版部、一九九七年）に、中村はまだ接していなかった。そこで、正法は古代・中世の理念としてのみ捉えられることになったのだろう。

㈣　正法理念の軽視と正統的サンガの不在

第二に、正法は理想的なサンガ（僧伽）を連想させるものだったという理由がある。石井米雄が描き出した現代タイのモデルで明らかなように（『上座部仏教の政治社会学』創文社、一九七五年）、正法理念は戒律を守る出家者集団が堅固に実在するような仏教のあり方と連想されることが多かった。正法は国家が関わるとともに、高い敬意を抱かれる正統的なサンガが関わるものなのだ。

だが、日本の仏教のあり方は、初期仏教や上座部仏教が当然と見るような正統的なサンガにほど遠いものだ。明治以後の仏教教団は、国家の権威の源泉となるような地位をもたなかった。また、僧侶が肉食妻帯を許容されているような教団のあり方も、正法を支える正統的サンガの像から隔たっている。日本仏教史研究の大家、辻善之助が代表する日本仏教堕落論は、正法を具現するサンガの崩壊という仏教教団の現実に対する（儒者や仏教者の）理念的認識を反映したものだ。

そもそも日本の浄土教は、今生における正法の実現への絶望を動機としている。これは末法思想と不可分の理念的現実認識だ。「末法」を唱えることは、逆説的に「正法」の理念の重要性を証している。だが、浄土教において正法実現のための実践は後景に沈む。浄土教の影響が強かった日本の仏教史を捉える際、正法の理念が見失われがちである一つの理由はここにある。これは中村元の仏教理解においてもそうだった。

二　仏教の社会倫理の基礎を「慈悲」に見る

㈠　「正法」から「慈悲」へ

では、正法理念を見失った近代日本の学者や知識人は、仏教の実践思想の核心をどこに見ようとしたのだろうか。ここでは中村元に限定して話を進める。『宗教と社会倫理』で仏教の社会倫理（政治倫理や経済倫理）の根拠を問うた中村は、その後、仏教の実践思想や社会倫理の根拠をどこに求めようとしたのだろうか。

その答は「慈悲」である。最晩年の著作（奈良康明との対話）で、中村は「仏教の本質」は、またそもそも「人として歩むべき道」の核心は「慈悲」の語に要約できると述べている（『仏教の道を語る』東京書籍、一九九七年）。まずはその箇所を引用しよう。

仏教の中でも八万四千の法門がある。いわんや世の中には他の宗教もあれば、ほかのイデオロギーだとか倫理体系などもあるわけです。……我々はそれらをどのように受け入れ、どのように生かすべきであるか。その基準は何か……めいめいの人が他人との関連において生きています。その他人との関連において、温かい心を持って人々のためになるように行動していくということが根本……（二二ページ）

……人間の真実の道を求める、そこに仏教らしさがある、ということが言えるのではないかと思うのですが。その場合に、仏教の本質は何になるかという問題がまた出てくるわけですね。教義だとか、儀礼のうちに求めるべきではない。……それは、慈悲の精神ではないかと私は思うんです。（六二―三ページ）

慈悲こそ仏教の、また現代人の宗教と倫理の核心となるべきものだと中村は語っている。これは晩年になってはじめて唱えられるようになったものではない。一九四〇年代、五〇年代、すでに若き中村は、慈悲という東洋の倫理性こそ近代以降も保持され、人類の未来を照らす宗教性だと見ていた。『宗教と社会倫理』はそのような展望の下に著され、その信念をさらに強化するのに役立ったと思われるのだ。

(二)　中村元による「慈悲の倫理」の意義づけ

では、中村は仏教の教えとしての「慈悲の倫理」をどのように意義づけ、また根拠づけようとしたのだろうか。明晰で平易に述べられたすぐれた仏教理論書、『慈悲』（平楽寺書店、一九五五年）は注目に値する著作だ。この書物には中村氏の宗教思想と仏教理解のエッセンスが凝縮して述べられているからである。

「はしがき」の書き出しは興味深い。そこでは、(1)中村が「慈悲」という語でまず思い浮かべるものは何かということ、(2)それは日本文化と深い関わりがあるということ、また、(3)人類の未来に深い意義をもつことが示されている。

苦難多きこの世にあって人々が明るく楽しく生きてゆくためには、他人に対する暖かな思いやりと心からの同情心をもたなければならない。貧しい生活でも暖かな共感のただよっているところは、心ゆたかであり、楽しい。この心情を仏教では「慈悲」として説いている。この観念はかつて神道や一般文芸にもとり入れられ、日本人の心性に大きな影響を与えたものであった。それは単に過去のものではなくて、未来の人類の生活のために指標としての意味をもつであろう。（同前、一ページ）

さらに、本文の書き出しでは、(4)慈悲は仏教の実践において中心的な意義をもつことが述べられている。

慈悲は仏教の実践の面における中心の徳である。『慈悲は仏道の根本なり。』（『大智度論』第二七巻）慈悲は仏そのものであるとさえもいわれる。日本でも、慈悲は仏教そのものであり、仏は慈悲によってわれわれ凡夫を救うものであると考えられている。（一ページ）

(三)　日本仏教による慈悲の倫理を示す実例

中村元は日本仏教において、慈悲が実践道徳理念として大きな位置を占めていたと述べ、『慈悲』の「はしがき」冒頭には、「日本人の心性に大きな影響を与えた」とか、「古来日本人の間で伝統的に実践的指標としての意味をもっていた「慈悲」の観念」といった叙述が見られる。

では、日本仏教において慈悲が大きな役割を果たしてきたことをどのような資料によって示しうるのだろうか。実はここに大きな問題がある。日本仏教において慈悲の理念、慈悲の実践の例を求めれば、確かに豊かに見出すことができるだろう。ところが、中村の選択は意外である。中村は浄土真宗と禅宗に多くのスペースをさいている。順に見ていこう。

浄土真宗については、第六章「慈悲の行動的性格」の中でおよそ二〇ページにわたって詳しく論じられている。そこでは、親鸞の教えについて丁寧に論じられている。たとえば、親鸞は「浄土の慈悲といふは、念仏して、いそぎ仏になりて、大慈大悲心をもて、おもふがごとく衆生を利益するをいふべきなり」(『歎異抄』第四条)と述べている。中村はこれは慈悲の実践を勧めるものだと読む。

(四) 還相回向としての慈悲とは?

親鸞の教説では、慈悲は「往相廻向」「還相廻向」の概念で理解される。末法の衆生が西方極楽浄土への往生を願うのは、阿弥陀如来が「如来がそちらへ転じ向かわしめること(廻向)」だ。これが「往相廻向」だ。他方、この世で他者への慈悲行を行うというようなことが可能だとすれば、それは「浄土に生れ仏となった人間」が「この世にもどって来て生とし生けるものを救うことにつとめる」ことによってであり、これも如来自身のはたらきで「還相廻向」とよばれる。親鸞の和讃では、次のように表現されている。「往相廻向の大慈より/還相廻向の大悲をう/如来の廻向なかりせば/浄土の菩薩はいかがせん」。

では、如来の力で人間が行う慈悲の実践とはどのようなものか。そこで実践に関しては次のような結論が導き出された。人間のあさはかな分別によって慈悲の実践などできることではない。人間が念仏によって救われて、仏となってこそ、慈悲のはたらきを為し得るのである。だから人間として為し得ることは、宗教的にはただ念仏をとなえることだけであり、それがまさに慈悲行なのである、と。(二〇八ページ)

しかし、これは実際には、他者のための慈悲の行為は行わないということではないだろうか。中村自身、次のように述べている。

親鸞の教説によると、このようにわれわれのうちにおける神聖なるもの、宗教的なるものは、すべて超越的な如来に起因するものであり、われわれ凡夫を離れたものであるように、説かれている。親鸞の『教行信証』のうちには、専ら阿弥陀仏に対する感恩歓喜のこころが表明され、蓮如の『御文』の中に出て来る「慈悲」とは専ら仏の慈悲のみであり、人間における慈悲ということは説かれていない。(二〇八ページ)

(五) 親鸞の教えから慈悲の実践を導く試み

ここで、中村自身のとまどいを示すかのように、次の問が提示される。「しからば親鸞教においては、人間の慈悲ということは全然説かないのであろうか?」(同前) 中村は「そうではない」というのだが、根拠となるのは、「凡夫といえども救われたならば、全く仏そのものとなる」という信念だという。「しからば信心を得た凡夫は、凡夫でありながら救われているのであり、仏の慈悲行にあずかることになる。凡夫の心がそのまま大慈悲心に転ずるのである」。

阿弥陀仏による救いを信じたとき、無我となった凡夫の心も慈悲心となると親鸞は信じていたという理解だ。『高僧和讃』から「弥陀智願の広海に／凡夫善悪の心水も／帰入しぬればすなはちに／大悲心とぞ転ずなる」とある部分が引かれる。このような理解に従えば、『正像末和讃』の次のような報恩奉仕の行の勧めも、慈悲の実践の勧めとして読み取れるという。「如来大悲の恩徳は／身を粉にしても報ずべし／師主知識の恩徳も／ほねをくだきても報ずべし」。

だが、親鸞のこうした教えは、事実、慈悲の積極的実践を説いた教えとして受け止められて来たのだろうか。中村は「親鸞は現実の社会的実践についてはこれといって詳しい規定を残していない」ことを認めている。また、現実の真宗門徒には「特に積極的な行為によって人々のために有意義なことをしようとせず、また為さないことを誇っているかのごとき人々がある」ことをも指摘している。しかし、親鸞の真意は慈悲の実践倫理を説くことにあったという。「親鸞の教説における慈悲の観念を論理的につきつめて追究して行くと、どうしても右のような結論に到達せざるを得ない」のだという。

『慈悲』において、中村は浄土真宗が慈悲の実践倫理を積極的に説いてきたということを示しえているだろうか。少々、疑わしいというのが私の判断だ。

(六) 禅宗における慈悲の実践

では、禅宗についてはどうか。これについても、中村の叙述は歯切れがよくない。まず、「シナ民族の仏教として発展した禅宗では、慈悲の観念をさほど強調しなかったのではないか」という指摘から始められているが、これも問題の複雑さをよく示している。

その証拠には、『信心銘』『証道歌』『参同契』『宝鏡三昧』のような有名な聖典に「慈悲」という語が一度もあらわれて来ない。さらに遡って達磨大師の教説とされているものにも、一向認められない。恐らくシナの禅宗は、道教その他古来の伝統的な支那思想の影響を受けて、隠遁的諦観的となり、進んで慈悲行の実践につとめるということを閑却していたのではなかろうか。

(九三ページ)

そもそも禅宗においては、慈悲が強調されたどころか、むしろ軽んじられたのではないかと示唆されている。しかし、日本の禅宗は違うのだという。「ところが禅宗が日本に入ると、他の諸宗派におけると同様に慈悲行を強調するようになった。」道元は慈悲の語をさほど頻繁に用いていない。だが、栄西は積極的に慈悲を説いている。

かれは禅宗が空を悪く執着したものではないか、という質問に対して、『外は律義もて非を防ぎ、内は慈悲もて他を利す。これを禅宗といふ』と答え、禅の修行者の心得としては、『まさに大悲心を起し、……大菩薩清浄妙戒を具し、広く衆生を度し一身のために独り解脱を求めず。』と説いている。(九三―四ページ)

さらに、夢窓国師疎石や鈴木正三にあっては、「従来の禅宗の隠遁的独善的態度に対する積極的な反撥の意図が認められている」と論じている。とくに鈴木正三のように民衆布教にあたった禅僧が「慈悲」をよく説いている。「自他無差別と知るは理也。慈悲心を専とするは義也。それ物我一体といへり、全く隔つべからず、何れの人も、我等が身を愛するが如くなるべしと知るべし」（一〇二―三ページ）。このように日本禅宗の中から慈悲を強調する人々が出て来たのは、「日本人一般の古来の性格と照し合わせて考えるべき事実であろう」という（九四ページ）。

これらの論述によって、中村は日本の禅宗において、慈悲の実践倫理がたいへん積極的に説かれ、人々の日常生活に大きな影響を及ぼしていることを示しえたのだろうか。どうもそうは思えない。禅宗の一部にそういう人々がいたということをもって、日本の禅宗が慈悲を重視していたとは言えないだろう。

三　鎌倉仏教優越史観と慈悲の重視

(一)　日本仏教における慈悲の実践の系譜

中村元は『慈悲』において、浄土真宗と日本の禅宗を例にとって、そこにこそ仏教の慈悲の倫理が現れていることを示そうとしたのだろう。だが、それは成功していない。これは当然の帰結ではなかろうか。というのは、日本仏教において浄土真宗と禅宗は慈悲の実践を代表するものではないからだ。

もちろん日本仏教において、慈悲の実践倫理の実例は豊かに見られる。たとえば聖徳太子と四天王寺であり、道昭や行基であり、空海や重源であり、叡尊や忍性である。「仏教社会事業」についての著作はすでに一九二〇年代からいくつか刊行されており、参照するのは容易だったはずである。仏教的慈悲の倫理実践が「仏教社会事業」に限られるわけではないが、ほとんどそれらを参照していないのは奇異ではないだろうか。

では、なぜ、中村は日本仏教の慈悲の実践の豊かな実例にふれることなく、慈悲の実践の鼓吹者としては目立たない浄土真宗や禅宗に焦点をあてたのだろうか。

ここで思い至るのは、中村元の仏教思想研究、とりわけ仏教倫理研究に強い影響を及ぼした和辻哲郎のことである。和辻は一九五二年に刊行した『日本倫理思想史』において、「慈悲の道徳」について論じている。仏教学とインド哲学を専攻した中村元が、隣接する倫理学の和辻哲郎に大きな影響を受けたことはよく知られている。そもそも中村が仏教の実践倫理を「慈悲」の語に集約して論じようとしたこと自体、和辻の影響によるものなのかもしれない。

(二)　和辻哲郎の「慈悲の道徳」

では、和辻は日本倫理理想史における「慈悲の道徳」をどのように論じているのだろうか。しばらく和辻の「慈悲の道徳」論を検討したい。『日本倫理思想史』は「序」の冒頭に記されている、以下のような特殊な方法論に基づいて叙述されている。「この書は、緒論において述べたように、人間に普遍的な倫理が、歴史社会的な特殊条件のもとで、どういう倫理思想として自覚されてくるかを、特に日本の場合について叙述しようと試みたものである。」

歴史の経過により社会構造が変化していく。伝統思想や外来思想を受け入れながらも、それが主な思想変化の動因なのではない。新たな社会構造のあり方に対応して、内から倫理思想が新たな展開を示していく。各時代の文献資料の中から、その時代の社会構造に対応する新たな倫理思想を代表するような資料を選び出して叙述する――以上のような方法論である。

「慈悲の道徳」は初期武家時代である鎌倉時代の新たな倫理思想の達成の一つとして述べられる。それまでの社会構造と倫理思想の流れのあらましは以下のとおりだ。――邪馬台国から古墳時代にかけて日本民族の祭祀的統一が成立し、それに対応して「清明心の道徳」が形作られていく。続いて聖徳太子の憲法、大化改新、律令の制定を経て、「人倫的国家の理想」が形成される。ところが土地私有化により荘園制が発展し、武力による私的集団財産の自己防衛が広まってくると、それに伴って領主と家の子郎党の関係に代表される新しい「恩愛の主従関係」が発達する。これに対応して、親子の情愛すら犠牲にして主君の恩愛に応えようとする「献身の道徳」が形成される。

続いて和辻は、この「武者の習い」における「献身の道徳」に対応する仏教の倫理思想の展開にも注目すべきだという。それこそ鎌倉仏教が展開した「普遍的な慈悲の思想」だという。ここまで仏教の倫理思想についてはほとんど論じられていない。それはたぶん次の理由による。「鎌倉仏教は、日本人がみずからの宗教的体験によって仏教を消化した、ということの証拠を示すものといってよい」(三〇四ページ)。つまり、鎌倉期の「慈悲の道徳」こそが日本仏教の独自の倫理思想の現れとして屹立するものだという理解だ。

(三) 鎌倉仏教は確かに慈悲の実践を強調したか?

その「慈悲の道徳」は法然・親鸞の念仏宗、栄西・道元の禅宗、日蓮の法華宗が代表する。そして、この三つの流れは、それぞれ「愛の神への絶対帰依たるキリスト教」、「「さとり」を中核とする「覚者の教え」すなわち仏教」、「コランへの絶対信頼と端的な征服とを特徴とする絶対服従(イスラム)の宗教」の類型と一致しているという。「すなわち鎌倉仏教は、世界的宗教として実現せられた三つの類型を、仏教の地盤のなかから明瞭に刻み出していつのである。このことは在来の日本人の業績のなかでも最も注目すべきものの一つであろう。」(三〇五ページ)

ただちに浮かんでくる問いがある。確かに法然・親鸞の念仏宗、栄西・道元の禅宗、日蓮の法華宗は慈悲の道徳を熱心に説いたと言えるのか、それは日本仏教の慈悲の道徳の中でどのような位置にあるのか。和辻はこうした問にどのように答えようとしているのだろうか。

前の問いについては、和辻の答は明快ではない。まず、法然・親鸞の念仏宗、浄土教の系譜だが、法然においても親鸞においても、慈悲は阿弥陀仏の側のもの、つまりは「他力」の事柄であって、人間の側のもの、つまりは「自力」の事柄ではない。念仏することによって仏の慈悲にすべてを委ねる。そうすれば、仏の意志によって一切に慈悲が行き渡ることを望みうる。法然についても親鸞についてもほぼ同様だが、親鸞の場合について引用しよう。

「「念仏まうすのみぞ、末とをりたる大慈悲心にてさふらふべき」(大正蔵、八三、七二九ページ)。一切の道徳はこの大慈悲心に帰入する。この大慈悲心においてこそ、真の人倫は実現するのである。」「以上によって見れば、親鸞の絶対他力の信仰は、自力作善の意味における道徳を放擲するとともに、絶対慈悲の人倫における実現を希求することによって、おのずから慈悲の道徳を顕揚したものであ

るといえるであろう。」（三二二ページ）

これは少なくとも仏教による実践道徳として慈悲を説いたものとは言えない。ちなみに和辻の鎌倉仏教における慈悲への注目は「沙門道元」（『日本精神史研究』一九二六年）に遡ることができるが、その第五節「親鸞の慈悲と道元の慈悲」においては、親鸞について「我々は弥陀の慈悲に裏づけられた道徳を知ることが出来ない」と明言されている。（改訂版、一九四〇年、三三〇ページ）

(四) 和辻が捉える道元の慈悲

続いて禅であるが、これは道元についての説明をみよう。和辻は「絶対者」という語を巧みに用いることによって、鎌倉仏教の共通地平を捉えようとしている。「念仏宗は絶対者を絶対他者として超越的彼岸的に把捉しようとするのであるが、道元はそれに対して、絶対者をあくまでも主体的に、この現実に即して、把捉しようとしたのである。」（三二八―九ページ）

それはあらゆるものとしておのれを現わすが、それ自身においては無である。すなわち悉有であるとともに無である。あらゆる相対者に即する絶対者である。生滅する差別の世界の背後に一つの永遠不変なものとしてあるのではなく、差別界そのものをおのれの姿とするところの絶対者である。かかる絶対者の自覚を行において実現するのが道元の禅であった。（三二九ページ）

以上は、道元の只管打坐の実践を支える仏道理念の説明として卓抜である。そして、すぐにこの仏道理解に即した「慈悲」の説明に入っていく。それはまさに、中村の著書『慈悲』の基礎理論の源泉がここにあることを示すものだ。

ところで、このような自覚は、人倫的実践においては、まさに慈悲にほかならなかったのである。なぜなら、自己における絶対者の自覚は、ただ吾我からの脱却、身心の放擲においてのみ達成せられ、その吾我身心の放擲は、端的に自他不二の実現となるからである。（三二九ページ）

とはいっても、目に見える慈悲の実践が説かれているのではない。「なす処の善根を法界にめぐらす」とか、「我執を去り私欲を捨てること」が高次の「慈悲」なのだ。だとすれば、道元の中心的な論説において、慈悲の道徳の実践が強く説かれているとはなかなか言いにくいのではないか。和辻自身、そのことを認めているようだ。

(五) 道元における慈悲の実践をどう捉えるか？

なお、「沙門道元」の時点では、和辻は道元の慈悲の倫理にもっと肯定的だった。というのは、この時点では、主に『正法眼蔵随聞記』の記述に即して道元の立場を論じていたからだ。そこには、智覚禅師の例が詳しく紹介されている。智覚禅師は官吏であったとき、自らの身を投げ捨てて民衆のために尽くそうとし、死罪になることも顧みなかった。そして、「即ち彼は慈悲そのものになり切つてゐるのである。さうしてこの慈悲を、――自己を空しうして汝の隣人を愛することを、道元は佛徒に欠くべからざる行と見た」（三二二ページ）と述べていた。

その後、『正法眼蔵』の内容をより深く理解するようになるにつれて、和辻は考えを改めていき、道元自身は仏道実践者の「身心の放擲」を衆生救済の実践としてではなく、只管打坐の禅の実践として考えていたことに思い至ったのだろう。『日本倫理思想史』での道元の慈悲の道徳についての説明は、一段と道元の思想に即したものになっているが、その分わかりにくくなってもいる。

それでも、「沙門道元」で提示された日本仏教倫理思想理解の枠組、すなわち鎌倉仏教において「慈悲の倫理」が具体化されたというテーゼは放棄されなかった。和辻においては、「慈悲の倫理」は「絶対者」への帰依に対応する宗教的倫理と捉えられており、日本仏教史においては、そのような「絶対者」の理念が鎌倉仏教においてこそ具現されたと考えられていたからだろう。

私の理解するところでは、道元の思想は「正法」復興という理念を前提にすればもっと理解しやすくなる。戒律に服し、厳正な仏道実践を行うことによって、正法が復興する。だからこそ、仏道修行は衆生への慈悲の実践になるのだ。

和辻や中村の日本仏教観では、正法興隆、正法復興のための仏道実践という倫理的理念がほとんど考慮されていない。そして、僧団（サンガ）を飛び越えて、「個」と「絶対者」が強調される鎌倉新仏教の潮流にこそ、日本仏教の深い倫理性が顕現しているはずだと予断されている。こうして、キリスト教の「愛」に対応するものとして「慈悲」が注目されることになる。

㈥　近代主義的宗教観と鎌倉仏教優越史観

ここで私たちは、しばらく前までの日本仏教論を支配しており、今なおたいへん強い影響力を保ち続けている宗教観、仏教観に向き合っている。それは、近代主義的な宗教観と手を携えた鎌倉新仏教優越史観である。単純化すれば、それは以下のような諸項目に整理できよう。

（1）鎌倉新仏教、とくに祖師たちの思想こそ日本仏教思想の最高峰であり、他の仏教者たちの思想や実践に卓越した価値をもつ。

（2）鎌倉新仏教はキリスト教、とりわけプロテスタントと同様、絶対者と個の対峙を実現しており、深い内面的宗教性という点で大乗仏教史上も卓越した達成を示した。

（3）鎌倉新仏教において初めて国家権力から自立した仏教が成立し、俗に依存しない聖が打ち立てられ、聖と俗の不断の緊張関係が成立するに至った。

（4）鎌倉新仏教において初めて出自や身分や家柄などを超え、差別される人々への眼差しをもち、すべての人々を平等に遇する普遍主義的な救済宗教性が成立した。

和辻や中村が「慈悲」に注目して日本の仏教倫理思想を再構成しようとしたとき、このような近代主義的宗教観や鎌倉新仏教優越史観が暗黙のうちに前提とされていたと思われる。これは大正期から昭和期にかけて、仏教学者や歴史学者だけでなく、京都学派（西田幾多郎、鈴木大拙、田辺元、西谷啓治など）や東大の政治思想研究（南原繁、丸山眞男など）のような有力な思想学派にもおおかた共有されていたものだ。

もちろん、こうした見方のすべてが誤りだというのではない。しかし、その後の宗教理解の進展、日本仏教史研究の進展を考慮すると、全面的な見直しが必要になっているのも確かである。出家や戒律の意義づけ、あるいは「正法」の理念に注目することで、そうした見直しに寄与することができるだろう。以下、そのような展望の下、今少し日本仏教史に踏み込んでいきたい。

四　『金光明経』と東大寺が示す社会倫理

(一)『金光明経』と正法思想

まず、「正法」の理念が古代以来、日本仏教において大きな役割を果たしてきたと見られることについて、『『金光明経』（金光明最勝王経）』の影響という論点を提示しよう。以下、金岡秀友『『金光明経』の研究』（大東出版社、一九八〇年）、壬生台舜『『金光明経』　仏典講座一三』（大蔵出版、一九八七年）に導かれながら、この経の日本宗教史上の意義について述べていこう。

古代日本において『金光明経』が重視され、国家仏教において中心的な役割を果たしたことはよく知られている。七四一年、聖武天皇（七〇一—七五六）は諸国に七重の塔を建て、『金光明最勝王経』と『法華経』を各十部書写して収めさせたとされる。また、寺を二寺に分かち、金光明四天王護国之寺（国分寺）と法華滅罪之寺（国分尼寺）と定めた。

国家仏教の中心に『金光明経』が位置したわけだが、これはこの時が初めというわけではない。『金光明経』には「四天王護国品第十二」があり、四天王が国家を護るという信仰はこの経に由来する。大阪の四天王寺は聖徳太子（五七四—六二二）の創建と伝えられるが、聖徳太子在世の当初から四天王信仰によるものだったかについては疑われている。

だが、白村江の戦での敗北に続く天武朝（六七三—六八六）には、『金光明経』による四天王信仰が盛んになっていた。当時、新羅でも唐の進攻から国土を守ろうという意図をもって四天王寺が建立されていた。七世紀後半から八世紀にかけて、国家や豪族・貴族が中心となり日本仏教の基盤が確立していった時代、『金光明経』は日本仏教の中枢部に位置していたと言える。

信仰の内容ということでは、『金光明経』は懺悔《さんげ》滅罪を説いた経として知られる。日本仏教においては懺悔・悔過《けか》が重要な役割を果たして来た。これは天台智顗を介して拡充したが、『法華経』とともに『金光明経』の影響が大きい。『法華経』と『金光明経』はともに宇宙的生命としての仏陀の存在を説く「如来寿量品」をもつこと、つまり法身仏信仰を打ち出している点でも、現世に積極的に関わっていこうとする姿勢においてもよく似ている。

(二)　王が正法を守ることで社会に平安を

だが、大きな違いは『金光明経』では、仏道を尊ぶ国王を通しての社会の安寧が強く説かれている点である。国家社会重視の正法思想である。奈良・平安時代の仏教の主体は「鎮護国家の仏教」から「顕密仏教」へと展開していくと理解されているが、その中核には、帝王があるべき仏法を守護し、仏法によって護られることを願う思想があった。それが正法思想であり、『金光明経』はまさにその正法思想を説く代表的な経典だったのだ。

『金光明経』の正法思想が正面から説かれているのは、「王法正論品　第二十」である。この品では、王は正法を尊び広め、善政を行うべきことが説かれる。そうすれば王の令名（「名称《みょうしょう》」）が広がり、「天衆」その他、すなわち神々ら天の諸存在が歓喜するだろう。

若し正法の王たらば、国内に偏党なし、法王名称《みょうしょう》ありて、普《あまね》く三界の中に聞ゆ。三十三天の衆《しゅ》、歓喜して是の言《ごん》を作す、「瞻部州《せんぶしゅう》法王、彼は即ち是れ我が子なり。善を以て衆生を化《け》し、正法もて国を治め、正法を勧行し、当《まさ》に我が宮《ぐう》に生ぜしむべし」と。天及び諸天使、及以《および》、蘇羅衆《そらしゅ》、王の正法の化《け》に因りて、常に心に歓喜を得。（壬生『『金光明経』仏典講座一三』、二七四ページ）

神々が歓喜すると、天候も温順となり、社会は平和になり、飢饉はなくなり、豊かな富が享受できるようになるだろう。

天衆《てんしゅ》皆歓喜して、共に人王《にんおう》を護り、衆星位《しゅしょうい》に依りて行き、日月乖席《かいせき》なし。／和風常《つね》に節に応じ、甘雨時に順《したが》いて行なわれ、苗実《みょうじつ》皆善を成《じょう》じ、人飢饉《にんけきん》の者なし。／一切の諸《もろもろ》の天衆、自宮《じぐう》に充満す（同前）

争いなく人心が和らぐとともに、大自然にも祝福される理想の仏教国家が実現するはずだ。そのためには、帝王が仏法を尊び、広め、人民にも実践させなくてはならない。そうすれば、人民・衆生に至るまで「安穏」「豊楽」を得ることができるだろう。

是の故に汝《なんじ》人王、身を忘れて正法を弘め、／応《まさ》に法宝《ほうぼう》を尊重すべし、斯れに由りて衆《しゅ》安楽ならん。常に当《まさ》に正法に親しみ、功徳自《みずか》ら荘厳すべし。／眷属常に歓喜し、能く諸《もろもろ》の悪を遠離《おんり》す、法を以て衆生を化《け》し、恒に安穏を得しむ。／彼の一切の人をして、十善を修行せしめ、率土《そつど》常に豊楽《ぶらく》にして、国土安穏を得ん。／王、法を以て人を化し、善く悪行を調《ととの》えば、当に好名称《こうみょうしょう》を得、諸の衆生を安楽にすべし。（同前、二七四―五ページ）

㈢ 戒の実践と四天王の守護

ここに「十善」の語が登場することにも注目しておきたい。十善とは、不殺生、不偸盗、不邪淫、不妄語、不悪口、不両舌、不綺語、不貪欲・不瞋恚・不邪見を指す。理想的帝王である転輪王は、十善を実行すべきものである。また、帝王は前生に十善を守ったためにこの世で王位を得るに至ったという思想も広められ、天皇を「十善の君」「十善の主」とよぶようにもなった。

だが、ここでは十善は人民が実行すべきものとして説かれている。帝王は正法を広めることによって、人民に十善を実行させるよう導くべきだとされる。人民の実践倫理としての十善は、後に『十善法語』の著者である江戸時代の慈雲飲光《おんこう》（一七一八―一八〇四）により十善戒の実践運動へと展開され、近代仏教にも大きな影響を及ぼすようになる。

四天王による守護について述べられているのは、「四天王護国品第十二」である。世尊が四天王に『金光明経』を尊ぶ者を守護することをほめたたえ、それに対して四天王はますます帝王と人民を守護することを誓う。

若し人王ありて、此の金光明最勝の経典を恭敬《くぎょう》し供養せば、汝《なんじ》等《ら》応《まさ》に勤めて守護を加え安穏を得しむべし。汝諸《もろもろ》の四王、及び余の眷属、無量無数《むしゅ》百千の薬叉《やくしゃ》、是の経を護る者は、即ち是れ去《こ》・来《らい》・現在の諸仏の正法を護持するなり。汝等四王、及び余の天衆、幷《ならび》に諸の薬叉が阿蘇羅《あそら》と共に闘戦する時、常に勝利を得ん。（同前、一九二ページ）

ここでは『金光明経』を尊ぶことが「正法」護持に等しいと述べ

ている。また、それによって、王と人々を災害、疫病などの苦難から救い、隣国の怨敵を降伏し、国土を守るとも説いている。日本仏教がこのように戦勝祈願を進める強力な伝統をもっていたこと、「正法」理念がそのような側面をもっていたこともしっかり確認しておきたい。

(四)　懺悔と慈悲善業

ここまで『金光明経』の「正法」理念を、主に帝王のなすべき事柄に関わるものとして見てきたが、『金光明経』の前半では、むしろ個々人のなすべき事柄として懺悔と慈悲善業が説かれている。『金光明経』は護国経典として流布するとともに、懺悔滅罪の経典としても広められたのだ。「夢見金鼓懺悔品　第四」「滅罪障品　第五」では、自らが犯したあらゆる種類の罪に対する懺悔と、善業を積み、自らと他者の脱苦・安楽を願う情熱的な言葉が連ねられている。

「夢見金鼓懺悔品　第四」は仏の妙法を聞いた妙幢《みょうどう》菩薩が、夢の中で大きな黄金の鼓を見、バラモンが鳴らすその金鼓の音の中に伽他［ガーター＝偈］を聞き取って記憶し、それを世尊に報告するというものだ。

我先《さき》に作る所の罪、極重《ごくじゅう》の諸の悪業、今十力《じゅうりき》［仏の神秘的な諸力］の前に対し、至心に皆懺悔す。我諸仏を信ぜず、亦尊親［父母］を敬《きょう》せず、務めて衆善《しゅぜん》を修《しゅ》せず、常に諸の悪業を造り……（同、一〇八ページ）

以下、延々と悪業の列挙が続いていく。快楽のむさぼり、女人への貪愛、怒りや嫉妬、悪友との親しみ、愚痴と驕慢、等々。次いでそれらを心から懺悔発露して、悔い改めることを誓う言葉が続く。その中には他者をあらゆる苦しみから脱せしめたいという願いも含まれる。

願わくば我斯の諸の善業を以て、無辺の最勝尊に奉事《ぶじ》せん。一切不全の因《いん》を遠離《おんり》し、恒に真妙の法を修行することを得ん。／一切世界の諸の衆生、悉く皆苦を離れて安楽を得ん。所有《あらゆる》諸根具足《ぐそく》せざるもの、彼をして身相皆円満せしめん。／若し衆生ありて病苦に遭い、身形羸瘦《しんぎょうるいそう》して所依《しょえ》なからんに、咸《ことごと》く病苦をして消除することを得せしめ、諸根色力《しきりき》皆充満せしめん。……（同、一一五ページ）

これは信仰によって神仏の力を作動させて、苦悩を消滅させようというものだが、そこには他者の苦悩に寄り添おうとする「悲」の心があるのは確かだろう。

積極的な倫理的規範として利他心や慈悲にあたるものが述べられているのは、たとえば「滅罪障品　第五」で世尊の言葉として述べられている次のような箇所である。個人の実践については、正法の語が使われることは少ないが、これも正法の内容の一部とみてよい。

善男子、若し人四法を成就せば、能く業障《ごっしょう》を除き、永く清浄を得ん。云何《いかん》が四と為す。一には、邪心を起さず、正念成就す。二には甚深《じんじん》の理に於て、誹謗を生ぜず。三には初行の菩薩に於て、一切智の心を起す。四には諸の衆生に於て、慈無量を起す。（同、一一七ページ）

(五)　倫理実践を説く『金光明経』

『金光明経』のごく大略を紹介してきたが、これは日本仏教において「正法」の理念が古代以来、強力に作用してきたことを示す有力な証拠である。帝王のイニシアティブの下、三宝が尊ばれ、慎みや慈悲が実践され、安穏な生活が行われる社会が目指されたのだ。

『金光明経』は王の統治を念頭において正法を説く国家仏教の経典だが、また、出家在家を含め懺悔滅罪を、また、十善の遵守を説く経典でもあった。それは戒律を守り、不殺生・非暴力や節制に心を砕く精神と相通じるものである。

『金光明経』において、積極的な倫理的規範として利他心や慈悲にあたるものが述べられているのは、たとえば「滅罪障品　第五」で世尊の言葉として述べられている次のような箇所である。個人の実践については、正法の語が使われることは少ないが、これも正法の内容の一部とみてよい。

　善男子、若し人四法を成就せば、能く業障《ごっしょう》を除き、永く清浄を得ん。云何《いかん》が四と為す。一には、邪心を起さず、正念成就す。二には甚深《じんじん》の理に於て、誹謗を生ぜず。三には初行の菩薩に於て、一切智の心を起す。四には諸の衆生に於て、慈無量を起す。

（壬生台舜『金光明経　仏典講座一三』、一二七ページ）

『金光明経』のごく大略を紹介してきたが、日本の仏教導入期において『金光明経』がたいへん尊ばれたことは多くの証拠がある。四天王信仰や懺悔（悔過）・放生の盛行は『金光明経』の影響だけによるものではないとしても、その影響を見てとってもよいだろう。天武・持統朝（六七三—六九七）には度々、天皇の命により『金光明経』の講説が行われているが、これは聖武朝（七二四—七四九）の国分寺の建立を先取りするものである。これらは日本仏教において『金光明経』や『法華経』が掲げる「正法」「妙法」の理念が古代以来、強力に作用してきたことを示す有力な証拠である。帝王のイニシアティブの下、三宝が尊ばれ、慎みや慈悲が実践され、安穏平和な生活が行われる社会が目指されたのだ。

五　日本の古代仏教と正法の理念

㈠「正法」とは何か？

では、そもそも仏教における「正法」の理念とは何を指すのか。ここで私なりにまとめておこう。織田得能『織田仏教大辞典　新訂重版』（大蔵出版、一九五四年）では、「正法（シャウボフ）」は「真正の道法なり。理に差ふことなきを正と云ふ。三宝中の法宝、教理行果の因を以て体とす」と説明されている。また、中村元編の『仏教語大辞典』（縮刷版、東京書籍、一九八一年）では、三つの語義が示されている。

①正しい理法。正しい真理。
②正しい真理の教え。真実の教え。仏の教え。仏教。妙法。
③教えが正しく世に行われる期間、正法・像法・末法の三時説のうちの正法のこと
　教説（教）とその実践（行）とその結果としてのさとり（証）とが正しく具わって、釈尊の教えが完全に行われる時代。その時限として、一般には五百年説が用いられる。

サンスクリット語のsaddharmaは「正法」とも「妙法」とも訳される。だから、『妙法蓮華経』の「妙法」は「正法」と訳されてもよいものだ。『仏教語大辞典』の「妙法」の語義は以下の三つである。

①深淵微妙なことわり。理法。こよなき真理。
②正しい理法。
③すぐれた教え。仏の教え。尊い教え。真実の教え。
④神聖な。

以上の語義説明では、実践倫理思想としての「正法」の意義は今一つ見えてこない。④はこれでよいのか疑問である。誤植で「神聖な法」の「法」が抜けたのではないか。①〜④をあわせて説明が足りないように思うのは、「正法」はそれが社会に対して大いなる意義をもつという文脈で用いられることが多いことだ。つまりこの語のはらむ社会倫理、実践思想としての側面が際立つような文脈である。その文脈を重視すると、「正法」理念のいくつかの側面が浮き上がってくる。

(二) 正法理念の諸側面

それを私なりにまとめると以下のようになる。

①正しい法(ダルマ、理法、真理)。法の混乱に対して、正しい法に従うことが希望となる。
②正法の流布は国家社会を平安にする。
③正法を打ち立て護ることは国王の責務である。
④正法は真正なサンガ(僧伽)によってこそ効力を示す。
⑤サンガは王に護られつつ、正法を弘める。
⑥真正なサンガが崩壊することと、統治が乱れることは不可分。
⑦末法とは、真正なサンガが成り立たず、正法の流布が困難になった時代。

『仏教語大辞典』は「正法」の語義として、「正しい真理」の「教え」の局面を重視しているが、「教え」だけではなく法の「具現体」の諸相が含まれるとした方が適切だろう。その中でも三宝(仏法僧)の内のサンガ(僧伽)は重きをなしている。正法・像法・末法がどのようなものであるかの基準は、政治のあり方とともにサンガのあり方に大きく関わる。正法・像法・末法の歴史観において用いられる「正法」と、「正しい真理(の具現体)」の意味での「正法」とは、意味上の相違はさほど大きくないと言ってよいだろう。

「正法」の理念は戒律や出家を尊ぶ僧侶集団(僧伽《そうぎゃ》=サンガ)が、社会の精神的価値の保証者として立ち現れることを願う信仰のあり方と結びついている。出家し戒律を守り悟りを求める生活を行うことは自らが個人として解脱することを目指すとともに、社会に不殺生や節制と平安を望む精神がゆきわたることを目指すという社会倫理的含意をもつ。アショーカ王のような理想的な王が「正法」の守護者としてサンガを守るというのが、その分かりやすい形態である。

だが、時と所が異なれば、「正法」理念はまた異なる具現形態を求めなくてはならないだろう。たとえば、民衆のための仏教、民衆にとっての仏教が大切だと感じられるときには、もはや出家や肉食妻帯の禁のような戒律遵守ということが重い意義を持たないのかもしれない。大乗仏教への展開、そしてさらには在家仏教・在家主義仏教への展開というような経験を経た現在、「正法」の具体化を目指す多様な形態を想定することは避けられないところだろう。

(三) 日本仏教は正法理念を尊んで来た

「正法」の理念が世界の仏教の社会理念として重い意義をもっていたことを示す一つの例は、『宝行王正論』(ラトナーヴァリ)である（梶山雄一・瓜生津隆真訳『大乗仏典　龍樹論集』中央公論社、二〇〇四年）。ナーガールジュナの著で王に正法に基づく統治を求めたものであり、チベット密教では今日に至るまで大きな影響をもってきたとされる。日本の仏教においては『宝行王正論』はあまり用いられなかったが、かわって『金光明経』が大きな役割を果たした。

　戒律や出家の有効性が否定される傾向が強まって現在に至っている日本仏教、また葬祭による私的な救いに関心が集まりがちな日本仏教だが、だからといって正法理念が指し示す社会倫理的な局面が廃棄されてしまったわけではなかった。正法の流布・確立によって平安な国家社会を実現することは、日本の多くの仏教徒にとって信仰生活の大きな目標としての意義をもち、それを受け入れない場合も、その根拠を示すべき事柄として強く意識されてきた。

　古代以来、日本仏教史においては、在家信徒が社会の平安や人々の苦悩の克服に積極的に取り組むとともに、他方、本来的な授戒システムを確立して堅固なサンガを打ち立てることが主軸的な目的の一つとして掲げられてきた。一二世紀に成立したと見なされている『今昔物語集』の「本朝仏法部」では、日本における仏教の始まりとその興隆を説こうとしているが、その説話の最初の三話は、聖徳太子（五七四―六二二）、行基菩薩（六六八―七四〇）、役優婆塞《えんのうばそく》（役行者《えんのぎょうじゃ》）（七世紀後半）である。この三者とも正式な授戒を受けた僧侶からなるサンガ（僧伽）の外で仏法流布に貢献した人々だった。

　在家や私度僧、あるいはサンガからはずれた人々こそ、初期の日本仏教の立役者と見なされている。これはまた、戒律を遵守する僧侶集団としてのサンガが確立しておらず、仏教の威信が高まっていったにもかかわらず、サンガの権威が弱体だったことを示すものだろう。

(四)　戒壇確立により正しい授戒を行う

　こうした状況の下で、日本では早くから史書に僧侶の堕落をめぐる記述が現れるようになっていた。僧侶となって租税を免れようとする者が増大し、国家は勝手な「出家」を取り締まろうとした。また、出家者が厳格に戒律を守るべく統制を強めようとしたが、その効果は薄かった。奈良時代に本格的な戒律による授戒システム（三師七証）の確立を目指して、唐より伝戒の師を招こうと多大な力が注がれた動機は理解しやすいところである。

　七三三年に伝戒の師の招請を意図して栄叡と普照が唐に渡ってから二〇年、鑑真（六八九―七六三）が伝戒のための渡日を決意してから一二年を経て、ようやくこの待望の伝戒の師は日本の地を踏むことができた。大仏開眼の翌、七五三年のことである。五度に及ぶ挫折や弟子の死や失明を含めた艱難辛苦については、詳細にわたって語り伝えられてきた。それは当時の日本の、また東アジアの仏教徒にとって、授戒システムの確立による権威あるサンガの存在ということがいかに重い意義をもっていたかを示すものだろう。

　都に入った鑑真に聖武天皇が勅使の吉備真備を遣わして届けた勅には、伝戒による正法の具現にかけられた期待がよく表現されている。「大徳和上、遠ク滄波ヲ渉リテ此国ニ投ス、誠ニ朕カ意ニ副フ、喜慰スルコト喩フル無シ、朕、此東大寺ヲ造リテ十余年ヲ経《フ》、戒壇ヲ立テ戒律ヲ伝受セムト欲ス、此心アリテヨリ日夜ニ忘レス、今諸《モロモロ》ノ大徳、遠リ来ツテ戒ヲ伝フルコト、冥《まこと》ニ朕カ心ニ契《カナ》ヘリ、今ヨリ以後、授戒伝律ノコト、一ヘニ和上ニ任カス。」

(五) サンガ確立が正法を行き渡らせる

鑑真の来日、そして東大寺を初めとする三戒壇の樹立は日本仏教史の大きな画期となるべきものである。ようやく正式の授戒により真の出家が具体化することとなり、正法の具現化が可能となったと信じられた。この時、授戒と戒壇は真正なサンガと正法を決定づける指標として、日本仏教徒の脳裏に強く焼きつけられたのである。

度重なる遭難や弟子の死などによる挫折を経て、ようやく鑑真が来日したのは七五三年のことだが、やがて期待どおり東大寺に戒壇院が設けられた。下野の薬師寺、築紫の観世音寺にも戒壇が設けられ、三戒壇によって日本で正式な授戒が行われる体制が整うこととなった。

本来的な僧伽（サンガ）が確立する基礎ができたわけであり、日本仏教史の大きな画期となるはずの出来事だった。正式の授戒により真の出家が具体化し、権威ある僧伽の下に正法の具現化が可能となったと喜ばれただろう。この時、授戒と戒壇は真正なサンガと正法を決定づける指標として、日本仏教徒の脳裏に強く焼きつけられたのである。このような観点から、東大寺の日本仏教史における位置づけがなされるのは自然なことである。しかし、近代日本の仏教史理解では、このような東大寺の歴史的位置づけは積極的になされてきたとは言い難い。

(六) 聖武天皇と中国の理想的帝王像

こうしたなかで刊行された、森本公誠『聖武天皇――責めはわれ一人にあり』（講談社、二〇一〇年）は日本仏教史における東大寺の意義を見直す上で画期的な著作である。この著作では、古代仏教における『金光明経』、『金光明最勝王経』の重要性が確認されている。聖武天皇は天武天皇、持統天皇から『金光明経』重視の姿勢を引き継ぐが、そこには中国の徳治思想に学んで身につけた責任感があったのではないかと森本は推測している。前漢の文帝は「天下治乱の責めは朕一人にある」と述べているが、聖武天皇はこの文帝の統治の姿勢に大きな影響を受けたのではないかという（六七―七〇ページ）。

平城京への遷都の直後、七三四年四月に近畿地方を激震が襲った。聖武天皇は救済活動に力を入れたが、それでも飢餓状態が広がり、犯罪者も増えていった。こうした困難を前にして、聖武天皇は七月に大赦を与えるとの詔を出す。そこに「責めはわれ一人にあり」との言葉が含まれている。森本はこの詔の一節を以下のように現代語に訳して紹介している。

朕が民を治めるようになってから十年を経たが、自分の徳化が行き届かず、罪を犯す者が牢獄にあふれている。万民が幸福に暮らせるように寝ても覚めても心遣いをしているが、このところ天災で穀物が不作であるとか、地震がしばしば起こるのは、朕の政治が不明なためで、多くの民を摘みに落とすことになった。しかしながら、その責任は自分一人にある、諸々の庶民の与るところではない。そこで寛大な政治を行い、人々の生を全うさせたい。よって犯した摘みを赦し、自力で更生の道を歩むことを許す。天下に大赦す。（以下、ただし書きの部分は引用を略す――島薗）（一八一ページ）

(七) 国分寺建立の詔における仏教国家像

世に正しい生き方とそれによる幸福な生活を広める責任を天皇が負うというこうした思想は『金光明最勝王経』と波長が合う。七四一（天平十三）年に国分寺建立の詔が発せられるが、それは『金光明最勝王経』に基づくものであった。まず、その冒頭を引こう。

> 朕《われ》、薄徳を以て忝くも重き任を承けたまはる。政化弘まらず、寤寐に多く慙づ。古《いにしえ》の明主は、皆光業を能くしき。国泰く人楽しび、災除《のぞこ》り福至りき。何《いか》なる政化を脩《おさ》めてか、能くこの道に臻らむ。（二三九ページ）

ところが現状は「年穀豊かならず、疫癘頻りに至る」という状態であり、統治者として慚愧に堪えない。そこで、人々にあまねく福が広がるように、仏法の興隆を図るという。

『金光明最勝王経』にふれて、国分寺（金光明四天王護国之寺）建立の意図を述べる一節を、森本は次のようにまとめている。

> 『金光明最勝王経』を参照すると、国王がこの経典を読誦・信奉し、その普及を図れば、四天王が来臨して国王を守護し、憂愁・疾疫等、一切の災障を消除せしめるであろう、とある。そこで、すでに天平十二年六月に、天下諸国に七重塔の建立と『金光明最勝王経』『妙法蓮華経』の書写を命じたが、このたびは加えて、別途に朕みずからが金字の『金光明最勝王経』を用意し、各七重塔内に置かせよう。朕の願いは人々に仏法が理解され、盛んになることであり、仏法の守護神たる四天王に守られて、来世・現世いずれにおいてもその恵みに浴すことである。（二四一ページ）

(八) 国分寺建立で展望された正法流布の具体像

建立された国分寺がどのように機能することを目指したのか、また、実際にどのように機能したのかについても森本は述べている。

> まず、すでに殺生禁断の日として七三七年に定められた月に六度の休日、六斎日（八・十四・十五・二十三・二十九・三十の各日）には、人々が国分寺に参集して僧侶の説法を聞くことが求められた。とくに毎月八日は『金光明最勝王経』の転読が行われているので、在家信者もこれに参列し、そのあと僧侶達による説法を耳にしたであろう、身を捨てて飢えた虎に食べさせたという薩埵太子の話や放生会の起源となる流水《るすい》長者の話は、この経典のなかで語られているもので、日本人ものちによく知るところとなるが、これらは国分寺を通じて流布するようになったと考えられる。
>
> さらに、連日となる十四日の晩と二十九日の晩には国分寺へ来て、在家の人たちも「一日一夜の八斎戒」を受けることが勧められた。八斎戒とは、殺さない・盗まない・嘘つかない・性交しない・酒飲まないの、通常守るべき五戒に、着飾らない・歌舞をしない・大きなベッドに寝ない・昼以後は何も食べないの四戒を加えた九つの戒律のことで、これを一昼夜のあいだだけでも守ると誓い、清浄なる生活を行うようにというわけである。（二四三ページ）

東大寺と国分寺を通して具体化することが目指された正法の流布の形は、後に叡尊・忍性らの新義律宗によってなされた正法流布の形と重なるところが大きい。東大寺についで建立され、これまた

『金光明最勝王経』と縁が深い西大寺が、新義律宗の運動の拠点となったことも思い起こしておきたい。そしてその潮流は、近世の慈雲などを通じて近代の十善戒の運動にも影響を及ぼしたものと見ることができる。他方、日蓮の『立正安国論』の正法興隆、正法流布による安国の思想が、近代の日蓮運動の大きな動因となったことも忘れるべきではない。

おわりに

この稿では、鎌倉仏教優越史観の下で見失われた、古代仏教における正法興隆の思想の意義を捉え返そうとしてきた。東大寺は奈良時代の正法興隆の思想の中核に位置する寺である。そして、正法興隆の思想はその後も大きな影響をもち続けた。ところが、近代の日本仏教論において、このような観点から東大寺の歴史的意義を見直す試みはほとんどなされて来なかった。

近代的な仏教史理解の見直しが進む現在、東大寺の歴史的意義の再評価がなされるべきだろう。森本公誠『聖武天皇――責めはわれ一人にあり』は、その大きな一歩である。拙著、『日本仏教の社会倫理』は東大寺について多くの紙数を割いてはいないが、日本仏教史における『金光明最勝王経』の意義に注目することで、間接的に東大寺の歴史的意義の再考を促すものでもある。

近代における東大寺を考えるとき、近代の東大寺で実際に起こった変化をよく見ていく必要があることはもちろんそのとおりである。だが、それと並んで、近代における東大寺像、東大寺観について見直すことも重要な課題である。それは、東大寺の歴史全体の見直しとつながるし、また、東大寺のみならず、日本仏教史全体の見直しとも関わりが深い。今後、こうした試みが進み、日本仏教史における東大寺の意義の捉え返しが進むことを願っている。

（しまぞの すすむ・上智大学特任教授）

付記
本稿は、拙著『日本仏教の社会倫理』（岩波書店、二〇一三年）の叙述を多く用いている。

参考文献

石井米雄『上座部仏教の政治社会学』創文社、一九七五年
織田得能『織田仏教大辞典　新訂重版』大蔵出版、一九五四年
ホセ・カサノヴァ『近代社会の公共宗教』（津城寛文訳）玉川大学出版部、一九九七年（原著、一九九四年）
梶山雄一・瓜生津隆真訳『大乗仏典　龍樹論集』中央公論社、二〇〇四年
金岡秀友『『金光明経』の研究』大東出版社、一九八〇年
島薗進『日本仏教の社会倫理』岩波書店、二〇一三年
中村元『宗教と社会倫理――古代宗教の社会倫理』岩波書店、一九五九年
中村元『慈悲』講談社学術文庫、二〇一〇年（初版、平楽寺書店、一九五六年）
中村元・奈良康明『仏教の道を語る』東京書籍、一九九七年
壬生台舜『金光明経　仏典講座一三』大蔵出版、一九八七年
森本公誠『聖武天皇――責めはわれ一人にあり』講談社、二〇一〇年
和辻哲郎『日本倫理思想史』上下、岩波書店、一九五二年（のちに岩波文庫、全四巻、二〇一一―一二年）
和辻哲郎『日本精神史研究』岩波書店、一九二六年

特別講演

明治期における神仏分離と修験道

田中利典

はじめに

この度は「ザ・グレイトブッダ・シンポジウム」というアカデミックな場でお話しさせていただく光栄を得ましたこと、大変ありがたく思います。ただ、私自身はアカデミックな人間ではないので、今日はなんとか漫談にならないように、がんばってお話をさせていただきたいと思います。

東大寺さまと私の所属する金峯山寺《きんぷせんじ》というお寺は、昔から近しい関係にございました。しばらく、関係が薄れておりましたが、最近は「奈良県宗教者フォーラム」とか「神仏霊場会」とか、いろいろな関わりがあり、そういう中で、親しくお話をさせていただくということで、よろしくお願いいたします。

今年は「明治維新一五〇年」、そして「神仏分離から一五〇年」になります。六世紀半ばに仏教が朝鮮半島を通じて日本に入ってきまして、当初、蘇我氏、物部氏の間で「崇仏派」「廃仏派」の争いがあったとはいえ、その後およそ一三〇〇年間、日本では神さまと仏さまが仲良くやってまいりました。大変仲のよい夫婦のような関係性のもとで、神さまと仏さまは同座してこられたわけでございます。それが明治維新を迎え、明治初年に「神仏分離令」が施行されます。ですので、今年は明治維新だけではなく、神仏分離からも一五〇年なのです。

私は、修験道とはまるで仏教を父に神道を母に、仲のよい夫婦の間に生まれた子どものような存在だと思っておりますが、その子どもにとっては父母が夫婦別れをした明治元年から一五〇年です。ただ国の施策によって夫婦別れをさせられただけではなく、修験道はその夫婦の間に生まれた子どもとして、国から抹殺されかけました。そういう歴史を持った修験道の根本道場である金峯山寺に私は関わりましたから、「神仏分離」の問題というと、なぜ、あの時代に修験道という信仰が国によって抹殺されようとしたのか、これが大きな命題になったのです。今日はその話をさせていただければという思いでやってまいりました。

はじめに「金峯山寺」というお寺の紹介です。東大寺さまとは違って、さほど有名ではないので、説明しないと知らない方がいらっしゃいます。奈良県には東大寺さまをはじめ、法隆寺さま、薬師寺さま、春日大社、石上神宮さまなど一三〇〇年、一四〇〇年を経た、まさに日本を代表する名刹・古社寺があります。金峯山寺もまた、その名刹・古社寺の一つで、世界文化遺産にも登録されております。日本一の桜で有名な吉野山にあるのが「金峯山寺」でございます。よく間違えられるのが、高野山の「金剛峯寺」です。奈良県庁の会議で金剛峯寺と紹介されたこともありますし、奈良新聞で金剛峯寺執事長と書かれたこともあり、また、公開シンポジウムの対談前に控室でずっと高野山の話をされてどうしようかと思ったこともあります（笑）。なぜこんなにたびたび間違えられるのかと疑問に思っておりましたが、よく見ると「高野山金剛峯寺」と「吉野山金峯山寺」は七文字表記のうち二文字しか違わないのです。金剛峯寺、金峯山寺は字面はほぼ一緒ということで、向こうのほうが有名なので、ついつい金剛峯寺となるのでしょう。奈良県にあるのが金峯山寺で、和歌山県にあるのが金剛峯寺、今日はここだけはしっかり覚えて帰ってください（笑）。

修験道の聖地金峯山寺

金峯山寺は、今から一三〇〇年前に役行者が開いたとされています。吉野山を南に二十四キロまいりますと大峯山山上ケ岳というお山があります。このお山で開祖役行者さまが一千日の修行をされ、「金剛蔵王権現」という日本独特の御本尊を感得し山上と山下にお祀りしたのが始まりであると、金峯山寺では伝えております。そして、これが修験道の始まりでもあると金峯山修験では位置づけております。

日本古来の山岳信仰に様々な教えが合わさってできた独自の民俗宗教、修験道。その修験道の聖地、金峯山寺のイメージを摑んでいただけるような映像がございます。奈良出身の映画監督、河瀬直美さん—最近、東京オリンピックの公式記録映画の監督にもなられた、カンヌ国際映画祭グランプリ受賞監督である河瀬さんに撮ってもらったものです。[1] 吉野山の自然の中に、祈りの声、法螺貝の音色、鐘の響き、壇護摩の炎が燃える音……と聴覚的にも魅力的な映像です。

さて今日は東大寺さんのシンポジウムです。東大寺さんと金峯山寺は昔は近しかったと最初に申し上げましたが、その証拠はいくつかあります。

東大寺修二会「神名帳」の「金峯の大菩薩」

東大寺と金峯山寺の深い関係……。一つは日本でも極めて由緒正しい法会の一つである「東大寺修二会」いわゆるお水取り行事との関係です。ご存じのように東大寺修二会の中で「神名帳」の読み上げという行法があるのですが、このとき、日本中の神さまを二月堂にお招きになります。なぜ神さまを呼ぶのでしょうか。神さまなしに、別段、勝手に行じればいいのに東大寺さんはなぜ全国の神々をお呼びになるのでしょう。

東大寺修二会は、十一面観音さまの前で、一年間、人々がみな無事で過ごせますようにとお祈りを捧げる行事なのですが、「私たち人間はこの一年生きる中で、きっと何かしら悪いことをするだろうから、それを叱られて罰が当たったり、難儀なことが起こったりすると困るからその前に、先に観音さまに謝っておこう」ということで、観音さまに謝るという儀式が行われます。それを悔過法といい、われわれ日本国民に代わって練行衆が代表して謝ってくださっている行事なのです。ただ、謝っただけでは観音さまが「よし」と言われたかどうかわかりません。「よし、よく謝った」と観音さまの前で行ったことを、日本中の神さまに立ち会い証人として認めていただくためにお呼びするのが「神名帳」の読み上げです。

日本中の神さま、なんと全国から一万三七〇〇余柱の神さまをお呼びになるそうです。ところが、じつはその一番最初が「金峯の大菩薩」なのです。「一回、聞きにおいで。一番最初やから、ちゃんとわかるから」と東大寺のお坊さんに教えてもらって修二会に来たことがあります。確かに最初から十番目くらいまではわかるけれど、それ以降はナムナムナム……とだんだんわからなくなるのですが、なにしろ一番最初なのですから、本当にちゃんと聞こえるのです。その「金峯の大菩薩」とは吉野の蔵王権現さまのことなのです。

なぜ一番最初なのか、これはなかなかのミステリーです。薬師寺さんでも法隆寺さんでも同じように「神名帳」があるそうですが、いずれも、まず自分のところの鎮守の神さまを呼んだ後、全国から神々をお招きするのだそうです。ただ両寺ともにその全国から呼ぶ神さまの一番最初は、やはり金峯の大菩薩なのだそうです。

九五四年頃に成立した中国の歴史書に『義楚六帖』があります。そこには、「日本で一番、霊異があるのは金峯山だ。そこにおられる蔵王菩薩だ」と記されています。今から千年以上前の中国の歴史書に書かれているのです。そこでは金峯山がまず出て、そのあと富士山が出ています。富士山よりも金峯山のほうが優先されるほど、当時は有名だったのです。つまり、千年以上昔から「日本で一番、霊験あらたかな場所は金峯山である」というのが背景にあって、一番霊験あらたかな権現さまを、一番最初に東大寺さんでは呼んでおられるのではないかと私は思っています。

日本中にある蔵王権現信仰

金峯山の大菩薩、蔵王権現のことですが、「権現」とは何ぞやというお話をしておきます。「権現」というのは「仮に現れる」という意味です。本地（もとの姿）の仏がその時代、その場所に応じて神の姿となって現れる、これを「権現」と言います。「権」は「仮」という意味で、「現」は現れるですから、今風に言うなら、いわば「アバター」、化身ですね。本仏がおられて、仮の姿として蔵王権現さまが現れた。蔵王権現の本地は釈迦・観音・弥勒と言いますが、この三尊が権化して現れた、というわけです。

じつは権現さまは日本中にお祀りされています。熊野三所権現、石鎚権現、羽黒権現、白山権現、富士山・大棟梁《だいとうりょう》権現などなどです。このように、日本中で権現さまは祀られてきました。その権現信仰は全部、修験信仰が広めていったのです。

山形に蔵王がありますが、蔵王権現をなぜ、みんなは「蔵王（ざおう）」と呼べるのでしょう。蔵王は、吉野から蔵王権現さまを山形の刈田嶺《かったみね》に勧請して、刈田嶺神社に別当寺を建てて蔵王権現をお祀りしたところから、権現信仰が広まって山の名前自体も「蔵王」

という名前に変わったのです。つまり「蔵王」は「ぞうおう」と呼びたいところですが、蔵王のスキー場が有名だから、みなさん「ざおう」と呼べるのです。山形の花笠音頭は蔵王権現さんのお祭りですが、この花は山桜なのです。吉野では役行者が蔵王権現を祈り出したとき、そのお姿を山桜の木に刻んだという由来から、山桜は蔵王権現の神木として人々は深く信仰し、土地の人々が桜を大切に守るとともに、訪れる人たちも桜を献木し、ついに山桜が谷を埋め、山を埋めて、吉野山は桜の名所になっていきますが、その蔵王権現のご神木の山桜は花笠音頭の山桜でもあるのです。花笠音頭は蔵王権現のお祭りなのです。

この蔵王権現信仰は日本中に広がってまいります。山梨県と長野県の間に日本百名山の一つ、金峰山《きんぷさん》があります。これも蔵王権現をお迎えして金峰山になっていったのです。熊本にも金峰山があります。これも吉野から蔵王権現をお迎えして、飽田山《あくたやま》という山に祀ったところから、飽田山全体が金峰山という名前に変わりました。このようにして全国に広がっていったのです。それも、もともと『義楚六帖』に書かれるほど有名な、日本第一の霊異のご本体としての蔵王権現の信仰があったからではないでしょうか。

金峯山寺と東大寺との深い関わり

それから、東大寺の大仏さんをお造りになるとき、聖武天皇さまは黄金で大仏の体を荘厳したいとお思いになりました。ところがよい黄金がなかなかなく、中国にも遣いをやったけれどもよい黄金はなかったそうです。そこで、「金峯山というくらいだから、あそこには黄金があるのではないか」と思われたと言います。『三宝絵詞』とか『今昔物語集』に出てくる有名な話ですが、聖武天皇は良弁僧正を吉野に遣わせて七日七晩、お祈りをさせた。そしてその祈りにこたえて、蔵王権現が示現されて、次のように告げたそうです。

「この山の黄金は弥勒下生、つまり弥勒菩薩が五十六億七千万年後に下生されたとき、ここを金で荘厳するために埋蔵しているもので、大仏さんには差し出せない。その代わり、近江国志賀の郡に石が林立した場所（石山）がある。そこでお祈りをしなさい」――。

このように、『石山寺縁起』につながる話が残されています。そこで、お告げの通りに石山を訪れ祈禱すると、たちまち陸奥の国から黄金が出て、無事に東大寺の大仏さんを荘厳することができた…。そういうお話なのですが、これを見ても、東大寺さまと金峯山寺は、東大寺創建当初からの深い関わりがあったことがうかがわれます。

それから、吉野に「銅《かね》の鳥居」というのがあります。日本三鳥居の一つで、重要文化財に指定されており、寺伝では東大寺大仏鋳造の余りの銅で創建されたという言い伝えがあります。このように東大寺さまと金峯山寺はいろいろと関係があったのです。

また東大寺さまでは、江戸期までは続いていた、奥山に入り「供華」の花を採りに行くという「千日不断花修行」（当行）があったそうです。今は伝わっていないそうですが、山を回峰する修験の行法が江戸時代までは伝わっていました。東大寺のお坊さんは学問だけをしているように思われがちですが、違うのです。もちろん学問をなさいますが、学問だけではなく、吉野の近くに比蘇山寺という「求聞持法」をする道場があり、ここに入って「求聞持法」の修行をなさったお坊さんたちもたくさんいらっしゃいました。奈良時代から山林修行や、吉野との行き来があったのです。

昭和五十八年から六十一年にかけて、大峯山の山上本堂（旧金峯山寺山上本堂）の解体修理が行われたのですが、そのときに発掘調査が行われ、純金の黄金仏が出てきたことで一躍有名になりました。覚えておられますか。余談ですが、このときの責任者の橿原考古学研究所の菅谷文則所長は、天皇陛下（昭和天皇）に、宇多上皇の御物（純金仏）が出てきたことを報告されたら、さすがに天皇陛下は遠縁ですから「あ、そうか」と昨日のことのようにお話された、と驚かれていました。

この菅谷先生の報告書を見ますと、「金峯山寺は役行者が開基したとなっているが、今回の発掘調査では役行者の時代まで五十年は届かなかった。けれど、天平年間の遺構がたくさん出てきたので、奈良時代からここは信仰の場所であったことが確認できた」というお話でした。じつはその報告書には書かれてなくて、のちに菅谷先生から直接聞いたことなのですが、この山上本堂の開創には東大寺のお坊さんたちが深く関わっていたのではないかと私は思っている、という先生の推論を教えていただきました。ことほどさように、奈良時代から吉野修験と東大寺さまとは深い関係があったわけでございます。

修験道とは

さて、修験道のお話なのですが、修験というのは、明治初期に「神仏分離令」「修験道廃止令」が発令されて、一時期、解体をされました。そういうわけで、奈良県など関西の人はさすがに山伏を見たことがあると思いますが、東京あたりに行くと、山伏は狂言か歌舞伎でしか見たことがないというオオサンショウウオ状態になっています。天然記念物扱いなのです（笑）。しかし実際には生きているのですが、どういう宗教かと言いましても、なかなか理解されません。そこで今日は四つに集約してお話をします。

まず、修験道とはどんな宗教なのか。一つ目は山の宗教、山伏の宗教であるということです。大自然を道場に山で修行する宗教です。山伏とは、山に伏し野に伏して修行する行者たちのことをいいます。

夏に入ると、私たちは吉野から熊野にかけて大峯奥駈修行をします。奥駈中は、朝三時頃に起こされまして、午前四時から、その日の午後三時、四時まで、一日十一時間から十二時間にわたって、山を駆けるわけです。吉野から熊野まででですと、だいたい一週間ほど山に入ります。ただ山を登るだけではありません。吉野を出るときは、蔵王堂という大きな伽藍がありますが、それが山の中に入ると、お堂が祠になり、祠が石になり、木になり、池になる。大自然そのものに神仏がいることを前提として、祈りながら、拝みながら、歩く、行じていく。これが山伏の宗教です。単なる登山ではなく、祈りと修行、神仏への畏れとの出会い、そして自然との深い関わりの中で、私たち自身が清まっていく、そういう山での修行をするのが山伏、山の宗教なのです。

二つ目は宗派を超えた実践の宗教ということです。修験は正しくは実修実験、修行得験と言います。自分の身体を使って行ずる宗教です。写真1は、有名な山上ケ岳・表の行場「西の覗き」ですが、ロープ一本に身を吊るされ断崖絶壁から身を乗り出し、「親孝行するか、信心するか」と叱責されます。あるいは岩をよじ登る、滝に

写真２　秘仏御本尊金剛蔵王権現
（重文・金峯山寺蔵王堂（国宝）蔵）
（国宝仁王門修理勧進のため、毎年一定期間、秘仏をご開帳）

写真１　西の覗き

打たれる等々、自分の身体を使って行ずる宗教が修験道であると言えます。ですから、修験というのは、いくら口で説明してもよくわかりません。かといって今からみなさんを春日の奥山に修行に連れて行こうというわけにもいきませんので、ここでちょっとだけ経験していただこうと思います。目の前に、まさに山を歩いているような映像が映し出されるので、それを見ながら今からみなさんには「掛け念仏」あるいは「山念仏」というものを体験していただこうと思います。われわれは山に登ると、登り坂になると必ず「懺悔、懺悔、六根清浄」と掛け念仏を唱えながら山を登って行きます。

では、ちょっとお立ちいただいて、正面の映像を見ながら、一緒に「懺悔、懺悔、六根清浄」を体験していただこうと思います。私が「サーンゲ、サンゲ」と言うと「サーンゲ、サンゲ」と、「ロッコンショウジョウ」と言うと「ロッコンショウジョウ」と、山を歩いている気持ちになって、大きな声で唱和いただければと思います。この間、某ホテルでもこの掛け念仏をやったのですが、そのときは隣の部屋の人に怒られてはいけないので大きな声が出せませんでした。今日は怒る人もいないと思いますから、がんばってやりましょう。

「サーンゲ、サンゲ」「サーンゲ、サンゲ」
「ロッコンショウジョウ」「ロッコンショウジョウ」
「サーンゲ、サンゲ、ロッコンショウジョウ」
「サーンゲ、サンゲ、ロッコンショウジョウ」

ありがとうございました。よくできました。おすわりください。

こういった実践の宗教、体験の宗教が修験道であります。

三つ目は神仏混淆、神仏習合の多神教的な宗教ということです。

先ほども申し上げましたように、神道を母に、仏教を父に仲のよい夫婦の間で生まれた宗教が修験道であり、それは日本人の祈りの形でもあります。神と仏を分け隔てなく尊んできた、それが日本人の宗教観、日本の祈りの形であったのだと思うのです。写真2は、私どものご本尊、蔵王権現であります。権現さまは先に申しましたように、仏さまが神さまの姿で仮となって現れた融合体であります。修験は八百万の神も八万四千の法門から生ずる仏も、分け隔てなく尊ぶとともに、さらに権現という日本独特の融合体、融合神を拝んできました。熊野は熊野権現、彦山は彦山権現、羽黒は羽黒権現というように、日本中に権現さまをお祀りしてきたのが修験道で、つまりこれは今風に言うならば「グローカル」な宗教と言うことができます。

グローカルな宗教とは何か。キリスト教とイスラム教と仏教を世界三大宗教と言いますが、グローバルな宗教とは、世界的規模で広範囲に広がった宗教のことで、この三大宗教がグローバルなのです。ヒンズー教のほうが仏教より信者数は多いのですが、ヒンズー教はインド地域に限定されていて、世界的な広がりがないので、世界三大宗教に入れないのです。つまり、世界的に広まった仏教はグローバルな宗教、それに対して神道は日本土着のローカルな宗教です。最近、グローバルとローカルが融合することが大事であるという考えから「グローカル」という言葉が生まれていますが、まさに神仏習合はグローバルとローカルが出会って生まれたグローカルな信仰なのです。そうだとするなら、修験道というのは極めてグローカルな宗教ということになります。

四つ目は、修験道は「優婆塞《うばそく》」（在家）の宗教ということです。「優婆塞」とは何ぞやというと、ご存じのように仏教には、「四衆」というカテゴリーがあります。出家した男の修行者は「比丘」、女性の修行者は「比丘尼」、それに対して在家の修行者は男が「優婆塞」で女性が「優婆夷《うばい》」。修験道の開祖は役行者とされていますが、別名「役の優婆塞」とも申します。それは役行者が生涯、在家のまま修行をしてきた方だったからなのです。ですので、修験道は開祖役行者以来、常に在家主義を本分としてきました。つまり庶民の宗教であったということです。出家主義はある意味、社会と隔絶したところがありますが、在家主義は常に庶民側、民衆側にいた民衆宗教であり、これが役行者以来の修験道の姿なのです。

修験道の教えで、「山の行より里の行」というのもあります。もちろん、山の宗教ですから山で修行することが本分ですが、山で修行しただけで終わると、それは仙人です。山伏というのは、山で修行した力を里で生かすことが大事なのです。山で得た力で、庶民の中に入っていくということを大切にしてきた宗教、常に民衆側に居続ける宗教が修験道なのです。

役行者は、薬草学の祖であるとも言われていますが、いろんな人の願いに応えてきたという系譜の中で、山での薬草の知識を得て、それを人々の病気や願いに施術してきたのです。吉野葛とか陀羅尼《だらに》助《すけ》とか、今も残されたものの中にその伝統は受け継がれていることが見えます。そこには常に庶民に対して、庶民の日々の苦しみ、日々の苦悩に向き合った宗教だった証があるように思います。そこここそがじつは、修験道という宗教のある種の本質だと思っています。

島薗先生のお話の中で日本の仏教は鎌倉時代から民衆仏教になったとありましたが、しかしそれは、明治以降の人たちがつくった日本仏教史のいびつな考え方だと私は思っています。なぜなら奈良時代に、たとえば東大寺さまが創建されますが、東大寺の建立に大きな働きをされた行基菩薩は、常に庶民の側に立った宗教者でありました。平安時代に最澄、空海が出て、鎌倉時代に法然、日蓮が出たということは間違いありませんが、エリート側の論理としてはそこだけを強調してしまいがちです。しかし常にそれを支え続けた民衆がいたから仏教は日本に根づいてきたわけです。そこのところに深く関わったのが修験であると私は思っています。聖とか優婆塞とか雑密とか、御師とか、そういった庶民の中での活動に関わってきた人々がいたわけで、それが修験だという私の位置づけなのです。修験道には幅広い意味がありますが、ともかく庶民の側にいたのが修験であって、東大寺さまも、国家仏教と言われはしますが、常に庶民との関わりの中で存続してきたのだと思うのです。その東大寺と民衆とをつなぐために、修験がいろいろな役割を果たしてきたことは間違いないと思っております。

日本人の「山」への畏怖の思い

修験道のまとめをしてみます。「全国土の七割以上を山が占める我が国において、人は古代より、山は神や仏がいる世界であると考え、畏れをもって仰ぎ見た」。……こう言いますとみなさま、なるほどと思われるでしょうが、じつはこの考えは欧米人にはよくわからないのです。欧米人にとっては「山には祖霊や神仏がいる」というようなところではないのです。驚くべきことに、欧米人が登山を始めるのはわずか二百年くらい前からになりますが、それ以前は、欧米人にとって山や森は悪魔がいる場所で近づきませんでした。キリスト教以前には、山には精霊や神がいるという信仰はあったそうですが、キリスト教以後は、悪魔の住まう場所になりました。トーマス・マンの『魔の山』、『ハリー・ポッターシリーズ』や『ロード・オブ・ザ・リングシリーズ』などを見ると、そこではすべて、山や森は悪魔がいるところとして決して近づきませんでした。ところが近代に入り自然科学が発達すると、どうも山には悪魔がいるのではなく、それは氷や樹林のかたまりであるとわかって、ようやく彼らは山に入って行くようになったのだそうです。

それに対して日本人は、はるか以前から山に対する畏怖の思いをもちながら、その世界に入るということは聖なるものに触れるという、宗教意識に根ざした入山を行っていました。その基層の部分に深く関わるのが、「修験道」あるいは「神仏混淆」の宗教観でした。「神と仏は山で出会った」という山折哲雄[3]先生などの高説がありますが、山岳信仰が神仏習合を生む大きな力になったのは間違いないと思います。このように日本古来の山岳信仰に、神道、外来の仏教（特に密教ですが）、道教、陰陽道などが習合して成立した我が国固有の民俗宗教が修験道で、簡単に言うと山伏の宗教、ということになります。大自然の山中に分け入り、身心を鍛練して、聖なる力、超自然的な神仏の力（これを「験力《げんりき》」と言います）を得るものが修験道であり、「験力」を修めた者として、修験者とも呼ばれます。理屈ではなく、自分の五体を通して実際の感覚を体得する実践の宗教であり、この国の風土が生んだ極めて日本的な宗教が修験道なのです。しかも庶民の宗教であったことが大きいと思います。

金峯山寺における神仏分離

さて、いよいよ本題でございます。今日のテーマ「明治期における神仏分離と修験道」についてお話をいたします。私はいつも本題に入る前のほうが長くなってしまいます。

まず「明治維新と神仏分離」です。明治元年（一八六八）に維新政府は「神仏判然令」（俗に神仏離令）という、神さまと仏さまを分けなさいという政令を出します。このときに修験道は大きな痛手を受けます。神と仏を分けるということは「権現」の廃止（修験道の霊山は、ほとんど権現さまがご本尊でした）であり、権現信仰はダメだとなったわけです。権現から神さまに改めなさいという命令です。金峯山寺も大混乱に陥ります。吉野の蔵王権現さまは中央が七・三メートル、左右が六・一メートルと五・九メートルという、三体の大変大きな権現像を御本尊としてお祀りしていました。これをやめなさいというわけです。わかりやすくいうと、東大寺の大仏さんをやめて神さまにしなさいということです。それはまた、金峯山寺というお寺をやめて神社にしなさいということなのです。一山はひっくり返ります。明治以前は満堂方と寺僧方の両派と社僧たちで一山の支配をしていて、山内では両派でいろいろ揉めていたのですが、このときは揉めている場合ではない、みんなで一緒になって闘おうということになり、大変な抵抗をするのです。ともかく、なんとか「神号」に改めずに「権現」として存続させてほしい。権現として存続しなければ、寺として存続ができないと嘆願をします。

しかし明治五年には修験道自体の廃止が発布されるところとなり、このときに全国にあった霊山各地の修験寺院がほとんど神社になってしまいます。金峯山寺も抵抗むなしく、とうとう明治七年には廃寺とされます。

このときに全国で職を失った山伏は、なんと十七万人にのぼるという報告があります。調べますと『日本巫女史』という、中山太郎[4]さんが昭和五年に出版された書物に十七万人という数字が出ています。和歌森太郎[5]さんが昭和十八年にお書きになった『修験道史研究』では十八万人と書いてあります。明治という時代は、維新当時、大体三千三百万人程度の国人口なのです。現在、日本の人口は一億二千万人くらいですから、今の数字にすると、当時の十七万人というのは七十～八十万人の山伏が職を失ったということになります。いま、日本中には二十三万人くらいのお坊さんがいるそうです。自衛隊員と同じくらいです。それに、神職、新宗教を合わせると六十五万人くらいの宗教者がいるそうなのですが、その全部を足した数よりも山伏の数が多かったということになる、そういう当時の十七万人でございます。

金峯山寺は権現号をやめろという命令を受けて、五條の代官所や奈良の代官所など、何度も何度もやりとりをします。そのうち一山の内側から裏切られたりします。前坊さんという神職が、もともと吉野は神さまの場所だからと神さまに戻そうとするなど、国の施策に同調する人たちが出てきたりして、大変苦労した結果、明治七年（一八七四）には抵抗むなしく、金峯山寺一山は廃寺となりました。明治初年には山内に五十八の支院があったそうです。建物だけのところもあったので、住職がいたのは三十六カ院くらいなのですが、それでもまだまだ大きな勢力だったのが、このとき、全部が廃寺になりました。吉野山の山下本堂も山上ケ岳の山上本堂も金峯神社という吉野の地主神を祀る神社に変わり、山上の本堂が金峯神社の奥の宮、吉野の本堂は口の宮という時代を十三年間過ごします。

その後、ようやく国の施策も変わって明治十九年、天台宗の大本山として金峯山寺は寺号を取り戻すのですが、山内の組織は大きく変わります。それまで金峯山寺というお寺は山上と山下に本堂がありました。役行者が蔵王権現さまを祈り出したとき、自分が修行していた大峯山・山上ケ岳の山頂に権現さまをお祀りしたのですが、山上ケ岳というのは、今も女の人が登れない女人禁制のお山です。また山が開いているのが現在は五月三日から九月二十三日まで、一年のうち一四四日しか開いていないのです。つまり、いつでも誰でも行けるところではないわけで、いつでも誰でもお参りできるところとして山の麓にお祀りしたのが、吉野の蔵王堂、山下の蔵王堂なのです。ただし、明治十九年の寺院復興のときに、山上本堂と山下本堂が一体として復帰することができませんでした。廃寺となって復飾神勤していた間、山上の本堂の仏像はすべて山上本堂近くの広場（お花畑）に移築された新堂に移され、そのお堂は洞川区の龍泉寺と吉野山区の善福寺という葬式寺が管理しました。修験寺院はすべて廃寺となっているのですから、そうせざるを得なかったのです。

そんな中、まず明治十二年に東南院が、十三年には竹林院と桜本坊という修験の寺が復興し、少しずつ修験復興の兆しが出てきました。そこで善福寺は、修験側に蔵王堂を含め修験関連の権利を返してくれたのです。ところが山上の本堂は、江戸時代を通じて長年にわたって洞川区が権利を主張していた場所でした。江戸時代の訴えは負け続けていたのですが、明治の混乱期に龍泉寺を通じてようやく権利を得ましたから、洞川側は絶対に山上本堂の権利を譲らなかったのです。それで山下の本堂だけが、金峯山寺として復帰することとなりました。結局、明治の修験道廃止の災いによって山上と山下は別のお寺になったわけです。現在、山上本堂は大峯山寺と言い、下の吉野の蔵王堂だけが金峯山寺ということになりました。ただし、今も両方が蔵王権現をお祀りするという意味では信仰的には同一のものでございます。このような歴史があったわけです。

修験道の解体と復興

「なぜ修験道は明治に解体されたのか」。冒頭で述べましたように、これが私の長らくの命題でありました。近代とは「国民国家」の建設であり、「国民国家」とは、国が国民に何かをしてくれそうな、よいイメージがありますが、実際にはそうではなくて、国が国民を管理する社会のことを言います。そもそも、近代というのは資本主義、市民社会、国民国家というシステムが三位一体でやってくるものだそうですが（内山節著『共同体の基礎理論―自然と人間の基層から』農山漁村文化協会、二〇一〇年）、その一番最初にやってくるのが「国民国家」です。いわゆる中央集権国家をつくらないと近代が迎えられないのです。どういうことかと言いますと……、たとえば、明治以前の日本人は、日本国民として生きていません。今、岸和田でだんじり祭りに携わる人たちは、そのだんじりをするためだけに一年間を生きているような方がたくさんおられますが、昔は岸和田の人だけでなく、日本中の人たちが、自分たちが住む村落共同体という地域やせいぜい藩という範囲の中でしか生きていなかったので、そこの地域や行事を守ることがもっとも大事なことでした。地域で生まれ、育ち、そして老いていく……、そうやって一生を終わっていったし、それが生きることでした。そういった自分を直にとりまく共同体の中で生きることがなにより大切だったのです。ところが中央集権国家は、地域の共同体を壊さなければ、国という巨大な共同体の一員という自覚をもたせることができない、ということなのです。日本以外でも近代とはそういうもので、それまで行われていた各地域の共同体を壊していきました。まさに日本では明治維新がそうでありました。

さて、民衆宗教や神仏習合は、じつはここで問題となる小さな共同体、地域の共同体を守ってきた基層のものなのです。これがある限り、「国」という単位で新しい共同体をつくることはできない。その新しい中央集権共同体の中心に置かれたのが天皇家の祖先神である天照大神であり、「国家神道」というヒエラルキーであったわけです。そういう「国家神道」にもっていくためには、従前の共同体を壊さなければいけなかったわけです。国民国家建設のため、従前の共同体を壊すために邪魔になったのが、民衆たちが持つ、それぞれの地域に根付いた信仰でした。そこに神仏習合や、十七万人という山伏たちが担ってきた民衆仏教としての修験があったわけで、ついには解体されることとなるのです。あのオウム真理教でさえ破防法を適用されなかったのに、修験道は明治に解体される運命にあった。それはオウム真理教と比べるまでもなく、圧倒的に数が多かったから、日本中の地域や人々に深く浸透していたからであった、と言うことができるのではないでしょうか。まさに修験道とは「近代の生け贄」と言ってもよろしいかと思います。

今日の私の話は、ここが中心であり、結論であります。その後、一時期、修験は解体されたけれども、盛り返していきます。平成十六年には修験の聖地である吉野・大峯、そして熊野と高野の三霊場が「紀伊山地の霊場と参詣道」としてユネスコの世界文化遺産に登録され、この地域が日本の宝物から世界の宝物になっていきました。自慢話になりますが、吉野大峯の世界遺産登録に最初に手を上げたのは私です。「紀伊山地の霊場と参詣道」は三つの霊場と三つの参詣道から成り立ちますが、つまり神道と修験道と真言密教という千年以上続く異なる信仰の霊場が参詣道によってつながっている、まさに修験道がつないだ聖地であると言えるでしょう。

この紀伊半島全体に広がる世界遺産の意義は、単に高野が素晴らしいとか、熊野三山が素晴らしいとか、吉野大峯が素晴らしいということではなく、異なる霊場が紀伊半島の大自然の中で千年以上にわたってはぐくまれてきたことに意味があります。そこには日本人の信仰、自然観、世界観が象徴されているのです。紀伊山地の霊場は、その意味では日本の信仰、精神文化の原型であり、日本がもち得た宗教文化の代表選手であります。つまり、グローバルな仏教とローカルな神道が出会って「グローカルな風土」から生まれた修験道が、まさにここに展開してきた聖地であるということなのです。

グローカル世界観の修験道に学ぶ

そろそろ終わりの時間なのですが、最後に謝らないといけません。このシンポジウムは二日間ありますが、私は明日欠席するので、最後の全体討論会でお話ができないのです。それで、ここでそこの部分も先に言って帰るようにいたします。

坂本賢三[6]さんという哲学者が、三十年ほど前にお書きになった『先端技術のゆくえ』（岩波新書、一九八七年）という本の中で、「世界はまずはじめに宗教が人々の生活や社会の中心だった時代があった。その宗教中心の時代から、王権や政治が中心の時代に変わっていき、さらに政治から経済が中心の時代になり、やがて技術が中心の世界になっていくだろう」と提言されております。宗教が中心の時代というのは、もともと地方のローカルなものが人々の中心であったのが、政治や経済が中心となることを通じて、グローバルで世界的規模のものに移っていったということだと、私は理解しています。

今やその予測どおりにグローバルな技術・情報が中心の時代なのですが、そのグローバルの先にあるグローカルが大事にされるという近未来社会の中で、もう一度、宗教の大切さが必要となる世界にこの先はなっていくのではないでしょうか。近代の先、ポスト近代は、じつはある種、宗教が担う大切さを考えるべき時代なのだと私は思っています。特に東日本大震災以降、日本ではさまざまな災害が起こりました。自然と人間は欧米的な考えである支配しあう関係ではなく、「共生」「共死」「共苦」を伴う関係ではないのか。地震が起ころうと洪水が起ころうと、それは自然が悪いのではない、自然に善悪はないのです。自然を支配するという一神教による欧米的な考え方は、その自然の猛威にぶち当たったときに、自然を悪とみてしまうように思います。それと違って、自然とともに生きてきたのが日本人の信仰のあり方であり、これからはそういう信仰を考えていかなければならないと私は思っています。

明治以降の仏教学、文明学は明治以前のものとはずいぶんと違ったものになっています。今の政権は「明治から一五〇年、明治に学び直そう」と言いますが、それは間違っていると私は思っていて、われわれが学び直すべきは、明治以前の価値観、自然とともに生きてきた価値観の中で、明治以降の歩みを考え直すことに費やすべきだと思っています。

「二十一世紀型の宗教」ということを、わが盟友の宗教学者正木晃[7]先生が『現代の修験道』（中央公論新社、二〇一一年）という本で提言されています。「二十一世紀型の宗教、つまりこれからの宗教は、①自然と深い関わりをもっていること、②参加型であること、③実践的であること、④心と身体に関わること、⑤総合的であること、⑥女性にやさしいこと」であるという指摘です。じつはこの条件は全部、修験道に当てはまります。その中で、「修験は女人禁制だから女性に厳しいだろう」と思われるかもしれませんが、それは大峯山の山上ケ岳が女人禁制の区域を一部持っているだけで、違うのです。修験主要三本山である醍醐寺も聖護院も金峯山寺も、女性の僧侶は他の伝統教団よりも圧倒的に多く、醍醐寺も聖護院も三割の女性の僧侶がいます。金峯山寺に至っては五割が女性なのです。伝統教団の中で女性の比率がこんなに高い教団は修験以外にはなく、決して女人禁制ではありません。それから修験は自然との関わりが深く、誰でも参加できる実践の宗教です。それは心と身体に関わることであり、そして排他的でない、大変総合的であって、女性にやさしい宗教であります。二十一世紀型の宗教にふさわしい要諦を備えた宗教だと言えるでしょう。それも含めて、日本のポスト近代は、神仏習合や修験道がもつような、グローカルな世界観がキーワードになると私は思うのです。

「明治維新に学ぶ」という安倍首相の思考は、彼が長州人だからだと思います（笑）。長州人や薩摩人は、常に明治維新を賛美して、ああいうようなことを言う。ＮＨＫはそれに加担して明治のいわゆる英雄たちばかり、たとえば「吉田松陰」や「西郷どん」とかを繰り返しやっていますが、じつはあれは明治以降の一つの価値観で、決して日本の本当の姿ではないと思うのです。

さきほどの島薗先生のお話にもありましたように、天皇制についても、見直していくべきところがあるかもしれません。そして宗教の形を考えるのも、明治以前の価値観を見直すべきところがあります。戻るべきは決して「教育勅語」の世界ではありません。「教育勅語」は大哲学者梅原猛[8]さんによると、明治の「第一の神の死」つまり神仏分離という「神殺し」をしてつくった価値観であり、小泉八雲が礼賛した日本の美しさは、「明治以前の価値観」の中にあると述べられています（『神殺しの日本―反時代的密語』朝日新聞社、二〇〇六年）。ところが電気もパソコンもこの会場にある椅子も机も全部、明治以後のものです。明治以前のものというと、私や狭川長老さまが着ておられるお坊さんの法衣くらいです。そんな中、今日の話の修験というのは、まさに明治以前の価値観なのです。また、東大寺さまの「修二会」の行事も明治以前から営々と続くものです。明治以前のものを、もう一度見直しをすることが大変大事ではなかろうかということを提言して、私の話を終わりたいと思います。ご静聴ありがとうございました。

（たなか　りてん・金峯山寺）

註

（1）「美しき日本〈吉野山金峯山寺編〉」https://www.youtube.com/watch?v=CoaVkn-HK5c

（2）菅谷文則（すがや　ふみのり、一九四二～二〇一九年六月）考古学者。

（3）山折哲雄（やまおり　てつお、一九三一年～）宗教学者、評論家。

（4）中山太郎（なかやま　たろう、一八七六～一九四七年）柳田國男、折口信夫らと同時代に活躍した民俗学者。著書『日本巫女史』（大岡山書店、一九三〇年）

（5）和歌森太郎（わかもり　たろう、一九一五～一九七七年）歴史学者、民俗学者。著書『修験道史研究』（河出書房、一九四三年）

（6）坂本賢三（さかもと　けんぞう、一九三〇～一九九一年）科学史家、哲学者。

（7）正木晃（まさき　あきら、一九五三年～）宗教学者。

（8）梅原猛（うめはら　たけし、一九二五～二〇一九年一月）哲学者。

特別講話

東大寺に残る神仏習合

狹川宗玄

「神仏習合」という考え方は、仏さまのもとで、俗な言葉で言えば化身、神さまに仮に姿を変えて我々を助けていただくというのが「本地垂迹」という言葉になるのですが、日本の歴史としてはずいぶん古い歴史をもっております。私、この歳になり、神さまと仏さまは、ご夫婦のような関係だと思っていますが、神さまと仏さまの仲がいいと言うと俗な言い方になりますが、なぜそういう風俗、考え方を続けることができたのかという、一つのヒントになればいいのではないかと考えました。

東大寺は、大仏さま、お水取りで有名ですが、もう一つ、みなさまに知っていただきたいことの一つは、千二百年以上の伝統を、しっかり守ってこられたことで、現在も古い習慣、行事など、昔のとおりにはいきませんが、ほぼ八十%近い精度で伝統を守ってくることができたことです。これは私たち東大寺の者にとっては大変ありがたいことだと思っております。その一つ、私たちが経験してきたことを通して、東大寺に現在も脈々と伝わっている「神仏習合」の習慣について具体的にお話を進めていきたいと思います。

大仏殿をつくる時一番最初に、聖武天皇さまが「力を貸してほしい」とお願いになったのが宇佐八幡宮です。東大寺にとって、宇佐八幡宮と伊勢大神宮、手向山八幡宮の三つは密接な関係がありますので、そのことからお話を進めていきたいと思います。

「宇佐八幡宮」は海上安全、航海の安全を守る神さまですが、長門、備前、備中、美作では採銅、銅を発掘する、鋳造の神さまとしても尊崇されていました。大仏を鋳造をすることで、宇佐八幡宮の神職が「お助けをしたい」と運動をされたのですが、その運動が効を奏して東大寺の鋳造に力を貸していただくことになりました。宇佐八幡宮を勧請したのが手向山八幡宮です。現在は山のふもとにありますが、当時は東大寺の大仏殿前の鏡池の南東にある小高い丘にありました。ところが治承四年（一一八〇）、源平の争いの兵火で焼け、移転したのは嘉禎三年（一二三七）と言われていますが、寛永九年（一六三二）にまた焼けました。その後、徳川時代に大仏殿を復興された公慶上人がおつくりになったのが現在の手向山八幡宮だとされています。

「伊勢大神宮」は天平十三年（七四一）、行基が神意をうかがわんがために仏舎利の一粒を授けられました。その他、聖武天皇が橘諸兄を伊勢神宮に遣わせて「大仏さまを、いよいよ建立する」と報告なさっています。『大神宮諸雑事記』によりますと伊勢神宮に神宮寺ができたとあります。本地垂迹の説が流行すると、神社に神宮寺を建てたのです。不思議と思われるかもしれませんが、神社を護るお寺が神宮寺です。神さまを護るお寺が必要となり、神宮寺ができて大日如来を祀ったのです。「本地垂迹」は仏さまが本体で姿を代えて神さまになって私たちを救ってくれる、と言われています。その一番の上限、天照大神が垂迹なさった元は大日如来だと、「大日如来が本地」で「垂迹は天照大神」という思想がありました。「お伊勢さんのもとは大日如来だった」というのが垂迹の頂点の考え方です。今考えると大変なことだと思いますが、すんなりと使われていたのです。日本における「本地垂迹」の性格が、よくわかるような気がいたします。面白いことに『東大寺造立供養記』という本によると、東大寺が焼けた後、鎌倉時代の重源さんが伊勢神宮にお祈りに行かれたとあります。二月二十三日夜に天照大神が出てこられまして、「吾、近年身疲れ、力衰え、大事を成し難し、若し此願を遂げんと欲せば、早く我身を肥へしむべし」と御告げがあったのです。「我が身を肥えしむべし」は、私を太らせてくれということではなく、「私にたくさんお供えをしてくれ。お祈りをしてくれ。そうすれは、あなたの願いを聴いてあげよう」と書かれています。逸話なのですが、面白い説だと思います。現在も管長が就任しますと、その年に必ず、報告をしに伊勢神宮にお参りします。内輪の話をこっそりいたしますと、平岡明海さんという管長がいらっしゃいまして、第二〇一世で昭和二十六年（一九五一）から三十一年まで五年間、管長をされていました。経済的にシビアな方で「住職は贅沢したらいかん、身を謹んで節約せよ」という信条で会計の役を何遍もされていて、まあ、我々は締められていたわけです。管長になり伊勢神宮にお参りしますと、向こうで祝詞をあげてくださる。それが立派な丁寧な祝詞で実に名文で、聴いているとほろりとするような立派な祝詞なのです。ただ、節約の方ですから、お礼はあまりたくさん考えておられなかった。ところが実際に参列して聴いていて「これは丁寧で、お布施が少ないだろう」ということで、こっそりと後で継ぎ足してお礼をしたという笑い話をしてくださいました。次の管長には「張り込んでいけよ」と冗談半分でおっしゃっていた記憶があります。

「手向山八幡宮」は、昔は東大寺の所属でしたが、明治の廃仏毀釈で独立されたのです。いつ頃独立されたか、記録を聞いたのですが、「ございません」ということで、現在はっきりした年代はわかりません。写真1は木造の徳川家康の像です。「狸爺」と言われて、人気は芳しくありませんが、実にいい顔をしておられますね。これは東大寺の寺務所、聖武天皇をお祀りした天皇殿にお祀りしてありました。廃仏毀釈で、どこかに行かないといかんと手向山八幡宮にいらっしゃいます。この間も手向山八幡宮にお参りして「木像は今、どこにおられますか？」と聞いたところ宮司さんが笑いながら「ちょっと大きな声で言えないのだけど、馬小屋を修理した部屋に今、お祀りしています」と。天下の家康が馬小屋を修理した部屋におられるということに、有為転変というようなものを、つくづくと感じさせていただきました。現在は十月五日が八幡さまのお祭りなので、教学執事が神社と転害門でも法要があるので参加してもらっている、そういう関係でございます。これで大体、東大寺と深い関係のある神社のお話をいたしました。

次に東大寺に残る「月例法要」ですが、現在、東大寺では「月例法要」として毎月決まった日に法要を行っています。一日は八幡殿、二日は天皇殿で、法要をいたします。それが「月例法要」で「年次法要」は二十三回ほどありますが、年一回、その日だけの法要をいたします。昔、どのくらいの法要をやっていたか、調べてみると平安時代は約六十回なさっています。鎌倉時代も六十回、江戸時代は百二十四回ほどなさっている。江戸時代はなぜ増えたか、徳川さんとの関係で徳川関係の方たちの法要もあって膨れあがったと言われていまして、この中で、一日、二日、十六日、十八日の四回、「表白」という神道でいえば祝詞のようなものですが、それをお唱えします（資料1）。

写真１　徳川家康公の御木像（手向山八幡宮蔵）

「八幡殿」は毎月一日にいたします（資料1—(1)）。表白の中に「神明」という言葉が出てきます。天照大神、八幡三所大菩薩と神道関係の言葉がたくさん出てきます。「天皇殿」は二日。「開山堂」は十六日、良弁僧正の命日にも。二月堂でも「表白」をします。参考に頂いた「興福寺三十講表白」にも神さまが出ておられて、興福寺は天照大神と春日大明神。つづいて東大寺の表白で出てくる神道関係の言葉について簡単にお話しします。

まず一日、「八幡殿」（資料1—(1)）。

「神明《しんめい》」という言葉が出てきます。神さまのことで、「天神地祇は、能く善悪正邪を照察してあやまらないので、神明という」。神、神祇のことです。

「八幡三所大菩薩」。手向山八幡宮では、品陀別命《ほんだわけのみこと》（応神天皇は中殿）、足中彦命《たらしなかつひこのみこと》（仲哀天皇）と息長帯姫命《おきながたらしのひめのみこと》（神功皇后）は共に右殿、比売大神《ひめのおおかみ》は左殿に祀ります。

「十九所明神」。実は表白をお唱えしていまして難しい言葉がたくさん出て意味がほとんどわからないのです。これではいかん、調べようと、大胆な話ですけれど、怖いもの知らずで好奇心が強い方なもので調べかけたところ、十九所明神にぶちあたったわけです。誰に聞いてもわかりません。堀池春峰さんに聞いても「狭川さん、わからんわ」と言われ、しばらく足止めをくっていました。そんなときに、新藤普海君のお姉さまで、長らく図書館に勤めていて古文書

資料1　月例法要（一日、二日、十六日、十八日）の表白（一部）

(1) 八幡殿（一日）

華厳宗毎月講表白

一乗講讃之庭、神明法楽之砌《ナレバ》、為《ニ》下飡《シ》二受法味《ヲ》一
證中明《センガ》功德《ヲ》上、冥衆定來臨影向《シ玉ラン》、尒《レバ》則奉《チ》レ始《リテメ》二梵
天帝釋護世四王《ヲ》一、三界所有《ノ》天王天衆、惣《メハ》扶
桑太祖〃天照太神、別《メハ》八宗擁護、八幡三所大
菩薩〃圓宗鎭座十九所明神、殊《ニハ》信《ノ》心法主、現
前《ノ》諸衆、本命元辰、當年屬星、流行神等、併《ラ》奉《ニ》二
為《メニ》奉樂荘嚴威光倍增《ノ》二一切神分
　般若心経　　大般若經名

（中　略）

所《ハ》レ仰《ク》者和光三所之威德
　轉禍為福之神託有《リ》レ馮《タノミ》

(2) 天皇殿（二日）

本僧坊供本願講表白

大乗講讃之庭．報恩謝德之砌《ナレハ》．為《メニ》下随二喜法味《シ》一証《ヲ》中明《センガ》功德《ヲ》一上天
下界神祇冥衆定《ノ》來臨影向《メテ》．然《シ玉フラン》則奉《レバ》レ始《チテ》二梵天帝釈護世四《メ》
王《ヲ》一．三界所有天王天衆日本國主天照皇太神王城鎭守諸大明神．殊《ニハ》
當寺影向八幡三所若宮武内等．寺内寺外大小諸神《ノ》．二明擁護春日大
明神．別《メハ》而一結諸德大衆當年行役流行神等．併奉二爲《ラオン》法樂荘嚴《メニ》
威光増益《ノ》二一切神分
　般若心経
　大般若経名

(3) 開山堂（十六日）

開山講表白

論談講經之庭．除災與樂之砌《ナレハ》．為《ニ》下喰二受法味《シ》一
證中明《センカ》功德《ヲ》上冥衆定降臨影向《テ》　然則奉《玉ラン》レ始《ハチリテメ》二梵
天帝釋護世四王《ヲ》一．三界所有ノ天王天主．日月
五星諸宿曜等．内海外海龍王龍衆．殊《ニハ》日本
國主天照皇大神．王城鎭守諸大明神．別而《ハ》
當社尊神．八幡三所若宮武内等．佛法擁護
春日權現．惣而《ハ》普天率土大小神祇．併為《ラメニ》二法
樂荘嚴威光倍增《ノ》二一切神分
　般若心經　　大般若經

(4) 二月堂本講（十八日）

觀音講本講表白

愼敬《ミテ》白《ス》下周遍法界摩訶毘盧遮那．因圓果
滿盧舎那界會．一代教主釋迦牟尼如來．
十方三世應正等覺．華嚴法花甚深妙典．
八万十二權實聖教．普賢文殊等諸薩《ノ》．
身子目連等諸賢聖衆《ノ》．乃至佛眼所照微
塵刹土．不可説々々《ノ》三寶境界《ニ》．上而言《ク》．方《ニ》
今《マ》南浮州扶桑朝東大寺當院靈場《ノ》．点《ニメ》一毎
月有縁良辰《ノ》一．抽《ヲ》二慇懃無雙懇志《ンテオンゴン》．講《ノ》二
中道法華妙文《ノ》一展《ヲ》フ二一座雙問論席《ノ》．其《ヲ》
志趣何者《ト》夫十方之大士雖《レ》《トモ》《ナリト》レ

觀音之悲願殊勝ニレ
一代之教門雖トモレ廣シト
妙法之威力是新レナリ

是以

（中　略）

抑毎月作善之庭．法華講讃之砌ナレハ．為メニド湌二受シ
法味ヲ一證中明センカ功德ヲ上．冥衆定テ降臨影向シ
玉覽．然則奉レ始メ二梵天帝釋護世四王ヲ一．欲色
無色三界ノ諸天．日月五星北辰北斗．七曜九曜二
十八宿．惣メハ日本国主天照皇大神．内外兩
宮御部類眷族．六十余刕大小ノ諸神．別而ハ
八宗擁護正八幡大菩薩若宮武内等．兩
宗鎮座諸大明神．寺内寺外勸請ノ諸神．聖
母玉葉諸大眷族當院勸請飯道遠敷．佛
法擁護春日四所明神．山内山外護法善
神．殊ニハ一結ノ諸德．當年屬星．本命元辰．本命
曜宿．當年行疫流行神等．閻羅王界冥官
冥衆太山府君司令司録禄．王城鎮守諸大

参考　興福寺三十講表白（一部）

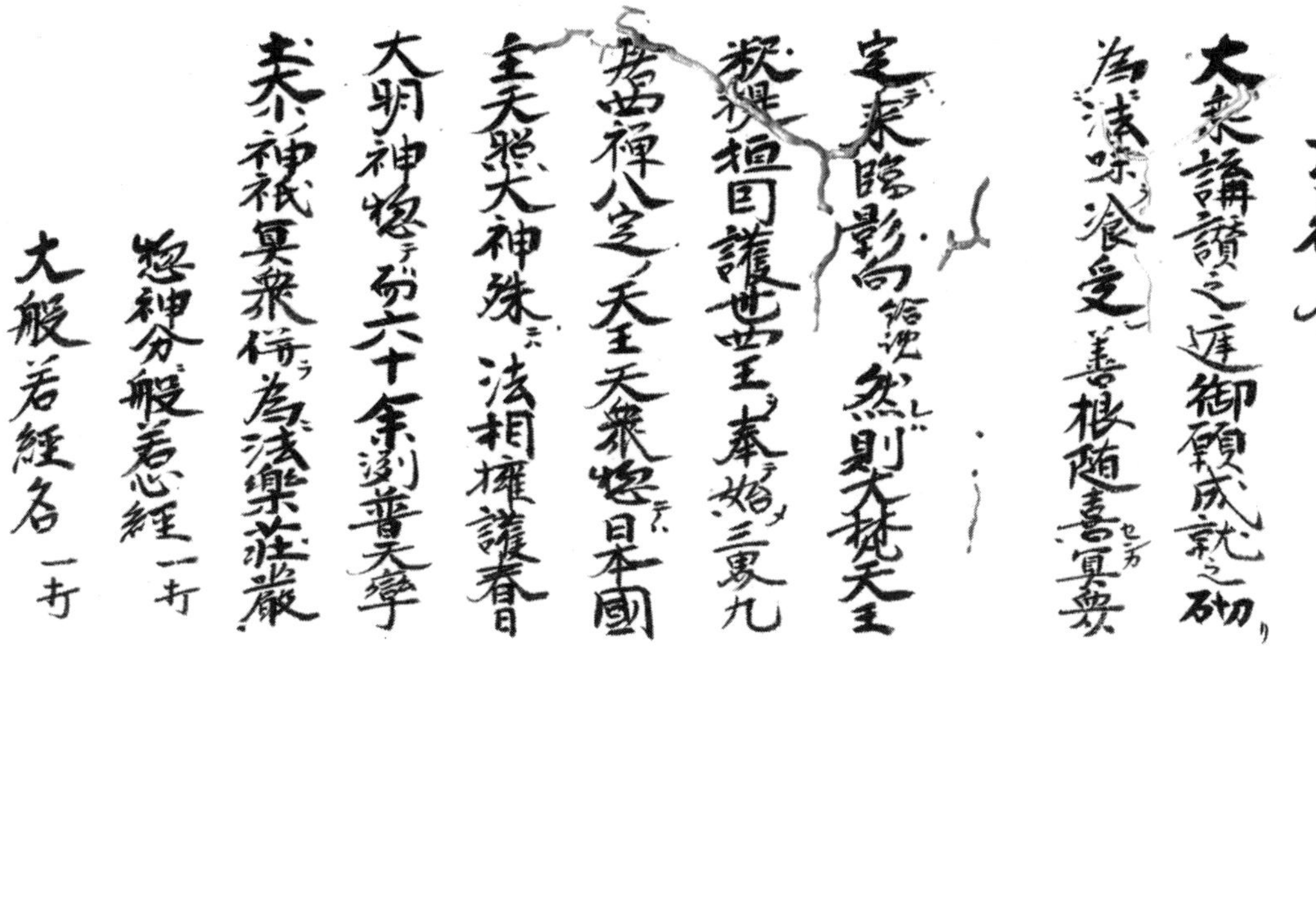
次神分
大衆講讃之庭御願成就之砌
為法味湌受善根随喜冥衆
定来臨影向給　然則大梵天王
釋提桓因護世四王奉始三界九
居四禪八定天王天衆惣日本國
主天照大神殊法相擁護春日
大明神惣六十余州普天率
土小神祇冥衆倍為法樂莊嚴
惣神分般若心經　一打
大般若經名　一打

も読める東大寺図書館の新藤佐保里《さほり》さんが、ある時突然、教えてくれました。「狭川さん、十九所明神は、『奈良市史』に出てます」。

　奈良市で編纂した『奈良市史』を読むとわかってきました。東大寺の尊勝院にお祀りしてありました。転害門をくぐって広場があり、いま鼓阪小学校があるところですが、そこが尊勝院で、そこにお祀りしていたのが「十九所明神」。それが手向山八幡宮の境内の松童神社に明治二十八年九月二日に移されました。現在も、本殿の南側にあります。今度は「十九所明神」の名前がわからないかなと、次の好奇心がムラムラと起こってきて聞いたのですが、誰も知らないのです。ところが偶然、関西テレビで八時から出雲神社の番組があったのです。たまたまチャンネル回したら出雲さんが出てきて見ていると「十九社」と長屋のような家が写っていました。「あ、同じ十九やな、何か関係がなかろうか」と聞いていると「十九所というのは、出雲に集まってこられた神さまの寄宿舎だ」「泊まってはるのや」「ああ、そうか、十九という奇数だけども、十九という数ではなくて、ひょっとしたら、無限という、たくさんという意味を表すのではないか」「十九所明神はたくさんの神さまという意味と違うかな」と、私の独断ですけれどそう思いました。偶然ですけどね。宮司さんに聞かないといかんのですが、「十九所明神というのはたくさんの神さまやな」と現在では思っております。（註：後日、十九の明神さんということがわかりました。）

「流行神《るぎょうじん》」。これはどういう神さまかというと、夢のお告げに出てこられた神さまが霊験あらたかで、たくさんの信者さんがやってくる。そういう神や仏を「流行神」と呼ぶ。俗に言うと大流行りの神さまという意味でしょう。


「神分《じんぶん》」。神さまを分ける。神仏にお供えをたくさんする儀式で、お祈りをする時に大小の神さま、自分が尊崇する神さまに「お護りください」といって「般若心経」を唱えたり、俗な言葉で言うと、神さまにサービスしたりすることを「神分」といいます。地鎮祭の時、降神といって神主さんが神さまをお呼びになるのとも関係があるし、神楽の採物《とりもの》にあたります。採物がわからなくて、神主さんに聞きますと、舞楽を舞うときに太鼓をもったり弓をもったり、そこに神さまが降りられる（降神）。神さまが来はるというサイン、あれを「採物」というそうです。ひっくるめて「神分」といいます。

「和光三所《わこうさんじょ》」。和光は「和光同塵ということで、本地の仏さま、垂迹の菩薩さまが完全な悟りの智光を和らげて俗塵に同ずる。そしてみんなを救うこと、それを「和光三所」といいます。三所は八幡さんの三つの神さまで、それを和光三所と申します。

　次に二日、「天皇殿」（資料1―(2)）。

「上天下界ノ神祇冥衆《みょうしゅう》」。上天の世界の神さま方と下界の冥土に住む神さま。

「王城鎮守諸大明神」。王城、宮城を守るもろもろの大明神。

「若宮《わかみや》」。手向山八幡宮本殿の南側にお祀りしてあるのが若宮神社（大鷦鷯命《おおのさざきのみこと》＝仁徳天皇）。

「武内《たけうち》」。本殿の北の妻下にある一間社流造の武内社（祭神は武内宿禰）。

「當年行役《とうねんぎょうやく》」。行疫神。疫病神のこと。

　十六日、「開山堂」（資料1―(3)）。

「春日《しゅんにち》権現」。東大寺では春日さんのことを「しゅんにち」と音読みしてお祈りをします。

「普天率土《ふてんそつど》ノ大小神祇」。普天はあまねく覆うおおぞらの下。率土は、ずーっと地続きの陸地のこと。

十八日（資料1—⑷）。

二月堂でおつとめがありますが、二月堂だけは、本講と新講と二回いたします。本講は四箇法要といって四種類のお経を唱えます。十八日だけは今ですと（十一月ですと）午前八時半からおつとめが始まり、十一時半から十二時までかかります。あとのお務めは四十分から五十分くらいですが、十八日はとくに丁寧にいたします。

「御部類眷属《ごぶるいけんぞく》」。そこに出てくるのですが、初めはわからなかったのですが、色々聞いたところ、お伊勢さんの内宮、外宮の別宮、末社、摂社、一二五全部のことを御部類眷属といったのではなかろうか、とお教えをいただきました。

「飯道《いいみち》」。二月堂お水取りの神さまで、勧請神。滋賀県甲賀市信楽町宮町にある飯道神社の御祭神は、伊弉冉命《いざなみのみこと》、速玉男命《はやたまのおのみこと》、事解男命《ことさかのおのかみ》で、二月堂東南に飯道神社があります。

「遠敷《おにゅう》」。二月堂お水取りの勧請神で、若狭の国の一の宮。上社と下社に分かれ、上社の主神は若狭彦神または海の神の彦火々出見命を指し、下社は若狭比咩《め》神で豊玉姫を指すと言われています。二月堂の東北に遠敷神社があります。お水取りが三月一日から十四日まで行われますが、一日の初日に飯道さんと遠敷さんと後ほど出てきます良弁杉の興成神社の三社に「社参」といいまして「これから二週間法要しますからどうぞ無事に終わるように」とお祈りをして回るわけです。それが一日。終わった三月十五日の未明、「無事に終わりました」と三社を報告に回ります。三社が「遠敷」と「飯道」と「興成」です。

「春日四所明神」。春日神社は四柱の神さまをお祀りしています。武甕槌命《たけみかずちのみこと》、経津主命《ふつぬしのみこと》、天児屋根命《あめのこやねのみこと》、比売神《ひめのかみ》。

「山内山外護法善神」。山内山外を守る善い神さま。

こういうふうなのは、十八日にお呼びします。

以上が我々読んでおります「表白」、祝詞にあたるものに出てくる神さまのお名前です。興福寺からいただいたものを見ますと、天照さんと春日さんの二つの神さましか出てこられないのです。興福寺は藤原の氏寺で、春日さんが藤原の氏神さんです。興福寺にとっては春日明神オンリーが大事で他の神さまは、天照さん以外はあまりおっしゃってないのではなかろうかという気がしました。その点、東大寺はたくさんの神さまのお名前を読んでおります。東大寺と興福寺とのカラーの違いではなかろうかと思います。

次に「僧形八幡神坐像」（写真2）。秘仏で十月五日しか開扉しませんが、この方についてはいろんな伝説がありますので、それを交えながらお話しいたします。源平の戦いで八幡さんも焼け、御神体も焼けたわけですから、復興をやろうということになりました。僧形の八幡さん、お坊さまの姿をした八幡さま、「本地垂迹」そのものですが、僧形で造ろうということになったのです。何をモデルにしたらいいかを東大寺で研究して、神護寺にあって今は鳥羽の勝光明院の宝蔵にある弘法大師さまが感得されたという画像を希望したのですが、神護寺の文覚の反対にあい、東大寺は内密に絵師に写させ、それに基づいて造像されたといわれています。像の開眼は建仁元年（一二〇一）に行われて、高倉天皇、後鳥羽院、後白河院、当時の東大寺別当弁暁、明恵上人、高弁らの名を連ね、たくさんの方

写真２　僧形八幡神坐像

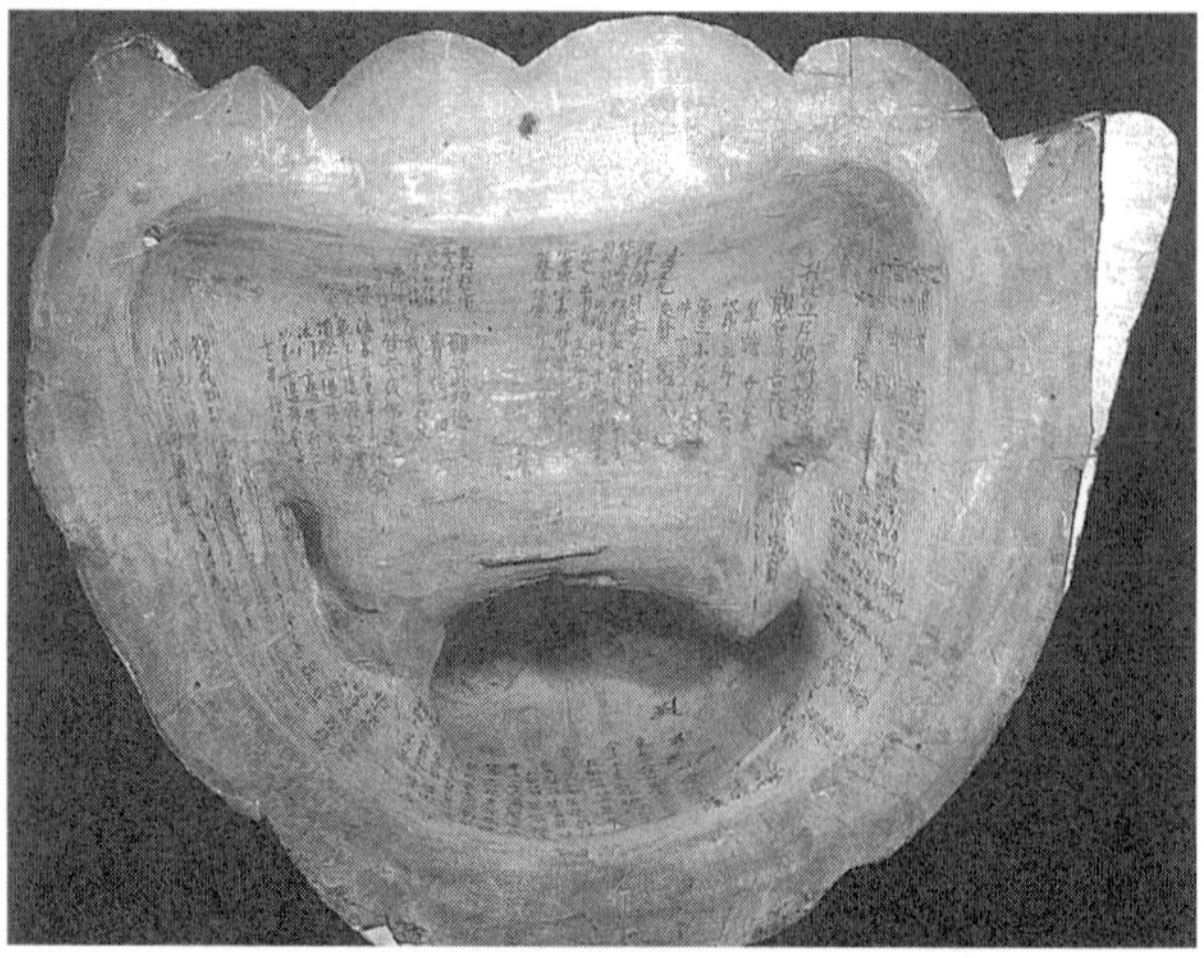

写真２-(1)　僧形八幡神坐像　像内墨書

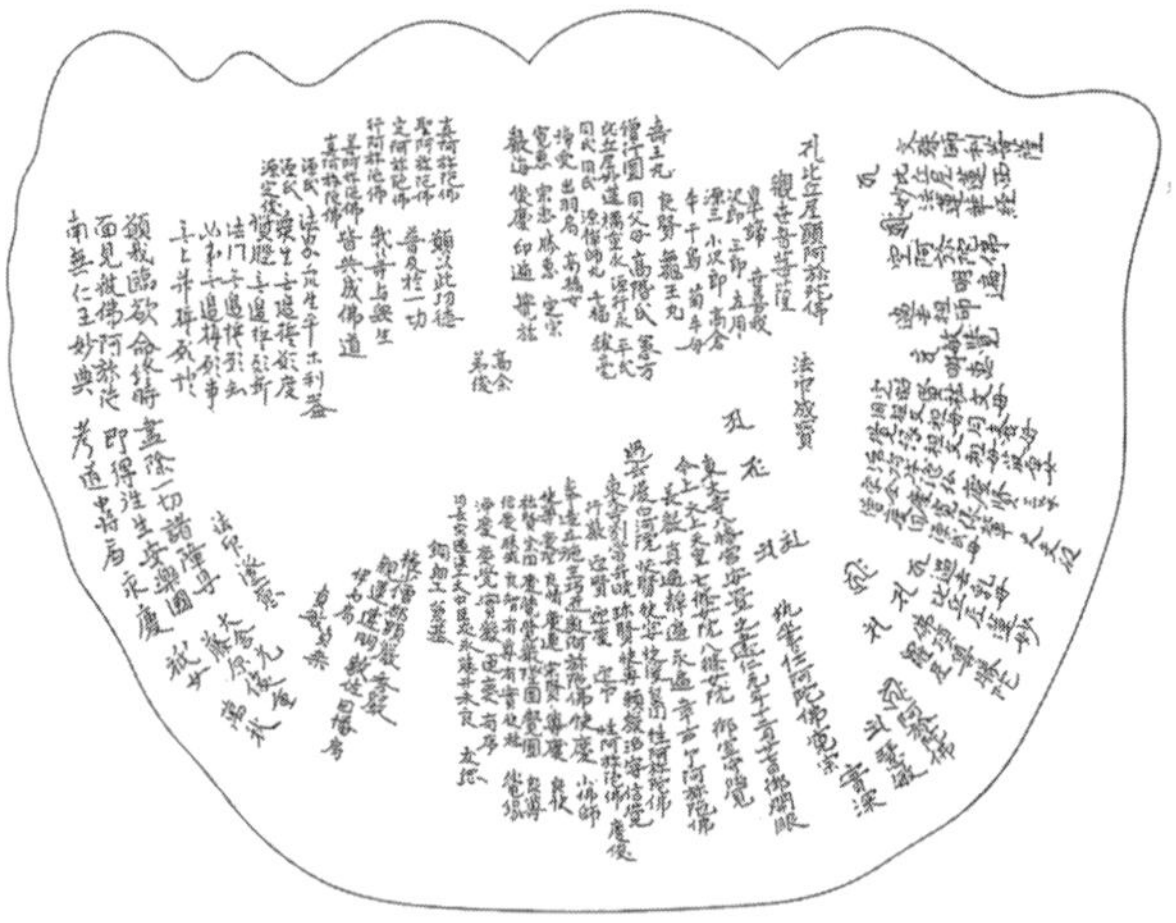

写真２-(2)　僧形八幡神坐像　像内墨書

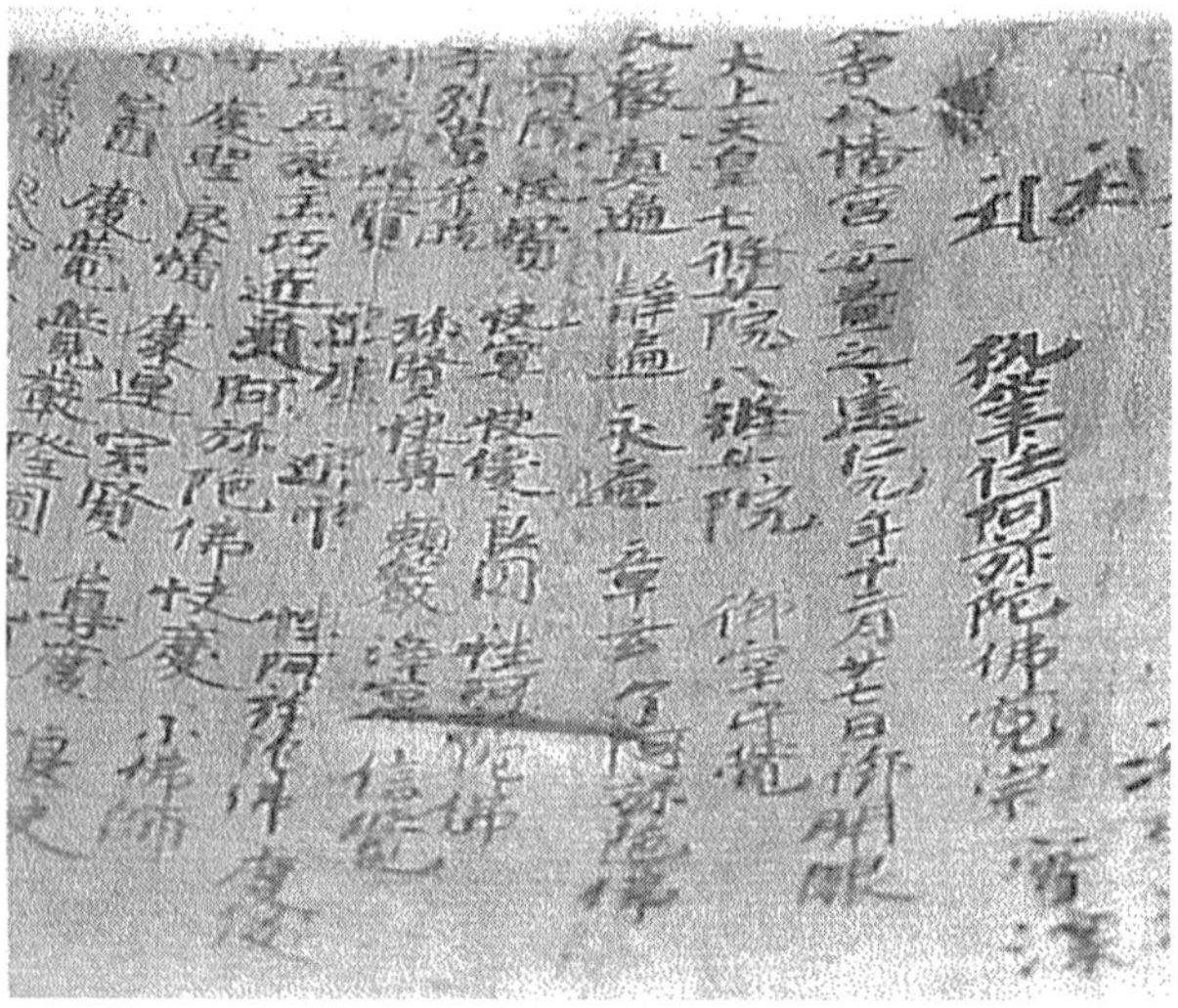

写真２-(3)　僧形八幡神坐像　像内墨書（部分）

の発願協力によって造像されたこと、お像に細かい字でたくさん書かれています。僧形八幡さんの下の方に「像内墨書」があり、左から四行目に「阿弥陀佛快慶」とあります。快慶その他の仏師がつくられたことがはっきりわかります。最近、史料が見つかりまして、僧形八幡さんは言い伝えによりますと、廃仏毀釈で川に捨てられていたという伝説がありますが眉唾もので、色があんなにはっきり残ってないだろうということです。坂東さんの史料の発見によると「一時、般若寺に移されていた」ことがわかりました。明日、坂東さんからお話があるかと思います。念のためにその館が残っているというので参詣にいきましたが、小さくて僧形八幡さん、入る余裕がないような建物なのでおそらく後のものではないかと思いました。

もう一つ不思議なのは、十月五日、開扉の日に僧形八幡さんを拝

資料2　バラバラ心経

般　若　行　深　般　若　舎利　不垢　舎利　舎利子
はんにやぎょうじん、はんに、しやりふく、しやり、しやりし、
不垢（色則是空、空即是色の転化か）　増　減
ふく、えぞ、えぞ、えぞ、えぞ、えぞ、えぞう、ぞぞめく、
増　減　（有爲）（僧形）増　減　（僧形）　（如　來）
ぞぞめきや、ういそうげ、げなんぞう、ぞうげの、にようらやく、
（如　來）　（十　二）　咒　能　除　般　若
にようらいのやく、じゆうにの、しやのうぎょう、はんにや、
波羅蜜多　心罣心罣　不垢　遠　離　一　切　顚　倒
はらみた、しげしげ、ふく、おんり、いつさい、てんどう、
行　深　般　若　波羅蜜多　羯諦羯諦　如　來　世
ぎょうじん、はんにや、はらみた、だあだだだだ、にようらいのせえ
行　深　世　行　深　摩訶
のぎょうし、せのぎょうしんしよ、めか、めか、めか、めか、めか、
般　若（釈迦如来）　（天　照）
めか、めか、めと、はんにやしやかにようらい、てんしよう、
（皇　太　行　神）
こうたいぎようじん

む時、「バラバラ心経」という心経をお唱えするのです。普通の「般若心経」ではなく、「バラバラ心経」と我々が呼んでいるものです。それを年一回この日は、二十一回お唱えします。普通は三回、最後に「バラバラ心経」を読みます。ところが十月五日だけは二十一回、時間はけっこうかかります。内輪の話ですが、内面暴露で話しますと上司海雲という管長の時に「二十一回は多い、七回くらいにしておこう」とおっしゃって、誰も反対はありませんでしたので、七回になった。ところが、不思議なことに管長さんが替わったら、また二十一回になっていたのです。抵抗なしで…。伝統の重みというのでしょうか。上司さんは力のある方で「右向いておれ」と言われると、みんな右向くような方でした。が、現職の間は七回で、替わられた途端に二十一回に戻りました。伝統の力は重いなと思ったのですが…そういうエピソードもございました。

実際、字で書くと書けないのです。途中で行き詰まります。録音機を買って今月一日に録音して何遍も何遍も聴いてやっと書けたのです。人間というのは、耳で覚えていくとスラスラ言えるものの、実際に書けといわれたら書けないものだ、とつくづく思いました。文字に起こしたものが資料2です。

これも、ムラムラと好奇心がわいてきまして「一体、どういうところがいわゆる本当の般若心経と共通しているか」を調べかけたのですけれど、わかりません。わかったことといえば、不思議に本当の「般若心経」と四割くらい同じところがあることです。「はんにや」は般若、「ぎょうじん」は行深、出てきます。「はんに」も般若だと思います。「しやり」は舎利子、お釈迦さまのお弟子さんの中で智慧第一と言われる舎利弗（シャーリプトラ）という人がおられ

まして、心経にも「舎利子」と出てきます。「ふく」は、けがれない、という不垢だと思いますが、本文にも出てきます。「えぞ、えぞ」とか最後の「めか、めか、めか」は「摩訶」の訛りではないかと思います。「ぞぞめく、ぞぞめきや、ういそうげ」の「うい」は有為無為の有為ではないかと思います。資料2の（ ）内は原文にないものです。「ぞうげ」や「げなんぞう」は、わからなかったのですが、僧形のことをいうのではないかと思います。「にようらい」は如来、「じゆうにの」というのは十二伝の十二か…。「しやのうぎょう」は、本文にも呪能除が出てきますが、それの訛りではないか…。それから般若波羅蜜多。「しげしげ」はわかりません。（あとで、心罣心罣ではないかと教えて頂きました）「ふく」不垢、「おんり」遠離も出てきます。「いつさい」一切、「てんどう」顛倒、「ぎょうじん」行深、「はんにゃ」般若、「はらみた」波羅蜜多、出てきます。「だあだだだ」は「ぎゃあていぎゃあてい」の訛りではなかろうかと、これは私だけの考えですが…。「にようらいのせえの」は如来の世界の世ではなかろうかと思います。「ぎょうし」行深、「めか」魔訶、「はんにやしやかによらい」般若釈迦如来、「てんしよう」天照、「こうたいぎようじん」皇太…神…が出てきます。これではっきりと「僧形八幡」さんと「天照皇太神」は関係があるなと、よくわかるわけです。これがバラバラ心経です。バラバラ心経の語句につきましては、後日、東大寺勧学院で「神と仏の古典文学」の講座を担当されている永池健二先生から、いろいろご教示を頂きました。

北河原公海さんという管長さんによると、こんな言い伝えがあります。「昔、関所を通る時に東大寺の坊さんだと言うと、本当かどうかを確かめるために「バラバラ心経を言え」と言われて、ちゃんと言えたらオーケーと通してもらった」。バラバラ心経が東大寺の坊さんである証拠の一つになったと言われております。言い伝えなので本当のところはわかりませんが、それを大事に守ってきているところが、東大寺のいいところだなと思います。ただ、これは、書いたものを見たことはなく、「書いて、人に教えたらいかん」という言い伝えもありますので、今日、話をするのに、「実はこういう話をするが、書いたものを渡してもいいか?」と皆さんのご了解を得たのです。年の功でしょうか、別に反対がなかったので、お話ができるのです。初めは心配しましたけれど、公に話をさせていただきました。

次は「お祓い」のことですが、お水取りでは「中臣祓《なかとみのはらえ》」と「大《おお》中臣祓《なかとみのはらえ》」と二つのお祓いがあります。その前に、二月二十日から戒壇院でやっている「別火坊」がありますが、その時にまず戒壇院の庫裏（台所）を清めます。手向山八幡宮の宮司さんが御祓いになります。それから「湯屋」というお風呂に入りますが、南側に台所があって、そこも御祓いをするのですが、それが二十八日か二十九日です。練行衆が二十日に別火に入りますが、いろいろなもの、寝具と身の回りのものをもって入り、お経読みをします。その時、蛭子神社の近く、川上町に流れる蛭子川、春日さんの奥山が源流の蛭子川から水を汲んできて笹に水を含ませてお祓いをします。つづらから持ち物から全部清めます。また、ついでながら川から小石を拾ってくるのです。三月十四日にお松明が終わり、後片付けで、内陣のものをしまいます。燈明の燈芯を押さえる金具がありますが、それもしまいます。そこで金具の代わりにその拾ってきた小石を使うのです。蛭子神社は事代主命、大国主神が祀ってあります。

　中臣祓についてですが、神道では中臣祓だけですが、六月末と十二月末にある大祓の時に唱える祝詞が中臣祓です。中臣氏が儀式の主要部分を務めるので大祓の別称にもなっています。大祓はどういう役目かというと、人々の罪やケガレを祓い清める、六月と十二月の晦日。臨時に大嘗祭の前後とか疾病、災害のあったときなどにも行いました。現在でも宮中や神社の年中行事の一つです。大嘗祭とは天皇が即位されて初めて行われる新嘗祭のことです。十一月二十三日、天皇が新米をお供えになって自らも食べられる、これが新嘗祭ですが、大嘗祭は新天皇が即位されて初めての年、二〇一九年にあることと思います。これが「中臣祓」ですが、東大寺では「中臣祓」と、その上に大をつけた「大中臣祓」と二つの祓いがあります。どのように使い分けをするか申しますと、中臣祓をいつ使うかというと、「別火坊」の時は朝夕勤行の時。入浴の後。参籠宿所では、入浴の後と「上堂」の時です。上堂の時の御祓いをされている写真3で、左手にもってられるのが中臣祓の御幣です。お風呂から出てきた後、上堂する時には必ず御祓いをしますが、その文章が「中臣祓」です。その内容は、お祓いするというのは「人間というものは、もともと汚れたもので、悪いこともする」。だからケガレを払うのが大きな目的です。

　そして「大中臣祓」。中臣祓が個人的なものに対して、大中臣祓

写真3　中臣祓《なかとみのはらえ》

写真4　大中臣祓《おおなかとみのはらえ》

資料3　大中臣秡

【咒師作法】［咒はすべて黙誦］ 先護身法　如常 次𑖨𑖽字観　𑖨𑖽字三返誦之　金剛合掌 次浄地　金剛合掌　アラジュ・ハキャ 　タク・サラハタラマク 次如来拳印　七處加持　オンボツ 　ケン　左膝・壇地・右膝・ 　心・額・・頂 次大鉤召　ナウマ　クサン　マムダ・ボ 　ダナム・アクサラバタラ・ 　ハラチカデイ・タ・キャ 　タウ・クシャボウヂ・シャ 　リヤ・ハリホラキヤ・ソハ 　［コレヨリ三反］ 　カ・エイケイキ・ジヤク 　ウム・バムコク・ 次大中臣祭文　不可向方 　正東　二南　三北　四五南 　六北　七南　八九北　十 　十一西　十二西 　謹請東方甲乙《カウヲツ》青帝龍王 　謹請南方丙丁《ヒヤウテウ》赤帝龍王 　謹請西方庚辛《カウシン》白帝龍王 　謹請北方壬癸《ニンキ》黒帝龍王 　謹請中央戊巳《ムコ》黄帝龍王 　謹請天地日月五星三台《タイ》玉女神 　謹請大梵天王帝釋天衆十二神 　廿八宿神卅六祇神王神 　散供再拜
𑖨𑖽（Raṃ）字は、火大の種子 rajo 'pagatāḥ（垢穢を遠離せる） sarva-dharmāḥ（一切諸法よ） oṃ（聖語） bhūḥ（大地よ） khaṃ（虚空の義を示す種子） namaḥ samanta-buddhānāṃ（帰命す、普き諸佛に） āḥ（菩提行の種子） sarvatra-apratihata-tathāgata-aṅkuśa（一切處に無碍なる如来を鉤召することよ） bodhi-carya-paripūraka（菩薩の行を圓滿しむるものよ） svāhā（聖語） ehyehi（オー來れ來れ） jaḥ（鉤召し鉤の種子） hūṃ（引入し索の種子） vaṃ（縛住し鏁の種子） hoḥ（歡喜せむ鈴の種子） 不可向方とは、月に依って向いてはいけない方角をさしているように思われる。

は全体を全部いっぺんに払います。二月二十八日（二十九日）午後六時からです。写真4で右手にもっているのが「大中臣祓」。右肩に黒い線が見えますが、よれよれになった袈裟です。はじめ、出てきたときは、袈裟を左の肩にかけていて、いよいよお祓いになるというときに右肩へ替えます。ということは、左にかけている時は「坊さん」で、右にかけている時は「神職」になる、という一つのシンボルです。「神仏習合」といっても神は神、仏は仏、それぞれ地位を守っている、交わらないという一つの象徴を表しているのです。それが大中臣祓です。そして、この大中臣祓は黙誦《もくじゅ》といって、黙ってやるのですが、好奇心が強いのでその内容を調べようと勉強しました。詳しいことは省略いたしますが。資料3の下の段には、真言、種子が書いてありますが、下に（　）で和訳をしておきました。それから上の欄の「大中臣祭文」で「不可向方、正東、二南」とあります。これは何かとお尋ねすると「正月には東、二月は南、その方角に向かったらいかん」ということで、六月は「北」がいかん、といっているのではないかと教えてもらいました。細かい話になりますが、その時に青、赤、白、黒、黄色と五つの色が出てきます。黒は時々紫ですが、この青、赤、白、黒は、皆さん、二カ月に一回必ずご覧になっています。これは、相撲の四方の色です。もう一つ、わからないのが資料3の中ほどの上段にある「勤請正月徴明二月河魁」です。これにつきましては、終りに「後記」として説明しました。

二月堂のお水取りには「神仏」「道教」「陰陽道」の考え方が入っているということで、本当をいえば黙読するのがもったいないのですが、そういう伝統を未だに守ってやっております。

弥勒　観音　阿弥陀　勢至
謹請正月徵明《テウメイ》二月河魁《カケ》三月從魁《シュケ》四月傳送《テンソウ》
摩利支天　旃檀香佛　釈迦　文殊
五月小吉六月勝先七月大一八月天昆《カウ》九月
薬師　普賢　地藏　妙見菩薩
大衝《シュウ》十月功曹《コウソウ》十一月大吉十二月神后
散供再拝
維當年次月年日号祓所八百万神達乃廣前仁《ハライトノヤヲヨロツノカンタチノヒロマエニ》練行ノ諸衆恐《オソレ》美恐《オソレ》美毛申佐久《ミモモウサク》於テ二東大寺上院二月堂ニ二七箇日夜之間為メニレ修センカ二六時行業ヲ一雖トモレ致スト二精進ノ誠ヲ一自リ二從類《シウ》一付テ二眷族ニ一不信懈怠乃《ノ》輩相ヒ交良牟《ラン》依テ二恐《オソレ》ミ思ヒ給ニ一仁以テ二大中臣ノ祭文ヲ一祓イ申ス狀乎平久安久聞食《カタチヲタイラケクヤスラケクキコシメセトマウス》申

再拝
「高天原仁《タカマノハラニ》神留座《カミトマリマシマス》須皇親神漏岐神漏美乃御命《スメムスカミロキカミロミノミコトヲ》以《モッテ》・八百万神《ヤヲヨロツノカミ》ン達乎《タチヲ》・神集仁集賜比《カミアツメニアツメタマヒ》・神議《カミハカリ》仁議賜弖《ニハカリタマヒテ》・我皇御孫命《アカスメミマコノミコト》・於波豊葦原乃水穂國《ヲハトヨアシハラノミツヲノクニ》・乎安國止平久所知食《ヲヤスクニトタイラケクシロシメセ》・止事依奉《トコトヨサシタテマツリ》・支如此《キカクノコトク》依奉之《ヨサシタテマツリシ》・國中仁荒振神《クニナカニアラフルカミ》ン等平波神問仁問賜《タメナヲハカミトハシニトヒタマイ》・神祓仁祓賜比弖事問《カミハライニハライタマイチテコトトヒ》・之盤根本《シイハ子コ》・乃立草乃垣葉《ノタチクサノカキバ》乎毛語止《チモコトヤメ》・天天盤座押放《テアマノイワクラヲシハナ》・知天八重雲《チアメノヤエクモ》・乎伊豆《ヲイツ》乃千別仁千別《ノチワキニチワキ》・天天降依奉《テアマクタリヨサシタテマツリ》支如此依《キカクノコトクヨサシ》奉弖四方乃國中仁大倭日高見國《タテマツリテヨモノクニナカニヲ、ヤマトヒタカミノクニ》・乎安國止《ヲヤスクニト》定奉天《サタメタテマツリテ》」過犯計武雑々罪叓波《アヤマリヲカシケンクサ、ノツミコトハ》・「朝御霧《アシタノミキリ》夕御霧朝風夕風乃吹掃事如《ユウヘノミキイヲアサガゼユウカセノフキハラウコトノコトク》・大津邊仁居大《ヲ、ツヘニ井タルヲホ》舩乃舩解放艫解放《ク子ノツナトキハナチトモツナハナチテ》・天大海原仁押放事如《テヲホウナハラニオシハナツコトノコトク》・彼方繁木本《ヲチカタヤシケキカモト》於焼鎌敏鎌以打拂事如《ヲヤケガマノトカマヲモッテウチハラウコトノコト》・久《ク》遺罪不在止祓給比清給事乎《ノコレルツミハアランハライタマイキヨメタマフコトヲ》」八百万諸神《ヤオヨロツノカミ》達《タチ》・左男鹿乃八乃耳於振立天《サヲシカノヤツノミミヲフリタテテ》如意寶珠之玉ノ御簾《ミスタレ》乎止天聞食止申壽《ヲアケテキコシメセトマウス》

大一は太一、太陽のことだから（後日、十二宮という星宿宮に依ると大一は金星ということがわかりました）

徴明、河魁らは星の名前か

この件につきましては、後記にて説明しました。

次に図1の結界。結界はいわゆる神聖な場所を取り囲む、ボーダーラインの中です。お水取りが始まると、二月堂の参籠宿所、食堂の下に「結界」とあります。それから左の石段のところに「結界」、右の石段の所にも「結界」、この三カ所に「結界」をします。食堂、参籠宿所の前は結界の縄です。「輪注連《わじめ》」（写真5）とありますのは、これは練行衆が御籠りすると自坊の門のところの輪のついた結界のもので、終わって満行になると境内の木にかけるという習慣があるのですが、輪注連の白いのは御幣で、樒《しきび》がついています。春日さんに聞いてみると、春日さんでも結界していますが、御幣と榊の葉っぱだそうです。仏教では樒、神道では榊で結界をしております。本来なら、服忌令で、親が亡くなった時は一年、結界から中へは入れ

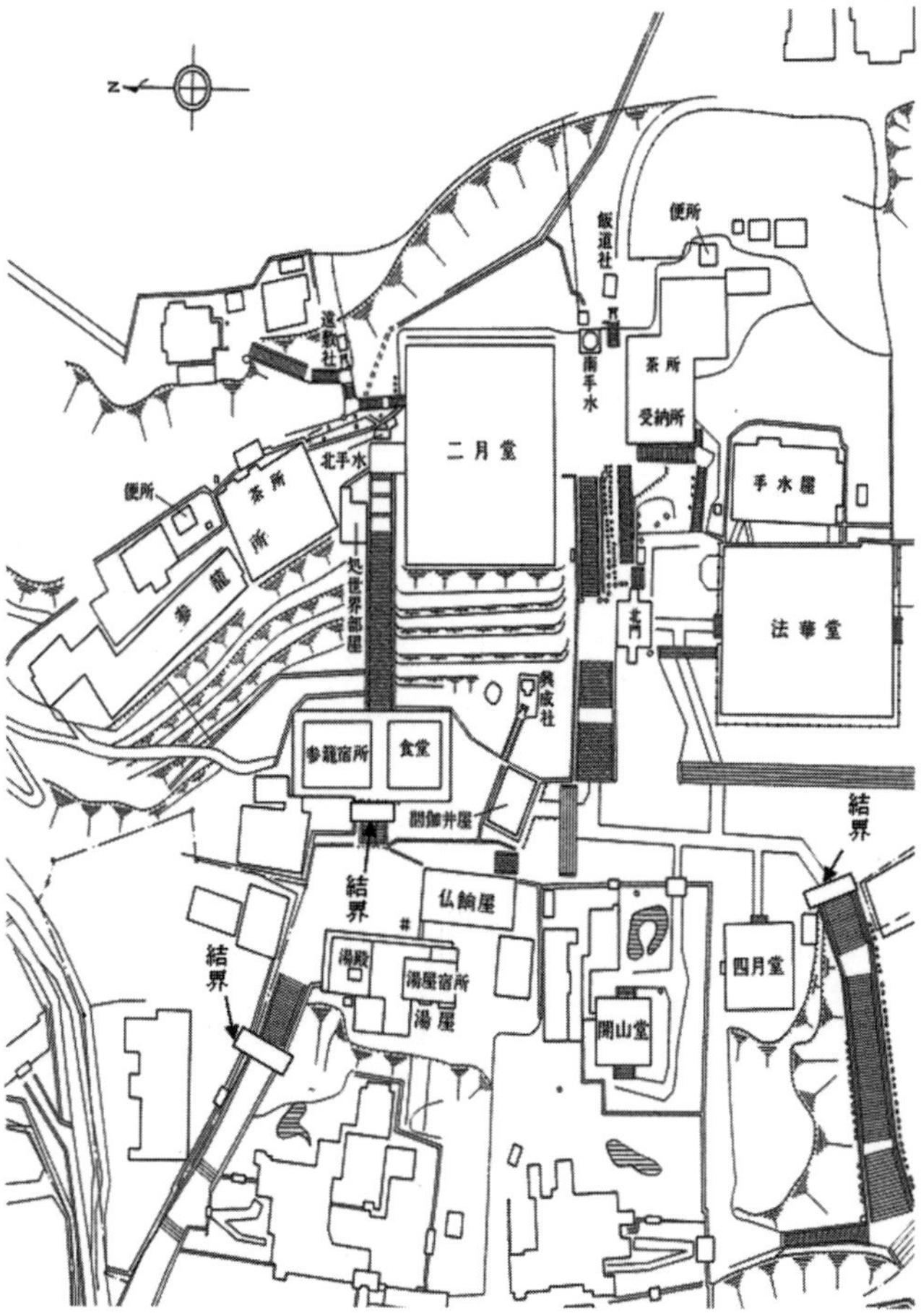

図1　結界（二月堂周辺配置図　修二会中の結界の場所）

資料4　神名帳（四四九項、五二二所）

（1）　八大菩薩

①興文大菩薩、②興成大菩薩、③興松大菩薩、④興明大菩薩、⑤興兒大菩薩、⑥興叙大菩薩、⑦興進大菩薩、⑧興高大菩薩
（何れも興の字がつくので、八興社ともいう）

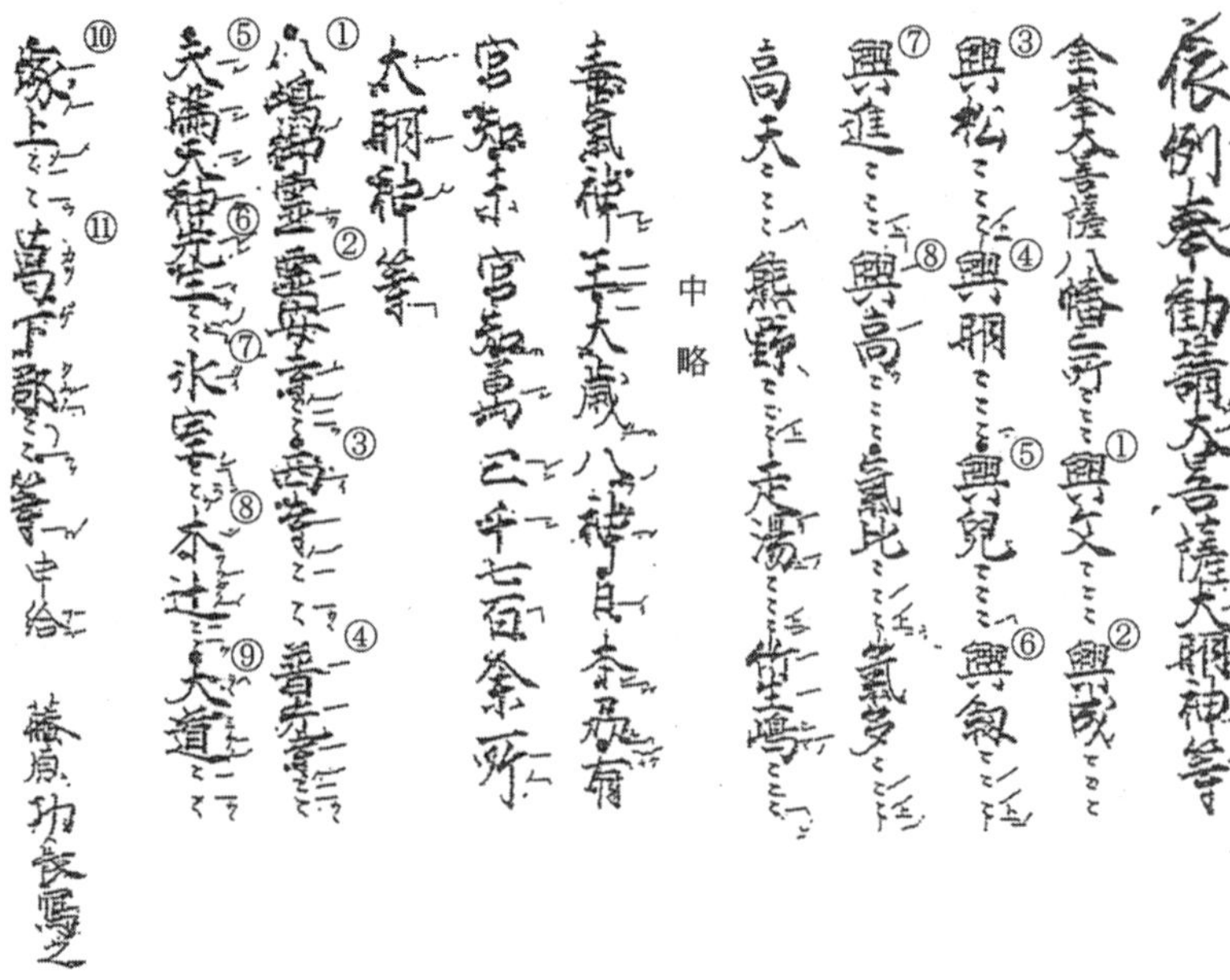

依例奉勧請大菩薩大明神等
金峯大菩薩　八幡三所　①興文　②興成
③興松　④興明　⑤興兒　⑥興叙
⑦興進　⑧興高　氣比　氣多
高天　熊野　走湯　竹生嶋

中略

写真5　輪注連《わじめ》

ない習慣があります。ただ三月十四日、松明が上がると「結界」をパッと切ります。松明が上がってからは、お父さん、お母さんが亡くなって一年たってなくても、お参りできるという習慣です。これが「結界」で、いまでも守っています。

最後に「神名帳」のお話になります。田中利典先生が講演でおっしゃったように、金峯山大菩薩がナンバーワンに呼ばれます。それから八幡さん、興文、興成となっていまして「八大菩薩」と資料4に書いてあります。①興文、②興成、③興松、④興明、⑤興兒、⑥興叙、⑦興進、⑧興高、いずれも興がつくので「八興社」ともいうのですが、これはどこにあるかはっきりわかっておりまして、図2（八大菩薩の位置）を見ていただきますと、①⑥⑦⑧で囲まれた広

（2）八興社の祭神の効験

興文大菩薩　　災害を除き、怨敵を滅ぼす神
興成大菩薩　　長命を保たせる神
興松《そう》大菩薩　　鑱言をしりぞけ、福をもたらし、官位を授く神
興明大菩薩　　苻薬を用いずとも福寿をもたらす神
興兒大菩薩　　飢餓にあわず禍を転じて福となす神
興叙《じょう》（剣）大菩薩　　聰恵で財宝を得、預じめ生死を予知せしめる神
興進大菩薩　　遠方の子女にも財宝などを与える神
興高大菩薩　　盗難、禽獣の災難を免がれる神

（3）御靈《ごりょう》について

①八嶋《やしまの》御靈……早良《さわら》親王
②靈安寺《りょうあんじの》御靈　……井上内《いかみの（いのうえ）》親王
③西寺《さいじの》御靈……淳仁天皇
④普光寺《ふこうじの》御靈……県犬養宿祢広刀自（広岡夫人）
⑤天満天神《てんまんてんじん》……菅原道真
⑥先生《せんじょう》御靈　……藤原仲麻呂（恵美押勝）
⑦氷室《ひむろの》御靈……不明
⑧木辻《きつじの》御靈　……他部親王カ
⑨大道《おおみちの》御靈　……長屋王
⑩塚上《つかのうえの》御靈……不明
⑪葛下郡《かつげくんの》御靈　……大津皇子

い部分は大仏さんをお護りするサークルで、②③④⑤で囲まれた部分は二月堂付近を護るサークル、と分かれておりまして、これが「八興神」です。どういう役目か、というと資料4の⑵にありますように、興文は災害を除き、怨敵を滅ぼす。最後の興高は、盗難、禽獣の災害を免れると、各々の役目が書いてあるわけです。田中先生の話を聞くまで私も「なぜ神明帳の最初に金峯山寺がくるのか」不思議に思っていました。普通なら、天照大神とか、八幡さんがこられそうなのに、なぜ金峯山なのかと長らく疑問に思っておりましたが、きょう田中先生のお話を聞いて初めて納得致しました。まず金峯山寺をもってきて一番近くの勧請した八幡さん、その次に近くの八興社さん、それから気比、気多…という順番でお呼びするのです。

神名帳の特色として一番最後に「御霊」さんが出てくるのです。（資料4の⑶）八嶋の御霊とか霊安寺の御霊とか、十一人出ておりますが、いずれも非業な最期を遂げられたとか、日の目を見なくて亡くなられたとか、そういう方の霊を安らげるための御霊です。二月堂のお水取りはそういう非業な最期を遂げた方にも恵みを与えてあげようということを含めて、神名帳を読んでいるように思います。「神名帳」を読んでいる現行を調べてみると（表1）、法隆寺、観音寺、法輪寺、東大寺、新薬師寺、貫前神社しかなくて、ずいぶん中絶しています。二月堂のお水取りで神名帳を読んで、日本全国の神さまをお呼びして「神名帳」のありがたみを、つくづくと覚えさせていただきました。全体を通じまして、私、この歳をなって色色考えますと、伝統を守っていくことは非常に大事なことで、しかもほとんどが昔のままで守られている。特に「バラバラ心経」は、どこ

☆八興社の位置は、東大寺中寺外惣絵図幷山林（江戸前期）に依る

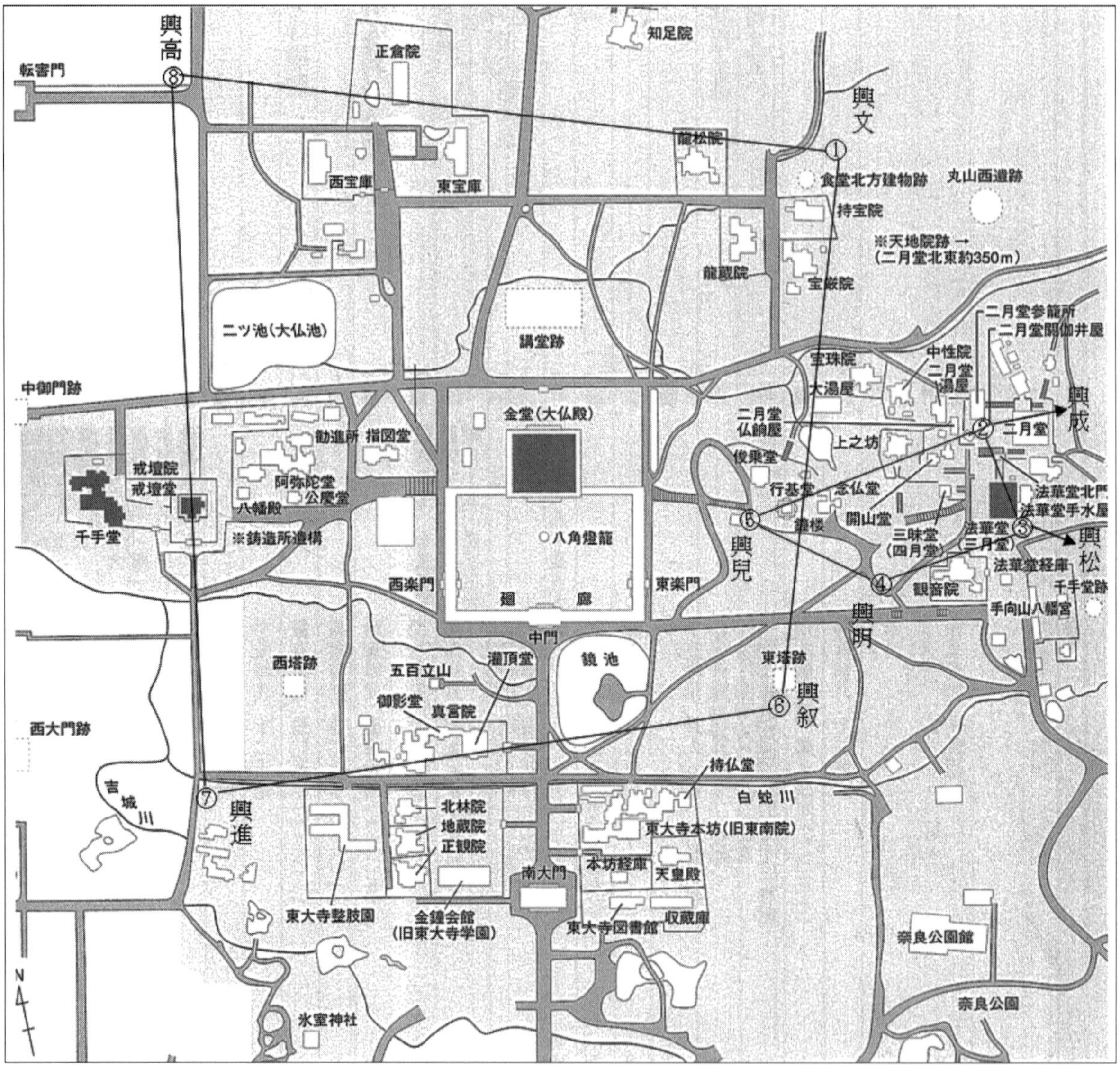

図２　八大菩薩の位置

表１　神名帳奉読事例

区分	寺社名	行事名	法要名	類別
現行	法隆寺	修正会 修二会	十一面観音悔過 薬師悔過	○
	観音寺（備前西大寺）	修正会陽	（千手千眼観音悔過）	△
	法輪寺	修二会	星供	○
	東大寺	修二会	十一面観音悔過	○
	新薬師寺	修二会	薬師悔過	○
	貫前神社	鹿占神事		△
中絶	薬師寺	修正会	吉祥悔過	○
	熱田神宮*	修正会	悔過法要？	△
	大国霊神社**	難負神事（修正会）	吉祥悔過	△
	狭投神社***	（修正会）		△
	甚目寺***	修正会		△
	伊勢観音寺***	鬼押神事（修二会）		○
	伊勢神宮***	比谷神事（修正会）		？
	鹿島神社****			△

*　『熱田神宮史料』年中行事編による
**　『尾張名所図会』後編巻二による
***　『国内神名帳集説』による
****　「中世以降社寺に於ける神名帳の奉読に就いて」

○印は寺社神名帳
△印は国内神名帳

のお寺にもない般若心経で、誰が考えられたのかわかりませんが、どういう才能の方か。実にお唱えしていても気持ちがいいのです。プロの作曲家かと思うくらい。私たちの責任として、こういうすばらしい伝統を後々までも子孫に残していく責任があると、つくづく感じます。

　私自身、こんなに長生きすると思っていませんで、不思議にこの歳になりますと欲がないというとウソになりますが、わりに軽い欲ですね、歳よると。二年ほど前、家内を亡くして、なんでもかんでも自分でやらないといかん、洗濯は機械がやってくれるし、ありがたいですが、愚痴になりますが、一番、家内を亡くして困ったことは、話をしても、家内がおらんと、それに同調してくれる人がおらんという、歳よりすぎて、そういう寂しさがありますけど、その他は考えてみると自由といえば自由です。特に「神仏習合」のお勉強をさせていただくと、やはり日本文化の層の厚さ、日本文化の素晴らしさを、つくづく感じさせていただきました。大へんまとまらないお話で、遅くまでおつきあいいただきましてありがとうございました。

（さがわ　そうげん・東大寺長老）

参考資料

（1）『悔過会と芸能』（第二部神名帳—その性格と構成）佐藤道子（法藏館、二〇〇二年）
（2）『東大寺辞典』平岡定海（東京堂出版、一九八〇年）
（3）『お水取り』入江泰吉作品集（三彩社、一九六八年）
（4）『南無観　東大寺お水取りの光陰』今駒清則写真集（奈良新聞社、二〇〇七年）

　このほか、前春日大社権宮司岡本彰夫氏、手向山八幡宮宮司上司延礼氏から多大なご教示を頂きました。

追　記

◎現行月例法要、年次法要

○月例法要

・一日　八幡殿
・二日　天皇殿
五日　俊乗堂、念仏堂
六日　戒壇院
八日　大仏殿
十二日　公慶堂
十五日　大仏殿
・十六日　開山堂
十七日　三月堂、四月堂
・十八日　二月堂、北山手観音堂

※平安時代の年中法要
約六十回

※鎌倉時代
（正安元年（一二九九）十一月）の年中法要
約六十回

※江戸時代
（嘉永二年（一八四九））の年中法要
約百二十回

○年次法要

一月七日　修正会
三月一日〜十四日　修二会
・三月彼岸御中日　彼岸会
・九月彼岸御中日　彼岸会
・三月五日　実忠忌
・三月十五日　涅槃講
四月八日　仏生会
四月二十一日　御影供
・四月二十四日　知識供
・五月二日　最勝十講
五月三日　山陵祭
・五月十五日　嘉祥会
・七月五日　俊乗忌
七月二十四日　地蔵会
七月二十八日　解除会
・八月六日　理源忌
八月十一日　英霊盂蘭盆会
・八月十二日　公慶忌
十月五日　転害会
十月十五日　秋季聖武天皇祭
・十一月十四日　賢首会
十二月十四日　仏名会
・十二月十六日　方広会
臨　時　大般若

・印……表白、講問のある法要

後記

この件につきましては、後日多くの人たちからいろいろのご教示を頂き有難うございました。

それに依りますと、「徴明、河魁～神后」の十二は十二月将《げっしょう》といって陰陽道で陰陽師が使役する式神の名で太陽が黄道（地球から見て太陽が地球の周りを一年かけて一周して描く天球上の大円）上のどの位置にあるかを示す指標で西洋占星術のサインと一対一の対応があります。大中臣祓ではこの十二月将にそれぞれ、仏・菩薩を対応させています。

それからこれらに関連して十二宮星宿宮という考えがあります。

これは黄道を十二に分けて十二宮とし、これを十二月にあてて人の運命に配し、その吉凶を判断するというもので、この考えは紀元前七世紀後半、メソポタミア南部のチグリス川、ユーフラテス川下流地方にあったバビロニア王国のカルデア人が遺したもので、天文学の上で古代ギリシヤから現代欧州に行われているものと同じものだといわれています。

以上のことを次の表2にまとめてみました。

なお、大阪工業大学の松浦清教授による毎日文化センターの公開講座「日本美術にみる天文と信仰」の教材の中の「黄道十二星座」の図も図3に参考に付記しました。ご参考にして下さい。

表2

十二月将					大中臣祓の文
名称	月	仏・菩薩	十二支	吉凶	
徴明	正月	弥勒	未	吉	
河魁	二月	観音	申	吉	
従魁	三月	阿弥陀	酉	凶	
傳送	四月	勢至	戌	凶	
小吉	五月	摩利支天	亥	凶	
勝先	六月	栴檀香仏	子	吉	
太一	七月	釈迦	丑	吉	大一
天剛	八月	文殊	寅	吉	天罡
大衝	九月	薬師	卯	凶	
功曹	十月	普賢	辰	凶	
大吉	十一月	地蔵	巳	凶	
神后	十二月	妙見	午	吉	

十二宮星宿宮
星宿宮
獅子宮（ライオン）太陽
女宮（少女）（辰星）水星
秤宮（秤）（金星）太白
蝎宮（さそり）（火星）熒惑星
弓宮（弓）（木星）歳星
摩竭宮（鰐又は鮫）（鎮星）土星
瓶宮（瓶）（土星）鎮星
魚宮（魚）（木星）歳星
羊宮（羊）（熒惑星）火星
牛宮（牛）（金星）太白
男女宮（男女）（辰星）水星
蟹宮（蟹）（月）太陰

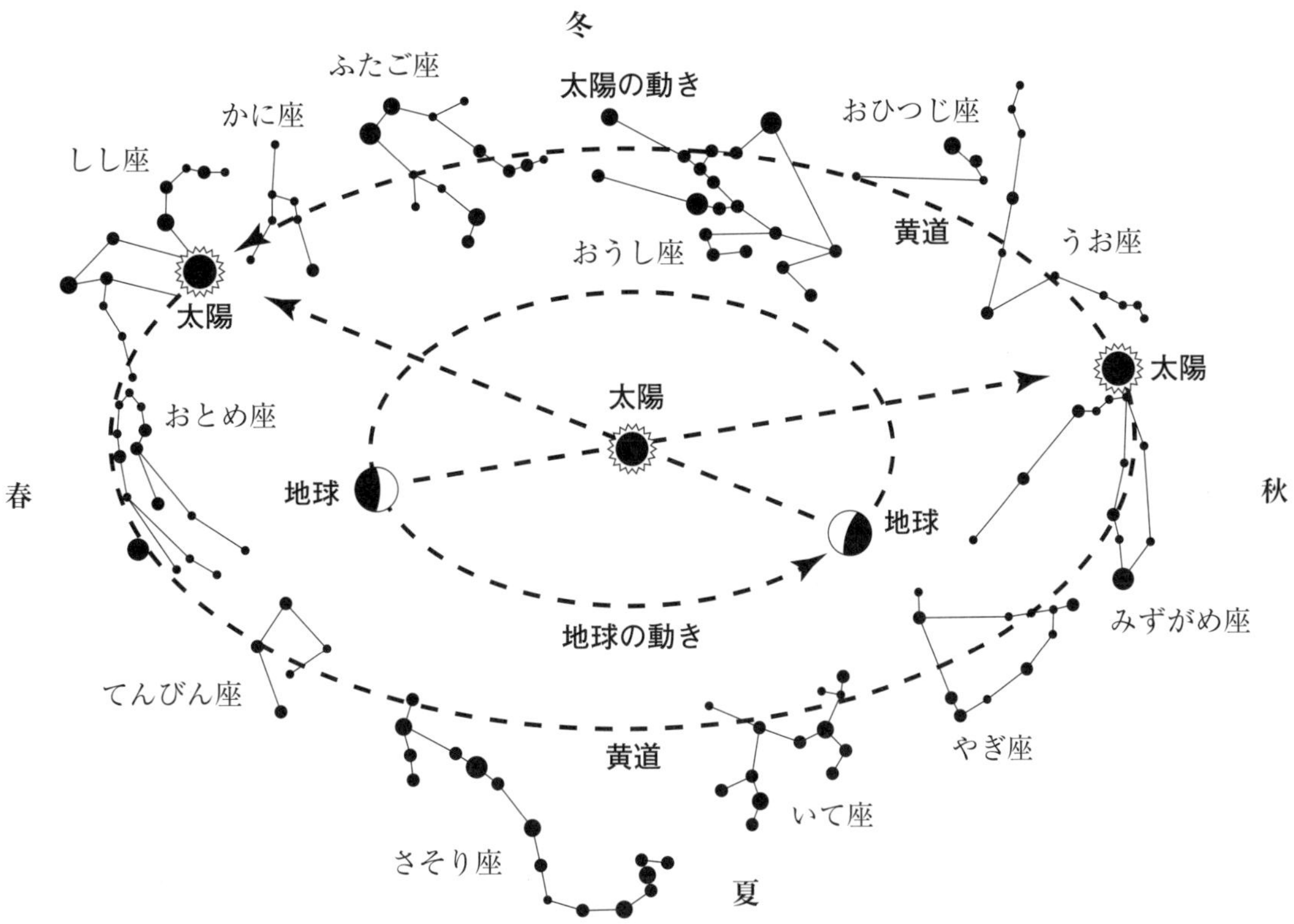
冬
ふたご座
太陽の動き
おひつじ座
かに座
しし座
黄道
うお座
おうし座
太陽
太陽
太陽
おとめ座
春
地球
地球
秋
地球の動き
みずがめ座
てんびん座
黄道
やぎ座
いて座
さそり座
夏

図3　黄道十二星座

東大寺を管轄した時代の浄土宗

―『教導職要用記』を手がかりとした予備的考察―

谷川穣

はじめに

明治五年（一八七二）九月十八日、太政官から府県宛に次のような布告が出された。

法相宗華厳宗律宗兼学宗融通念仏宗ノ五宗派並ニ其他諸宗ノ内、別派独立本山及ヒ無本寺等、夫々相当望ノ宗内総本山へ所轄被仰付候条、各府県ニ於テ此旨相心得管内寺院へ相達シ願書取纏メ所轄ノ処分教部省へ可伺出事[1]

法相宗以下全ての寺院は、真言宗・天台宗・禅宗（曹洞・臨済）・浄土宗・真宗・日蓮宗・時宗のいずれかの総本山の所轄に入ること、とされたのである。これをうけ、西大寺・法隆寺・薬師寺・唐招提寺は真言宗へ、東大寺は翌六年五月に浄土宗の管轄下に編入されることになった。こうした浄土宗管轄という行政的扱いをうける時代は、明治十九年（一八八六）六月七日に終わりを告げ、東大寺は華厳宗寺院として独立する。他の南都寺院も、同様に順次旧に復していき、明治十五年には興福寺・法隆寺、十九年には薬師寺が、それぞれ法相宗寺院となる。そして二十八年に西大寺が真言律宗、三十年に唐招提寺が律宗として真言宗のもとを離れ独立する。本稿が主に扱うのは、東大寺の浄土宗管轄時代、つまり明治六年以降十年代にかけての時期である。

そうした一時的な編入から独立への動きについては、吉井敏幸氏がすでに詳論している。吉井氏によれば、編入の理由はキリスト教対策であり、かつ神仏合同の民衆教化政策へ向けた全国の寺院の組織統合にあった。寺院は教部省（明治五年三月～十年一月）が推進する民衆教化の原動力であったはずだが、南都寺院は説教による教化の力量が不足しているとみられたため、先述の七宗派の下に編制されていったのだ、と吉井氏は見る[2]。明治に入って新政府が仏教に求め、また仏教側も応じようとした役割は、新政府の意向に即した民衆教化であった。林淳氏の、近世の「人別」から近代の「教化」へ、という表現は言い得て妙である[3]。

ではその民衆教化政策は、いかに波及したのだろうか。東大寺をそこに位置づけようとする場合、奈良県での教化へ向けた行政、それをうけた各寺院の動向についても考える必要があろう。この視角から包括的考察を行ったのが、幡鎌一弘氏である。氏は奈良県庁文書を用いて、前述の民衆教化の拠点たる同県中教院の成立や、開化政策にともなう県内寺院管轄の過程の一端を明らかにしている(4)。とくに中教院解散後の動向、明治十年代に入って各寺院で仏教系講社が結成されていく事実を論じている点など、学ぶべき点も多い。しかし、当該期の東大寺がいかなる教化活動を行ったかは、残念ながら公文書からはなかなか探りがたい。そのため、あとは東大寺の内部史料を用いて、幕末から明治期の動向を子細に検証していくことが求められる。ところが、明治期の史料の整理・公開は途上であり、また何より筆者の乏しい力量に照らして、今後の課題とせざるを得ない。

そこで本稿では、前提となる明治新政府の対仏教政策について瞥見したうえで、明治前期に東大寺を管轄した浄土宗の動きを、教部省の民衆教化政策とそれをうけた体制構築といった観点から跡付けることにひとまず注力する。その考察に際しては、民衆教化政策をどう受け止め推進したかを示す、京都の浄土宗寺院が残した未刊行史料を手がかりとしたい。

なお、近代仏教史の研究は近年盛んになったといわれて久しいが、それを推進している研究者は教学研究を除けば大半が思想史・メディア史的考察、あるいは特徴的な仏教者の活動や言説に焦点をあてるものであり、近代の寺院や教団自体の動向をつぶさに論じることはやや低調という観がある(5)。そこには、そもそもの大寺院、ないし教団における近代史料の発見・整理・公開がまだまだ不十分であるという事情も存在する。本稿はそうした状況下で、史料紹介としても、わずかなりとも寄与できればと願うものである。

さらに、浄土宗に焦点をあてることの意義は、東大寺との関係を探る以外にも小さくない。近代仏教史像の課題は、真宗を軸とした歴史像、もっと言えば真宗の歴史をそのまま明治期の仏教史とさえみなす傾向からの脱却にある。島地黙雷ら西本願寺の政治的活動や「信教の自由」論の導入(6)、東本願寺の清沢満之を一つの頂点とする仏教の哲学的評価、明治後期の新仏教運動に代表される慈善・社会事業におけるプレゼンス、内地雑居を前に起こった宗教法案反対運動など、たしかに主体的な活動を真宗僧侶に見出すことは容易である。それが仏教の「近代化」という構図で捉えられてきたことも、確かであろう(7)。とはいえ、他の宗派における動向を、単に真宗に追随するものと把握して済ませるべきではあるまい。ましてや、南都寺院を真宗が歩んだ「近代化」の枠内でのみ理解できるとは考えづらい。本稿は東大寺を含む南都寺院の主体的な動きを捉えるわけではないが、その前提となる理解を確認する、予備的考察ということになろう。

一　明治新政府における仏教政策の諸側面とその影響

(一)「廃仏毀釈」

明治初年、祭政一致を理念として謳った維新政府は、太政官の上位に神祇官をおき、明治三年(一八七〇)正月には大教宣布の詔を発し、いわゆる神道国教化政策を行おうとしたとされる。だが翌明治四年八月には同官は廃され神祇省へと「格下げ」され、明治五年三月には神道・仏教ともに管轄する教部省が成立する。また、宮中祭祀に関する諸業務は宮内省式部寮が担った。他方で、仏教・寺院を管理する官庁・セクションは神道以上に流動的であった。明治二年七月、民部省に社寺掛が置かれたが、翌年閏十月二十日には西本願寺の働きかけにより同省に寺院寮が新設される[8]。しかし明治四年七月の廃藩置県とともに民部省は廃止され、引き継いだ大蔵省で翌五年正月二十日に戸籍寮社寺課へと縮小されてしまう。明治四年段階で、島地黙雷ら西本願寺僧侶はさらに寺院省の創設、そして教部省設置に向けた動きを示すが、それは政府の仏教保護の不十分やキリスト教流入の進行という状況を打開するための強い希望であった。先に述べた教部省の新設は大きな転機となるはずであったが、明治十年一月に同省は廃止され、内務省社寺局へと収斂する。以後、明治三十三年（一九〇〇）四月に同宗教局となって神社局と分離、大正二年（一九一三）六月に文部省へ移管されるのであった。

「寺社」から「社寺」へ。これら部局名でも端的に窺えるように、日本の近世から近代への転換を宗教的側面から捉えるならば、寺院の社会的影響力の相対的低下をともなったと表現するのは誤りではなかろう。ただし、仏教の位置に神道がそのまま取って代わったわけでは当然ない。仏教と関わる部局も、広く見れば、「人別」は大蔵省戸籍寮、キリスト教対策は外務省、土地に関しては大蔵省や地租改正事務局といった具合に、多数にまたがるものであった。

さて、明治初期の仏教といえば、やはり「廃仏毀釈」のイメージが強い[9]。南都諸寺院の場合、特に寺僧の還俗、建物・仏像の激しい破壊や売却がなされた興福寺のそれが、きわめて苛烈なものであることはよく知られている[10]。東大寺でも規模は違えど、戒壇院末寺である眉間寺（佐保寺）が廃寺に至るなど[11]、直接的な破壊があったことも事実である。もともと維新政府は、神武創業に立ち返れと唱える復古神道を国家の一基軸として宣した、王政復古の大号令に端を発する一連の神仏判然（分離）策をとった。慶応四年（一八六八）三月十三日の神祇官再興・祭政一致により天皇が神祇・太政二官を掌握する体制となって以後、同十七日には神社に別当・社僧として勤める者の還俗指令、同二十八日に「仏像ヲ以神体ト致候神社ハ、以来相改可申候事」など、以後半年ほどにわたり、神道と仏教とを「判然」する補足法令が次々と出されたのである。この方針が、廃仏毀釈へとエスカレートしていった。僧侶や仏像仏具への「心得違」いの粗暴な振る舞いを社人に注意（同年四月十日）、僧侶のみだりな還俗を不可とする（同年九月十八日）などの政府法令が出されていることからも明らかなように、現場では「判然」をこえた廃仏への動きを誘発した側面があった。東大寺の場合も、鎮守八幡宮が東大寺から分離し、明治四年には奈良県の県社・手向山八幡宮となった[12]。また学僧以上の上級僧侶が相次いで還俗するなかで、中級の僧侶が踏みとどまって寺務をとりしきったという[13]。

こうした動きは、それまでの寺院・神社内の習合のありようや人間関係に大きな要因があると考えられるが、おそらく府藩県の知事および社寺行政の担当者が誰であるかにも左右される。たとえば管内全ての寺院を廃寺にした苗木藩大参事の青山直通、一宗派一寺を除き全て破却すべきと唱えた富山藩大参事の林太仲などはその一例であり、廃仏毀釈を扱った諸論考でもそれらの藩の事例は取り上げられ[14]、往々にして典型的事例と理解されてきたふしがある。ただし、こうした事例紹介は大正後期～昭和初期に刊行された『明治維新神仏分離史料』に多くを依っている。そこには明治期における仏教の「衰退」からの立ち直りを願う志向が込められ、「法難史観」につながるような事例集となる傾向もあっただろう。実際、廃仏毀釈を全国的な、どの寺でも等しく起こったこととは必ずしも見なせない[15]。後年の仏教学者・高楠順次郎が「形式破壊」と呼ぶように、寺院にとっての打撃は、象徴的・散発的なものであったとも言えるかもしれない。

(二) より広い「破壊」として

むしろその高楠が実質的な「内容破壊」として重視するのは、その後に起こった上知令や、檀家や住職のいない寺院の統廃合、寺院や僧侶が有していた特権の剝奪であった。

社寺への上知令は二回出された。一度目は明治四年正月五日の太政官布告で、社寺領の解体、朱印地・除地の上知が命じられたが、帰属が曖昧な土地が多く、その弁別も錯雑として進まなかった。それを踏まえ出された二度目のものが、同八年六月二十九日、社寺境内外区画取調規則である。これによって、「法要ニ必要ノ場所」以外は境外とされ、寺領(田畑・山林)の収公で旧来の大寺院の収入は激減する。十九世紀末には旧社寺有山林は請願により払い下げられるようになるが、免租地ではなく課税対象地とされた。そのため、そうした収入に依存していた寺院は経済的苦境、対応を迫られ、衰退するものも少なくなかった。東大寺の場合、江戸時代において大和に朱印地含め高六一三六石余、周防におよそ高一千石の地所を有していたが、後者が版籍奉還を機に山口藩へ返還され[16]、また前者についても上知令によって境内地の約三分の二が失われたとされる[17]。

無檀・無住寺院の統合については、明治五年八月三十日に願い出なき寺社創建が禁じられたうえで、同年十一月八日に無檀・無住寺院の廃止が太政官より命じられた。これは創建の経緯により処理が異なり、それが官営であれば収公、私造なら地域住民の処断に任せること、跡地利用については大蔵省に伺い出ることを定めたものであった。地租改正をにらむ施策であるとともに、地域住民による小学校校舎への利用・借用も進められることになり、結果的に近代学校教育の地域的基盤となっていく[18]。東大寺でも明治二年、三一あった塔頭のうち、深井坊が宝厳院へ、仏生院が宝珠院へといった具合に合併され、結果的に八つが廃寺となった[19]。また末寺の五劫院や塔頭の惣持院も、小学校校舎として用いられた(現在の奈良市立鼓阪小学校)。

こうした事態を踏まえれば、単に外形的破壊たる「廃仏毀釈」だけが明治初期の仏教・寺院をめぐる事態ではないのであって、上知令、そして廃合寺地利用の三つの事態が、地域によって濃淡を示しながら複合的に進行し影響を与えた、と捉えるべきであろう。

(三) 特権・自律性のゆくえ

つぎに僧侶の特権や寺院の自律性をめぐる法令を確認しておく。第一は地方官と政府による住職任免権掌握である。明治三年八月九日、今後は住職の交替を本山本寺だけで裁決せず、管轄の地方官に掛け合いの上太政官へ上申するよう命じ、翌四年六月二十七日には地方官の住職任免権を明確に定めた。こうした地方官の権限に関して、明治三年十二月には民部省寺院寮が、無禄の無檀寺院を勝手に廃寺・合併せぬよう各官庁へ通知し歯止めをかけようと図っていた。しかし先述のように無檀・無住寺院の廃寺化へ進んだように、本山寺院の支配や自律性は著しく弱められていく。

第二に戸籍法である。明治四年四月四日、戸籍法によって国家による全住民の一元的把握が図られ、寺院は従来の宗門人別を通じた地域住民への関与から外れていく。これにより檀家の転宗・離檀の可能性は広がり、他方で宗教者も宗教施設と切り離され戸籍に編入されることになった。

第三に、僧侶という身分の喪失である。明治五年三月二十八日、肉食・妻帯・蓄髪が解禁され、法要以外では僧服を着用せずとも構わないとされた。これは僧侶が特別な社会的存在でなくなることを意味する。ついで七年一月二十日、僧侶は「一般ノ職分」であって、族籍や本籍地を定めるべき旨の布告が出され、得度前の身分や宗派内地位により華族・士族・平民へ振り分けがなされた。そして翌八年十二月十七日、「僧業」の廃止は事後承諾で構わない、本籍地は得度地ではなく居住地や生家とせよ、との布達がなされるに至り、国家による身分認定を完全に失い、僧侶は単なる職業・住民として扱われることとなる。

(四) 民衆教化への動員

そうした法的位置づけがなされていく寺院・僧侶に、政府が新たに期待し割り当てようとした役目は、庶民への教化であった。それはむろん、仏教の教えを説くのではなく、天皇中心の新たな政府の正統性を示し、あるべき民の道徳を説教するというものであった。

維新政府は当初、宣教使という部局・役職を置き(明治二年九月)、神道家や国学者たちを選んで教化にあたらせようとした。翌年正月には大教宣布の詔が出され、神道・国学を基軸として、当面は長崎・浦上をはじめとするキリスト教信者たちに対し信仰を捨てさせるべく、彼らは説諭に臨んだ。しかしそれはうまくいかず、むしろキリスト教対策の現場では、僧侶のもつ説教の力量が再認識されだすことになったとされる。そこに、西本願寺僧侶たちの政治的働きかけや、それ以外の有力僧侶らが糾合した諸宗同徳会盟の宗派をこえた活動など、風当たりの強い状況からの挽回を企図する動きが相まって、民衆教化の役割を仏教者が担う方向へと進んでいったのである。

この流れに対して、東大寺は積極的に関わろうとしていた形跡はない。ただし、明治三、四年には奈良奉行所牢舎ないし奈良県監獄での囚人教誨を実施したという[20]。となると、教理を寺の外で説くという点では、新たな時代と歩調を合わせる可能性を有していたことになる。いやむしろ、外の人々へ向けて教えを説く経験や受容基盤が十九世紀前半までに十分形成されていたからこそ[21]、政府は僧侶の「有用」性に着目したのであろうし、「無用」視されているという危惧をもっていた仏教者たちもまた、説教を通じて国家の要請に応じ自らの社会的意義を示そうとしたと考えられる。

先述のとおり、明治五年三月、神祇省にかわって教部省が置かれた。同年四月、神官・僧侶を全て無給の「教導職」に順次任じて、民衆教化にあたらせるという教導職制が敷かれ、教部省はその主管省として活動を開始する。この教化は三条教則(敬神愛国、天理人道、皇上奉戴・朝旨遵守)というスローガンを中心に、十一兼題(翌年二月制定、神道・儒教的徳目)・十七兼題(同十月、文明開化的徳目）という補助的徳目も交えた解説・説教によって、新時代のあるべき民としての道徳の涵養や、天皇および新政府への支持調達を図ろうとするものであり、単なるキリスト教排除策にとどまらなかったと言える。そこには、「邪宗門」たるキリスト教禁制の高札が欧米諸国との関係を背景に撤去されたこと（明治六年二月二十四日）、および新政反対一揆の続発に対する懸念を払拭すべく、新しい法令を庶民に十分解説する必要が生じていたことなどが、影響していたと考えられる。教導職には十四の等級（大中少の教正・講義、訓導・権訓導。これに加えて試補）があり、神宮祭主や本山住職以下、順次任命される方針であった。

その神仏合同教化活動の全国拠点として、明治六年二月に大教院が東京・増上寺に設けられた（一月に命令、六月開院式）。全ての神社・寺院を小教院と位置づけ、各府県の重要な寺社に教化拠点として中教院を設置し、それらを大教院が統括するという大教院体制の始まりである。「大教院規則」によれば、ここに有力教導職が詰めて教導職の教育や教化関係の議事・研究を行うほか、造化三神と天照大神を祀り祭式を定期的に執行し、また説教も一・六のつく日に実施することとなっていた。正規の官庁ではないが、教部省の外局のような位置づけと見ることができ、中教院は大教院の府県版というべき位置づけで、順次設置されていった[22]。

したがって、僧侶には神道の儀式や徳目を学習し説教することが当初求められた。それに対して、西本願寺の有力僧侶は特に批判を加え、大教院体制離脱と教部省の打倒を図る政治運動を開始する。あくまで神道中心の教化活動に参画させられることを嫌った島地黙雷らの反対運動は、明治六年末以降より攻勢を強めることになり、東本願寺をはじめ興正寺を除くほとんどの真宗各派で大教院体制からの分離が試みられた。さらに、同じ明治五年にスタートした文部省の学校教育制度のもとで、説教と教育はそれを担う人材や行われる場所をめぐって重複することも多く（教員を兼ねる僧侶／寺院を校舎とする学校）、説教は学校の定着と逆に、八年五月には大教院体制は瓦解するに至った。

ただし、こうした通説的理解にとどまらない側面も、明治初期の民衆教化政策から見出すことはできる。六年二月に教部省は、説教の際に三条教則を踏まえつつも各宗の教義を交えて構わない旨の布達を出し、教導職となった各宗僧侶の力量を引き出すべく、まずは説教の場を設けさせるのに努めた。また、真宗の末寺がすべて大教院体制への協力を拒んだわけでもない。たとえば八年四月十九日、筑摩県松本（現長野県松本市）の宝栄寺では神社祠掌とともに東本願寺の僧侶も説教を行っている[23]。つまり、大教院体制をひとまず受容した面をどう評価できるのか、単に政府に盲従したと位置づけて足れり、とはいかない課題は残るように思われる。その点を踏まえ、教化政策の具体的な波及の相を考えていきたい。

二　教化政策の寺院への影響
―京都・金戒光明寺の記録『教導職要用記』から―

(一)　『要用記』とは

では、どのように民衆教化政策に各地の寺院が関わっていくのか。すでに各県の中教院形成過程を行政史料から探ることは行われており[24]、各寺院の年史においても関わる記述はなされている。本章では京都の浄土宗寺院、具体的には金戒光明寺（黒谷）において記されたと思われる『教導職要用記』（以下『要用記』）という記録をもとに、その時期の動向を辿ってみたい。

『要用記』は現在、大正大学附属図書館所蔵で、管見の限り弐・参・四の三冊が存在する。同館の蔵書印と「浄土宗図書館蔵本」印以外に、寄贈者として「大阪市東区上本町四丁目天性寺住職 郷俊定寄贈」の印もあり、アジア太平洋戦争前の時期に浄土宗図書館へ寄贈されたと推測できるが、それ以上の経緯は不明である。

おおよその記事範囲は、弐が明治六年（一八七三）五月～七年三月（九三丁）、参が七年三月～八年一月（八二丁）、四が八年二月～十年二月ごろ（九九丁）である。残念ながら一冊目を欠くため、東大寺を浄土宗の管轄下に置く経緯に関わる記事はない。体裁は罫紙を綴じた帳面で、京都市中の浄土宗寺院に伝達された指令や、その合議機関、京都府中教院に関する記録が書き留められている。筆記者は記されていないが、おそらく金戒光明寺であると推定される。なぜなら『要用記』には、同寺住職・黒谷定円（寥誉上人。文化六年（一八〇九）生まれ、安政三年（一八五六）九月に金戒光明寺第五六世として晋山）に関わる出張中の記録や、定円の教導職としての補任履歴の記載があるからである。紙幅の関係上触れうる内容は限られるが、そうした事務記録の覚え（用留）を通して、当該期の浄土宗の組織的な動きを垣間見ることができそうに思われる。

なお、明治維新の時点で浄土宗には鎮西・西山の二宗派が存在していたが、慶応四年五月十四日には華頂宮博経（同年正月まで知恩院門跡）による両派支配が解除され、明治三年には合併する。前者には知恩院を頂点として、東京に増上寺、京都に金戒光明寺・知恩寺（百万遍）・清浄華院、久留米に善導寺、鎌倉に光明寺、信州に善光寺大本願といった大寺院があり、後者には京都の禅林寺（永観堂）、粟生光明寺、誓願寺などがあったが九年十月に別派独立し、浄土宗西山派を名乗るようになる[25]。

二 『要用記』から見えること

では、『要用記』の記載内容について、かいつまんで見ていこう（以下、引用等については冊・丁数・表裏を、［参13表］のように示す）。

(1) 教導職としての巡回説教

まず明治六年五月から九月にかけて、権大教正（教導職として上から二番目のランク）である黒谷定円が東海道地域を巡回した件について記されている［弐1表～24表］。具体的には浜松・愛知・三重・度会の各県で、これらは大教院が定めた教区でいう第二大区にあたる地域である。定円は大教院詰の真言宗僧侶・高岡増隆が著した『三章略解』という三条教則の解説本を取り寄せ［弐2表］、地域の有志僧侶にそれを教え彼らを教導職試補に推挙しつつ、各地の布教体制の役僧も任命していった。これは上級の教導職が、大教院から全国の各教区の「布教之事務取締御委任」［弐4表］に応じて派遣された一環である。こうした派出は、各地の他宗派僧侶や信者を自宗派に引き込むようなものではなく、あくまで自宗派僧侶を対象に、教部省・大教院が推進する教化政策の一端を定円が担当したものであった。ただ、派出の機会を利用して、各県下の浄土宗寺院の組織強化が模索されたことも確かである。たとえば定円は訪れた浜松県で六年八月十八日に玄忠寺を浄土宗部署と定め、現地の末寺僧侶の中から署長・教導筋取締・同周旋方を任命している［弐12裏～14表］[26]。あわせて、自宗派僧侶を対象に教導職に任ずる試験も行っている。評価対象となるのは節行・学事・篤志・人望で、その結果を踏まえ教導職としての等級の見込みを浄土宗管長へ上申、派出先へ辞令が届き任命するという役割も担っていた。教導職を大教院での試験によって任用する仕組みは、六年十月の「大教院規則」以降法的に整備され七年に入り本格化していくが、教導職制発足当初のこうした任用が基盤となって進んでいったと言えよう。

さらに、檀家から篤信者を掘り起こして往生伝への追加を図るなど［弐16表～18裏］して、地域檀信徒との関係を密にする動きもとっている。六年十一月と推定される伊勢天然寺住職から宗務局に宛てられた嘆願書には、神道や「一身田ノ真宗」（専修寺）に押されていることを危惧し、定円の再来県が要望されている［弐48表～49表］。僧侶教導職は、先述のように六年二月以降は自宗派の教義を交えた説教も許容されており、教部省の教化政策は各宗派にとって、末寺寺院や信徒を含めた組織強化を改めて行う契機にもなりえた。少なくとも、教部省の意向にただ従い出張させられただけ、という見方は改めるべきだろう。なお浄土宗では翌七年、小石川伝通院住職にして浄土宗初代管長、『釈教正謬』などの「護法」的著作でも知られる養鸕《うがい》徹定が、同様に静岡県などで説教を重ねつつ中教院の設置を勧告している[27]。当時の仏教者にとっては当然、キリスト教に対する「護法」も重要であり、派出は各地の「耶蘇」流行の状況を僧侶が把握するうえでも、無意味ではなかった[28]。

（2）京都における諸宗派合同の説教体制

上級教導職たちの派出がなされるなか、明治六年十一月八日、仏教各宗管長から全寺院へ指令が出された［弐46裏～48表］。真宗が大教院体制から離脱しつつあるが、動揺せず中教院を設け教化せよ、全宗派共同での教化がそのせいで困難なら、真宗以外でひとまず合議所を設置せよ、という指示であった。西本願寺では島地が教部省の教化政策に対する強い批判を建言しており、そこからの離脱へ向けて動き出していた。

教部省は明治六年三月十四日の大教院事務章程で教正（上級教導職）の職務として「中小教院建設」の上申を挙げていたが、現場では神道と仏教との合同が難航している状況が多く、中教院の設置は進んでいなかった[29]。大教院からは翌七年一月十五日、寺院を中教院に充てる際に仏像を除去する必要なし、との命令までも発せられた［弐92表～同裏］。大教院が神仏合同体制を実質化させるにあたり、何を障害と認識していたかが窺えよう。

それは金戒光明寺のある京都府も同様であった。六年二月にはすでに、府内各宗派僧侶が教化政策への呼応につき妙法院で討議し「教導職京都講究所」なる組織を設け、「愛国」を主題に合同説教を行い、すぐに講究所を大雲院に移しもした[30]。しかし、京都府はもともと教部省の教化政策に対して懐疑的で、六年六月にもすでに小学校が数十校できているので説教は必要ないし聴聞の暇もない、と非協力的な態度を示していたことも影響してか[31]、この講究所のその後の活動は立ち消えたように見える。実際、七年一月には東西本願寺を除く仏教各宗派だけで、改めて諸宗合議所を設置した。『要用記』によると、その下に各宗派がそれぞれ講究所を設立していたようで、その講究所から二名ずつ教導職を合議所へ出向し、その中からの二名と月番担当宗派から一名の計三名が、聴衆の集まりやすい近在の寺院で説教を実施する、という教化体制をとった。たとえば三月二十四日には、黒谷定円と天台宗金蔵寺山住良海・日蓮宗妙満寺加藤日馨の三名が輪番として説教を行っている［弐89裏］。

諸宗合議所の活動資金は諸寺院からの寄附に依存しており、明治七年三月には各宗上級教導職から府内諸宗寺院へ「教義永続金積立告諭」が達せられている［弐91表〜92表］。ただし浄土宗では翌四月、京都府下各宗教義取締という役職にあった権中講義・不破祐善から、慌てて諸宗合議所へ寄附することのないよう戒める指示を、浄土宗寺院へ送っている。すなわち、無駄なく仏事・教化をつとめつつ、什物や田畑を簡単に売却・寄附せず、まずは財産を書き上げて檀家奥印のうえ本山へ提出せよ、と言うのである［参4表〜5表］。この不破の指令は一見、寄附を控えさせ浄土宗の利害を優先しようとしたものにも映るが、諸宗合議所の維持・永続のため、まず各寺院の資力の把握を企図したと解釈すべきだろう。実際不破は六年十二月に教導職用の説教テキストを刊行する人物でもあり[32]、大教院体制下での仏教諸宗合同に肯定的な動きを示しているからである。

先に触れた宗派単位の下部組織として、「浄土宗講究所」という存在も見出される。場所は知恩院末寺である寺町三条上ル・天性寺で、明治八年一月十二日に古事記・浄土名目図見聞・大教院宗義試験課程の講義が同所でなされる予定である旨記録されている［参66表〜同裏］。毎月二・七の日に各寺院住職・役員が出席せよ、講義は午前八時に開始し「弁当持参」で努めよ、と市中の浄土宗寺院に報知されてもおり、同宗派僧侶の教導職試験への対策を意図した施設と推察される。

（3）京都府中教院の登場

京都府に中教院ができたのは明治六年十一月、場所は六角油小路西入る・旧郡上藩青山家屋敷であった[33]。ただし、ここに集ったのはほぼ神道関係者のみである可能性も高い。なぜなら、先述したように仏教の諸宗合議所が同時期に別にできたからである[34]。『要用記』にも中教院に関する記述はこの時期には出てこず、成立から半年以上経過した明治七年六月十四日、その三日後に中教院の大祭が催されるので教導職は正服で集合せよ、とする指令が届いた旨の記載があらわれる［参15裏］。これが初出であり、おそらく諸宗合議所はこの頃中教院に合流したものと見られる。翌七月には中教院から、浄土宗の末寺は禄米、買得地、檀家数などの現況調査に基づき応分の出資を求められている［参30表〜31裏］。

なぜ神道と仏教で分かれて活動していたのが、この時期中教院として合同していくのだろうか。その直接の背景には、僧侶の教導職補任が政府より求められるという事情があった。七年一月に葬儀は教導職が執行すべきこと、七月十五日には住職になるには教導職試補以上でないと認めないことが、それぞれ教部省より布達されたのである。八月四日、浄土宗管長でこの年知恩院住職となった養鸕徹定から、説教内容の標準設定が中教院内で提案される［参32裏〜33表］。挙げられたのは『三条演義』『神教要旨略解』といった国学者の著したテキストであった。教導職試験をパスしなくては仏式の葬儀もできない、住職にもなれないとなれば、僧侶もこれらを講究するしかない、そう認識していたことが窺える。前述の浄土宗講究所の活動も、まさにこの認識を如実にあらわしたものと言えよう。

十一月には中教院の建仁寺への移転がなされ、翌八年一月十一日、新たに中教院の開筵がなされた。大雲院で行われていた各宗合議所での教化活動はここに合体し、皇国国体之説（十七兼題の一つ）・法蔵心経略疏の講義を毎月一・六日に開催、説教は毎月十五日に行うこととされ［参65表～同裏］、年四回の四柱大神（造化三神と天照大神）の祭典への出席と幣帛料奉納の義務も課された［参72表～73表］。四月には浄土宗各寺院にも分担金納入の督促がなされており［四10裏］、この神仏合同教化体制への協力・動員が強く求められていたことがわかる。

ただこの時期、金戒光明寺では問題が生じていた。黒谷定円の教導職免職である。『要用記』第参冊の見返しには、六年九月二十九日付で命を受け同十月十三日に免職に至ったと記されている。その理由は明らかでなく、[35]七年八月に大講義獅子吼観定ほか末寺総代や増上寺山内の有志ら七名が、大教院の諸宗管長に宛て定円の教導職復職を願い出ている［参35裏～37表］。この嘆願書には、東海道諸国派遣中に免職され、以後「改心悔誤」していたが、もともと増上寺で説教の訓練を十分積んだ学識の人だから復職させてほしい、とある。ただ同じ八月に京都府に宛てた別の末寺総代らの嘆願書［参37裏～39表］にあるように、前述の七年七月十五日付の教部省達（教導職でなければ住職になれないとの規定）が直接の契機であったことは間違いない。『要用記』にはこれら嘆願書の直前に、「第二大区五県七国惣計」で説教の上教導職推挙に向けて検査を行った者三九六名、同じく結縁二一一座、授戒、五重相伝などの数が書き連ねられ［参34裏］、定円の出張時の事績が、復職に足る実績提示として準備されていた。果たして嘆願は認められ、九月十五日には中講義への任命がなされ、翌年三月には権大講義へと昇級した［参見返し］が、階級は以前の権大教正から大きくランクダウンしている。ただ他方で、教導職でなかった期間にも諸宗合議所で三条教則に基づく説教をしていたことにも気づく（前項参照）。これを敷衍すると、教導職に補任されていなかった多数の僧侶も教部省の教化政策に促されて既に説教していた可能性もあり、この政策が僧侶たちに及ぼした影響の強さを、見積もり直す必要があるように思われる。

（4）浄土宗内改革案の提起

さてこうした大教院体制への組み込みの強化が、京都の浄土宗寺院にも及んでいくなか、宗派内の秩序も変動を来していく。七年九月四日、大教院出向中の浄土宗護念寺・長香寺（いずれも京都市内）が、二つの要望を本山・知恩院へ提出する［参42表～46裏］。

一つは、「本山本寺章程」の制定である。その内容をまとめると、①各県の浄土宗部署が教化活動を統括、②七つの布教区に一つずつ「本部一大寺」を置き、地方官と教化活動につき協議する権利を持たせる、③②の上座に総本山的役割の増上寺を位置づけ、その住職が三年ごとに京都出張し教導職の選出を行う、④知恩院を教化・宗規・蘭衣許可（＝教導職の認可）をつかさどる全国統括寺院とし、その住職は②から選出、三年ごとに東京へ出張し教部省・大教院の実際を学ぶ、この四点に集約できる。近世の浄土宗では、増上寺・金戒光明寺・知恩寺・清浄華院・善導寺・鎌倉光明寺・善光寺大本願が七大寺であり、その上に知恩院があるという構造であった。徳川家の菩提寺であり、また関東十八檀林筆頭・総録所として檀林組織を統括した増上寺は、近世段階で既に独特の地位を有していた。その檀林伝法の場としての地位はこの頃に京都の四本山に返上したが、(36) 他方で明治六年二月に大教院が置かれて以降、新たに増上寺を本山とするかどうかの議論が宗派内でなされてきた。ここで改めて、増上寺が別格・知恩院が統括、という新しい構造が教化活動の管掌を基準として提起されたと言える。

もう一つは格地・学席・塔頭等の改正である。これは要するに、僧侶の席次を教導職ないし同試補への任命の日付順として、直末・孫末・塔頭という寺院の区別を排し全ての僧侶を一人の教師として席次を定め直すべし、というものであった。その階梯は、各地への巡回説教など教化活動の実績で昇進することとし、加えて人望や学問の程度から②の七大寺住職へ昇進、増上寺で研鑚を積んで教正となり、最後は総本山（知恩院）門主へ昇進する、と構想された。

宗門内の履歴・階級の束縛を、教導職制をテコに解き放とうとするこうした案は、おのずと増上寺の地位上昇を定めるものであった。七年十一月五日、その増上寺からこの案に対する返事の督促が、金戒光明寺を含む京都の四大寺に届き、返事がなければ増上寺単独で教部省に掛け合うとの通告もなされている［参57裏～59表］。

以上から、大教院体制は、教団内秩序再編を求める僧侶の動きを促したと考えられ、他の宗派・大寺院に関してもこの点につき検討の余地があろう。もっとも浄土宗の場合、知恩院らは二度目の督促［参62裏～64表］にも応じず、翌八年一月に増上寺は教部省より本山として認可され、この後生じる京都四大寺との摩擦の一背景をなしていく。

（5）浄土宗大教院と京都浄土宗中教院の設立

明治八年四月三十日、東京の神仏合同大教院は解散させられ、以後神道・仏教各宗派でそれぞれが大・中教院を設けて活動を継続するよう指令された。島地黙雷ら真宗僧侶の運動が奏功したのである。この各宗派の教院設置につき京都の諸本山に連絡がなされたのは『要用記』によると五月十五日のことだが［四12裏～13表］、同二十三日に浄土宗は早くも「本宗大教院施設方法儀目大綱」を定めており、かねてより解散後に向けた動きを準備していたことが窺える。この「大綱」では経費のほか、教導職人事権の分散、宗学校設立が論点となっていた。ついで六月二日、増上寺住職・石井《いわい》大宣の命をうけ佐竹徹然が「将来布教目的」につき教部省と打ち合わせた旨の書簡を知恩院に送った［四20裏～22裏］。その中では、大教院以下各教院の設置・宗学研究・三条教則説教による人心固結、そして教導職勤惰調査を踏まえた人事を問題に挙げており、「大綱」の準備以来、石井および増上寺の主導でことが進められていく様子がわかる。二十四日にはその増上寺で浄土宗大教院開院式が行われた。そのメンバーは「管長」石井以下、議事・講究・編輯・庶務兼会計の各課長ほか、であった［四31裏～33表］。

右の書簡の届いた直後の六月十一日、京都へ出張してきた教部省官員（中録）の諌早生二から、旧京都府中教院にて真宗仏光寺派含む七宗派の取締僧侶へ口達がなされた［四26裏～29表］。すなわち、各宗派の中小教院で引き続き「神徳皇恩」「外教排除」「開化文明」などを説教し教導職試験も行うこと、今は外にキリスト教・内に真宗という仏法興廃の局面であり、各宗派が協力して義務盟約を作り、教導職試験所の統一も目指すこと、そして各宗派寺院で所有する皇室由縁の宝物を調査すること、この三つが求められたのである。神仏合同の大教院体制瓦解後に教部省が発した通達といえば、明治八年十一月二十七日に神道・仏教諸宗管長へ宛て信教の自由を保証するという口達が知られている。ただ、それ以外にいかなる動きを見せていたのかほとんど認識されてこなかった(37)。しかし、このように官員が出張してきて直接に指令を下し、引き続き各宗派間の協力を求めてもいたのである。その際、キリスト教だけでなく真宗（東西本願寺）という〈敵〉を措定し、加えて宝物・文化財を通じて、国家権力への新たな統合が図られたのであった。

「大綱」や口達をうける形で、六月二十二日に京都浄土宗中教院が、これまで浄土宗講究所であった天性寺に設けられる［四31表］。「中教院規則」および「院中章程」「内試検章程」も制定され、説教日・支院の設立・費用負担、そして院内の取締・議事・講究・説教・庶務・会計の各課と役員名、教導職昇級の試験科目などが明示された［四35表〜39裏］。この中教院設置の趣旨として、三条教則を遵守しつつ各宗布教可能になった今こそ「実ニ吾宗教挽回之秋」であると表明され、続けて

殊ニ文部ノ学校ノ設アリシヨリ、日ニ月ニ文明ニ進歩シ三家村童モ能ク書ヲ読ミ理ヲ弁スルニ至ル…尸位素餐シテ光陰ヲ送ル、其レ何ヲ以テ奉職ノ名義ヲ償ヒ、将タ何ヲ以国恩仏恩ヲ報答センヤ

との認識が示された［四36裏〜37表］。教部省は〈敵〉としてキリスト教・真宗を挙げたが、京都の浄土宗では文部省の近代学校制度にこそそれを見てとっていたのである。田舎の檀信徒の子弟までが読書し物事を理解する文明の域に進むことで、今までの無為徒食では立場がない。教導職の肩書きを背負って説教に励むしか「国恩仏恩」に報いることはできない。そのような危機を煽りつつ発足した京都浄土宗中教院は、養鸕を通じて京都府権知事槇村正直に対し同志社英学校の「洋教ヲ講説スル」ことの禁止も請願している［四60裏〜62表］。キリスト教を意識しつつ教化活動に精を出せ、という教部省官員の口達の趣意を踏まえたとき、喫緊の〈敵〉の一つは京都の浄土宗において、同志社であったことがわかる。

残念ながらその後の京都浄土宗中教院の動向は、『要用記』にはあまり記されない。他方で、黒谷定円の立ち位置がわかる部分もある。一つだけ、増上寺と知恩院の対立に関して指摘しておく。八年七月二日、増上寺＝浄土宗大教院が大教院経費の負担を再度京都側に求めたところ、「各山ノ適宜ニ任セサルコトヲ得ス」と拒むなど［四40表〜41裏］、知恩院の態度は硬化する一方であった。定円は明治九年十二月一日付で自身が権大教正の位に復した際［四86裏〜87表］、石井大宣が大教正への昇級を求めてきたことについて、それを許可することで知恩院と増上寺の対立が緩和されるなら結構ではないか、と養鸕に意見している［四85裏〜86裏］。対立の深刻化を懸念した、定円の態度が窺える。

やがて明治十年一月に教部省が解体され、同十一年十一月には定円はこの世を去り、翌年武蔵滝山・大善寺住職の獅子吼観定が住職となるが、これらは『要用記』の記述の外である。

三　大教院体制・教導職の時代の意義と東大寺

(一)『要用記』が照らし出した時代

以上のような神仏合同教化体制の地域的ありようと、それを踏まえて大教院解散後に各宗派で大教院以下の機構を再設定していく動きから、何を読み取ることができるだろうか。改めて考えてみたい。

まず、従来の宗派内の階級・秩序に対して、教化体制に即した新しい秩序構想を登場させることになった点が挙げられる。確かに定円のような上級教導職が地域を巡回するなかで、末寺を宗派内秩序に改めて編み込むという事態が起こったことは、前節（1）で見たとおりである。ただ（4）のように、それを超えて僧侶が教化能力で測られるべき存在であるという認識は、僧侶間の平準化も一部ひきおこすことになり、こののち「合議」や「公選」の動きを準備することにもつながるであろう。

次に、国家の提示する三条教則などに寄り添い教化活動に従事することで、僧侶ないし各宗派が仏教に対する逆風への「挽回」の道筋を見いだした、とも言える。『要用記』に示される巡回説教の履歴や、諸宗合議所・中教院への包摂は、黒谷定円や金戒光明寺という個別事例ではある。だが、それが各宗派の僧侶・寺院にみえる一つの典型的な姿であることは、これまでの教導職の事例研究に照らしても明らかであろう。

さらに、合同大教院解散後に成立する京都浄土宗中教院の活動は、神仏合同教化体制が瓦解すればきれいさっぱり宗派独自の活動に回帰する、というわけでは必ずしもないことを示してくれる。そして、人々に説教の場で向きあう教導職として活動するがゆえに、僧侶は檀家およびその子弟の知的程度や学業へも意識を向けざるをえなくなり、社会や教育における仏教の位置を考える契機にもなった。この時期意義を、そのように見直すこともできよう。

(二)奈良県中教院と東大寺の場合

翻って、こうした神仏合同教化体制下における奈良県ないし東大寺の動きを瞥見しておきたい。冒頭で述べた通り、七つの宗派のいずれかに属するよう指令をうけた東大寺は、明治五年十一月、東大寺総代・四聖坊住職の鼓阪荐海らが奈良県へ嘆願書を出した。まず、東大寺は天台宗以下全ての宗派の大本たる華厳宗の本所である、と述べたうえで、

> 宣教ノ三則ヲ制シテ一大皇教ヲ立ツ、爰ヲ以各宗ノ本旨ト倣御趣意ナラハ、古来稟承ノ宗旨ハ畢竟各々信スル所ノ法義ナリ、斯ル丕新ノ際ニ当リ猶旧染ヲ墨守シ本寺本山ノ称ヲ因襲スルハ実ニ固陋ト云可ナリ、然ラハ断然本末ノ旧称ヲ一掃シ、大教院ヲ以僧徒所轄ノ本所ト定メ、各国一員ノ碩徳ヲ措テ僧徒ヲ管轄砥励セシメ玉ハ者、実ニ公平盛大ノ御基立ト遵奉仕候[38]

法脈や本山末寺の制なども棄てるべき旧弊だというのなら、いっそ全ての僧侶を大教院が本所として直轄すればよい、との見解を示したのである。さらにこれが叶わぬのなら、東大寺を「大教院所属仰付ラレ、弊山大伽藍ヲ以中教院創立ノ許可ヲ賜リ」たいと主張した。三条教則を「一大皇教」と位置づけ、その本所に属して教化活動に尽力したいという意を、どこまで素直にとっていいものか、

「一大皇教」と本気で述べていたのかは、やや疑わしい。ただいずれにせよ、この主張は認められなかった。明治六年五月二十六日、東大寺は浄土宗の所轄に入ることを奈良県へ申し出、同三十日には末寺へもその旨を知らせ、東大寺同様に浄土宗管長養鸕徹定のもとに属すよう命じた[39]。

この浄土宗へという選択について、一般には大仏殿復興の立役者・重源の縁ではないかと言われている[40]。だがこの請願書を素直に読む限りでは、日本における全ての仏教の淵源として、本来は自らが大教院と位置づけられるべきとの自負を東大寺は吐露したのであり、それがかなわないなら大教院と定められた増上寺の属する宗派、浄土宗にとりあえず属することで落ち着いた、と見ることもできよう。

また、鼓阪が主張した奈良県中教院の東大寺内での開設も、かなうことはなかった。東大寺では明治六年九月に、三条教則の説教を二月堂において毎月二十五・二十六の両日に執り行う旨、東大寺執事の龍蔵院住職・龍井弘薦から奈良県令四条隆平へ届け出ている[41]。だが翌七年三月十七日、奈良県仮中教院の開筵式は中辻町・元紀州邸内で行われた。翌月、奈良県社寺掛によって中教院開設に際して神官・僧侶へ説教を促す通達が出され、五月二十二日には正式な中教院開設の認可がおりた。もっとも、同年十二月には、中教院は元興福寺金堂へ移転されることとなる[42]。

東大寺には大教院体制瓦解の後、大和国浄土宗中教院が置かれたようである[43]。また、仏教の講社・教会が多数開かれるようになり、東大寺でも十二年十二月九日に、東大寺教会条例が定められる。これは東大寺の維持を主眼とするもので、会員へ説教をほどこし、布施を積み立てて「堂宇修繕ノ一端ニ」することが謳われた[44]。

こうした断片的事実だけでは、東大寺の大教院体制への参画、および大和国浄土宗中教院としての具体的な活動は明らかにはならない。ただ、その両時代を貫くものとして、奈良監獄への説教活動（監獄教誨）が行われたという事実も指摘できる。先にも触れたが、明治三〜四年に「東大寺大僧正」による教誨がなされたのち、明治十年ごろに鼓阪荐海が「監獄所説教掛」を嘱託され、代理として戸田英懐・藤村叡運の両名がそれに従事した。『日本監獄教誨史』によれば、直綴輪袈裟やそれに類する法衣を着て、修身斉家の道を説き、そこから仏教教理に進んでいくという説教内容であったという[45]。そして鼓阪は十五年五月十六日付で浄土宗僧侶・吉水善及に対し、浄土宗中教院の名義で「檻獄所説教掛申付候事」との辞令を発し、あわせて浄土宗僧侶の橋本弁準・鷲見斉誉に説教掛として補佐させるに至ったとされる[46]。戸田・藤村は東大寺内の者で、後者は東大寺塔頭・真言院にあり真言宗僧侶であったことから、必ずしも浄土宗の枠で動員されたわけではない。しかし明治十五年段階の任命は浄土宗僧侶を対象としており、浄土宗中教院の社会的活動として監獄教誨に従事したことが窺える。鼓阪・橋本・鷲見の三名が、東大寺が華厳宗として独立する明治十九年まで奈良監獄の教誨師であったことも[47]、この点を裏付けよう。

(三)　浄土宗教団の「自治」とその葛藤

先述したように、明治八年五月に神仏合同教化体制（大教院体制）が瓦解し、宗派ごとに教化体制を組み直すことが求められるが、それはかえって各宗派の個別的問題を露わにすることになっていった。代表的なものとして、東西本願寺では財政のひっ迫や内紛が挙げられる[48]。政府は明治十七年八月十一日に教導職制を廃止し、管長のもとで各宗派が「自治」を行うよう求めるに至った。それをうけ、各宗派で再び制度設計が行われていく[49]。

　浄土宗においては、そうした模索のなかで管長選出方法をめぐって、東西の対立問題が噴出した。まず十一年三月八日、浄土宗寺院を東西両部に区分しそれぞれに管長をおくこととし、東は増上寺が、西は知恩院がその座についた。ついで十七年の教導職制廃止により、住職任免や教師等級を管長が行うこと、争論の禁止、宗制・寺法の制定、古文書宝物等保存方法等の内務卿認可義務化などが定められた。しかし寺法の制定に向けた内部調整は難航、そもそも管長自体が決まらないという事態に至った。明治十八年三月三十一日、知恩院・増上寺・金戒光明寺・知恩寺・清浄華院の五本山が順繰りに管長を務める制度を発足させることとなり、この制度のもとで知恩院住職・養鸕徹定が改めて管長となった。これ以後、全宗会議で寺法制定を議論するが、次に管長となった増上寺住職・日野霊瑞が会議で議決された寺法を他の四本山との協議なく内務省へ伺い、認可を得てしまう。その寺法に示された管長選任方法は公選制で、交番制を否定するものであったため、京都の他の四本山は内務省に日野の非法を訴えたのである。

　内務省はこれに対し、五本山の協議のうえ寺法の再提出を求めたが、揉めに揉めた。その結果、増上寺の管長が知恩院住職を一方的に罷免したため、京都で増上寺派と知恩院派が衝突し警察が介入する騒ぎに発展、加えて後者がそれぞれ別の管長擁立の請願に踏み切るに至った。憂慮した内務省は明治二十（一八八七）年三月二十九日、従来の五本山交番制度の取消と事務取扱の設置を指令する。その結果、五本山の住職・執事は辞職。教導職制廃止以後、初の仏教教団「自治」への政府介入を招いたのである。以後、管長選出や教団法制定をめぐって各宗派への介入が続いた（明治二十三年に日蓮宗の内紛、二十二〜二十七年に曹洞宗永平寺・総持寺の対立、など）ことから、浄土宗の混乱は「各教団の「自治」的能力がためされる時代[50]」の最初の躓き、政教関係の重要な「先例」と見ることができる。以後、仏教各宗派は明治二十四年の社寺上地官林委任規則、明治三十年の古社寺保存法などを通じて、国家の歴史・由緒作りに重要な役割を果たすことになる[51]。

　『要用記』で垣間見た大教院体制期の秩序再編志向は、「合議」「公選」という合意形成・運営のかたちを提起した。その一方で、増上寺の宗内地位向上の動きのテコともなり、「自治」の時代とその混乱を導いたととらえることもできるだろう。

おわりに

　東大寺の華厳宗としての分離独立は、そうした浄土宗の「自治」の模索のさなか、明治十九年六月七日に認可される。このことは、翌月九日付『官報』九〇六号で「〇華厳宗独立　去月七日内務省ニ於テ元浄土宗所轄華厳宗ノ独立ヲ認可シ、昨八日同宗本山大阪府管下東大寺住職鼓阪荐海師ヲ以テ其ノ管長トナスノ願ヲ認可セリ」とごく簡単に報じられ、当該期に東京で隔日発刊されていた仏教系新聞『明教新誌』でも、ほとんど『官報』引き写しの「雑報」としてごく短く報じた[52]。続報もなく、『明教新誌』にとってはニュースバリューの高くない出来事と認識されていたということだろうか。

実際、『明教新誌』で東大寺に関する記事は少なく、管見の限り雑報ばかりである。たとえば大仏殿や正倉院の警備、あるいは南大門からの転落事故といったものであるが、同九六四号（十三年四月十日付）には東大寺戒壇院で三八五名に授戒という記事がみられ、「這回は結縁のためにや在家の男女まで入壇せしめられしは、誠に未曾有の事なり」と評されている。また一四二七号（十六年三月十六日付）では大仏殿修繕の企図に関して、「十方有縁の信施を募らるゝと云ふを早くも神戸在留の英国人リート氏が聞込み、今程若干の金円を神戸の同国領事を経て寄附せられたり」との報道もあった。ただいずれも記事は短く、東京の仏教者における関心の低さが窺われる。この傾向は、これまでの近代仏教史研究における南都への無関心にまで、つながるのかもしれない。

『要用記』において何ら記述がなかったように（京都の寺院の記録なので当然といえば当然だが）、東大寺は浄土宗内の新しい秩序形成にも強い関与を示した形跡がなく、浄土宗も全くの「仮住まい」であったようにも見える[53]。しかし、大和国浄土宗中教院として旧奈良県域の浄土宗寺院を束ねる制度的位置にあったことも確かである。また浄土宗からの離脱に、教導職制の廃止と同時にではなく約二年弱の時間を要したのも、浄土宗の「自治」の模索のなかに何らかの位置づけがなされ、東大寺も容易にその枠から脱しえたわけではなかったことを窺わせる。

そうなると、二つの研究方向が見えてくる。一つは、明治前期の浄土宗を知恩院と増上寺の動向で見てきた近代的な「宗派」「教団」観に対して、東大寺の独自の歩みを位置づけることで、その相対化を図るという方向性である。もう一つは逆に、教化活動や政教関係の観点から、（東京・京都中心の）近代仏教史で特殊と思われがちな、東大寺を眺め直すことである。

本稿では、この「問題設定」にたどりついたにすぎない。作業上の課題として、他の浄土宗寺院の史料を探る、地方官（奈良県～堺県～大阪府）の寺院行政上の位置づけの検討、教部省・内務省社寺局の官僚の動きの把捉、などが改めて浮上する。そして、東大寺の詳細な寺務把握のため日鑑類そして各塔頭の文書の検討も求められる。特に日鑑へのアプローチは多くの宗派・寺院でも共通する課題であり、研究の着実な前進をもたらすはずである。『要用記』のわずかな検討からも、それは容易に推察される。ただいずれにせよ、「一五〇年前はまだ「歴史」にあらず」といった構えを捨てることが、その第一歩になる。

（たにがわ　ゆたか・京都大学准教授）

註

（1）『法令全書』。本稿において中央政府の法令はすべて同書に拠り、紙幅の関係上法令番号は断らない限り省略する。なお本稿の引用史料には適宜読点を付した。
（2）吉井敏幸「明治初年の南都寺院―宗派独立運動を中心として」（『近代仏教』六号、一九九九年）、四三頁。
（3）林淳「近代仏教の時期区分」（『季刊日本思想史』七五号、二〇〇九年）、一一頁。拙著（『明治前期の教育・教化・仏教』思文閣出版、二〇〇八年）も踏まえ定式化している。
（4）幡鎌一弘「轉輪王講社開設に関するノート」（『天理教学研究』三一号、一九九二年）、「明治初年の宗教の世俗化をめぐって―奈良県における開化政策と宗教―」（『天理大学学報』一八三号、一九九六年）。
（5）ただし近年では、藤田和敏『近代化する金閣』（法藏館、二〇一八年）や中西直樹編『明治前期の大谷派教団』（法藏館、二〇一八年）のような研究もあらわれている。

(6) たとえば安丸良夫『神々の明治維新』（岩波書店、一九七九年）。

(7) 吉田久一『日本近代仏教史研究』（吉川弘文館、一九五九年）が古典的著作。この「近代化」的視角に関しては大谷栄一が研究史を考察・指摘している（『近代仏教という視座』ぺりかん社、二〇一二年）。

(8) 「民部省中寺院寮ヲ置キ鉱山司并社寺等ノ諸掛ヲ廃シ寮司ヲ更定ス」『太政類典』第一編・慶応三年～明治四年・第十七巻・官制・文官職制三（国立公文書館所蔵）。なおこうした政府の仏教・寺院管轄部局の設置建議や変遷に関して、最近の論考として辻岡健志「教部省設置前後の政治過程と西本願寺」（『史林』一〇一巻六号、二〇一八年）が詳論している。

(9) 本章の記述は、拙稿「明治維新と仏教」（『新アジア仏教史一四　近代国家と仏教』佼成出版社、二〇一一年）においてより詳しく論じている。

(10) 大屋徳城「奈良に於ける神仏分離」、辻善之助・村上専精・鷲尾順敬共編『新編明治維新神仏分離史料』第八巻（名著出版、二〇〇一年）、四～一一〇頁。（原典は全五巻、いずれも東方書院、一九二六～二九年。「新編」はそれらの史料を地域ごとに配列し直した一〇巻本）。

(11) 前掲註(10)、一一七頁。

(12) 前掲註(10)、一一一～一一六頁。

(13) 『奈良市史』通史四（奈良市、一九九五年）、三三頁。

(14) 前掲註(6)『神々の明治維新』など。

(15) 村田安穂『神仏分離の地方的展開』（吉川弘文館、一九九四年）参照。

(16) 安藤宣保『寺社領私考拾遺』（寺社領研究会、一九八〇年）、三六～三七頁。

(17) 平岡明海編『東大寺史』（東大寺、一九四三年）、三三三頁。

(18) 学校教育と説教との重なりについては、前掲註(3)『明治前期の教育・教化・仏教』第一部。

(19) 前掲註(10)、一二三～一二四頁。

(20) 吉田久一『日本近代仏教社会史研究』（吉川弘文館、一九六四年）一四三～一五八頁。真宗本願寺派本願寺・真宗大谷派本願寺編『日本監獄教誨史』下巻（一九二七年）一二五〇頁。

(21) 十九世紀前半のそうした状況に関して、最近の研究書では芹口真結子『近世仏教の教説と教化』（法藏館、二〇一九年）参照。

(22) 前掲註(18)、一二二～一三一頁に各府県の中教院所在・変遷表が示されている。

(23) 前掲註(18)、一五三～一五八頁。

(24) 藤井貞文「中教院の研究」一～三（『神道学』九一～九三号、一九七六～七七年）をはじめ、多数の研究がある。

(25) なお、こうした既存の宗派・寺院の秩序再編は浄土宗のみの現象ではない。明治二年十二月、曹洞宗では永平寺と総持寺の上下関係が定められ、両派末寺の住職転住が禁じられた。明治三年三月には天台宗で比叡山が東叡山寛永寺・日光山輪王寺を管轄することとされた。

(26) また明治六年五月、派出の途次に、明治三年にも五重相伝を行ったという近江蒲生郡の常福寺に寄り、檀信徒へ説教し八〇余名の聴衆に剃刀をあてたこと［弐14裏～15表］も記されている。近世以来の浄土宗僧侶としての教化も実践していたことが窺える。

(27) 藤堂恭俊「徹定による中教院設置勧告―新出二資料、明治七年の西下道中記から」『仏教文化研究』三六号（一九九一年）、五五～七四頁。

(28) 『要用記』には、ニコライ（日本正教会の祖となる）が施したロシア正教の受洗式について、その問答の抄録が綴られている［弐27表～36表］。おそらく大教院にて共有されていたのであろう。

(29) 管見の限り、明治六年十一月段階で中教院が設置されていた府県は一三（および函館に一つ）にすぎず、仏教だけの合議所、あるいは神道だけの仮中教院が成立していた場合もあったようである（前掲註(22)参照）。

(30) 『京都府百年の年表6　宗教編』（京都府、一九七〇年）、八四頁。典拠は「教部記録」（『七条金光寺文書』）。

(31) 『京都府史』第一編、前掲註(30)、八五頁。

(32) 不破は明治六年十二月に『教則三条教義弁』、翌年にも『説教訓蒙』と教導職の説教テキストを刊行している（三宅守常『三条教則衍義書資料集』上、錦正社、二〇〇七年、二五八～二六六頁、『明治仏教思想資料集成』第三巻、同朋舎出版、一九八〇年、三～九頁）。なお、それぞれの史料解題で不破は「禅僧」「真宗大谷派」と説明されているが、『公文録』明治八年・第六七巻・明治八年一月・教部省伺（国立公文書館所蔵）には、七年十月時点で華開院（浄土宗、現京都市上京区所在）の住職としてその名が見える（「増上寺本山名称願ニ付伺」）。

(33) 『平野神社史』（平野神社社務所、一九九三年）、九〇頁。

(34) 明治初期の宗教行政に関する公文書の一部をまとめた『社寺取調類

纂』（国立国会図書館所蔵）には、明治六年八月から一一月の間に松尾・北野・伏見稲荷の各神社宮司から小教院設置に関する伺いが京都府へ出され、許可されたとの記録が残っている（同一五三）。それによれば、松尾神社に以前「神官会議所」が設けられていたこと、それを改めてこの時期に小教院としたことからも、神道だけの組織が仏教同様に作られており、それを母体に中教院が設置されたことが推察される。

(35) 金戒光明寺内塔頭末寺・檀中総代から京都府へ出された、本文のものとはさらに別の嘆願書にも、「免職之来由」はわからず「式部寮只免職トノミ御達」とある［参39裏］。金戒光明寺の事務日次「寥誉上人御代日鑑」（明治七年八月十八日条、「黒谷文書」京都市歴史資料館所蔵、請求番号D-31）にも、理由は不明とある。

(36) 越智専明編『浄土宗年譜』（教報社、一八九八年）、七五丁表。なお、明治七年十月には駿河・遠江以東の寺院を増上寺の所轄とすることが定められた。

(37) 小川原正道『大教院の研究』（慶應義塾大学出版会、二〇〇四年）第六章では教部省の廃止過程を辿っているが、大教院瓦解後の教部省をどう解体したかについては述べられるものの、教部省がどう活動したかについては触れられていない。

(38) 「明治五年中　諸官省願伺届之件　社寺之部」（奈良県庁文書、奈良県立図書情報館所蔵、請求記号1-M4-22）。すでに前掲註（4）「轉輪王講社開設に関するノート」二〇〇～二〇一頁、でも紹介されているが、本稿ではその若干の翻刻の誤りを修正した。

(39) 前掲註(10)一二四～一二五頁。

(40) 前掲註(2)吉井「明治初年の南都寺院」では、明治六年四月に浄土宗管長の養鸕徹定から教部省へ提出された「東大寺所轄之儀ニ付伺書」（西大寺文書）に、「往昔建久年中東大寺再興俊乗房重源之請ニ応シテ吾祖源空大勧進ノ盛事ヲ随喜セラレ候縁故有之候間」という理由が記されていることを紹介している。同論文、四六頁。

(41) 前掲註(10)一二六頁。

(42) 『奈良市史』通史四、三九頁。

(43) 奈良県中教院解散が指令された後の明治八年六月七日、県内の各宗派取締寺院一同から、教導職試験を各宗合同して一か所で行えば「御県庁之御手数も無之適宜と奉存候」との趣旨で、奈良鳴川町の徳融寺（融通念仏宗）をその試験所としたい旨、県権令藤井千尋（代理の参事岡部綱紀）宛に願書が提出された。その差出人の一人として、「浄土宗取締東大寺住職　鼓坂《ママ》荐海」の名がある（『官准教会新聞』一四〇号、明治八年七月二十二日付）。この時点ですでに奈良県内の浄土宗寺院の統括役を担ったと思われ、その後十一年八月までに大和国浄土宗中教院となっていることがわかる（『明教新誌』六七五号、明治十一年八月二日付に、「堺県下中教院…添上郡雑司町東大寺」とある）。

(44) 「社寺願伺届」（奈良県庁文書、請求記号1-M12-5）。前掲註（4）「轉輪王講社開設に関するノート」二一六、二一七～八頁、参照。

(45) 前掲註(20)『日本監獄教誨史』、一二四五頁。同書は東西本願寺の監獄教誨の歩みを記録することに主眼をおく書物であるため、その正確性にはやや留保が必要である（この点、繁田真爾『「悪」と統治の日本近代』（法藏館、二〇一九年）、二〇二頁でも言及されている）が、これ以上の検討材料をもっておらず、ひとまずこの記述を前提としたい。

(46) 前掲註(20)、一二四六頁。

(47) 前掲註(20)、一二五〇頁。

(48) それらの内容については、拙稿「維新期の東西本願寺をめぐって」『講座明治維新一一　明治維新と宗教・文化』（有志舎、二〇一六年）。

(49) 以下本節の記述は、羽賀祥二『明治維新と宗教』（筑摩書房、一九九四年）二二七～二二九頁、に拠っている。

(50) 前掲註(49)、二二六頁。

(51) もちろん、明治二十二年の尊皇奉仏大同団の結成や、僧侶参政権（衆議院選挙被選挙権）運動など政治活動も行われていくが、往々にしてその運動は国家への貢献を目指すものとして表現されていった。

(52) 『明教新誌』二〇四九号、明治十九年七月十二日付。

(53) これに関して鼓阪荐海は明治九年四月十四日、東大寺は浄土宗の管轄に入って以来「同宗大本山列取扱」を受けているが「華厳宗」を自称している、いずれにせよ「大本山」であると見なしていただきたい、という見解を認めた書面を県権令藤井千尋へ提出している。藤井は浄土宗中本寺か華厳宗大本寺かどちらとして扱うべきかと教部省へ指示を仰いだが、教部省は二十六日、「浄土宗之所轄」だが宗名や寺格は「従前之通」と心得よ、と返答している（「明治九年中　内務教部宮内三省へ伺上申之件　社寺之部　庶務課」奈良県庁文書、請求記号1-M12-32d）。

文化財写真の資料的意義
―明治時代の奈良の調査を中心に―

田良島　哲

一　写真技術の日本への伝来とその技術

一八三九年にL．J．M．ダゲールによって発明された写真術は、約十年を経た一八四八年に撮影機材が長崎にもたらされ、日本でもその技術の存在が知られるようになった。この時に伝わった技術は、金属板に銀の化合物の作用で直接像を定着させるダゲレオタイプ（銀板写真）である。機材を目にすることができたとは言え、近代科学の素養を欠く当時の日本人にとって、予備知識なしに実際に写真を撮影することはほぼ不可能であった。その研究に時間をかけることができたのは、資力と人材を投入することができた何人かの有力大名であり、さらにその中で実際に撮影に成功したダゲレオタイプの現存例は「島津斉彬像」（重要文化財・鹿児島 尚古集成館所蔵）のみである。開国後は次世代の技術で、ネガの原板から多数の印画を作成できるコロジオン湿板が普及したため、ダゲレオタイプは日本では定着せずに終わった[1]。

コロジオン湿板の技術は、幕末に来日した外国人から日本人に伝えられ、その中から業として写真スタジオを開く者が現れて、写真師と称された。横浜の下岡蓮杖《しもおかれんじょう》と長崎の上野彦馬《うえのひこま》がその代表である。明治維新後、文化財写真の撮影に携わった写真師はさらに彼等から写真術を学んだ世代である。

二　写真術の文化財の記録への応用

㈠　仏教寺院の危機と政府の対応

維新直後の神仏分離政策により、社僧の還俗や仏像を神体とすることの禁止が徹底されるとともに、江戸時代において寺院の外護者であった将軍家、諸大名の権力が失われたため、それまで保障されていた寺領からの収入の確保が困難となった。また地域によっては、過激な廃仏が行われた事例もあり、長年維持されてきた仏堂や寺宝の廃滅や売却が進んだ。

これを憂慮した新政府は明治四年（一八七一）五月に太政官布告第二五一号（「古器旧物保存方の布告」と通称される）を発した。布告では「古今時勢の変遷、制度風俗の沿革を考証」するための資料となる「古器旧物の類」を例示してその目録を地方官や旧大名や旧公家である華族たちに提出するよう求めている。実際、これに応じて当時の各県から提出された目録が相当数残っているが、政府内では地方からの報告にとどまらず、直接寺院、神社の調査を行おうとする動きが出てきた。これを積極的に推進したのが、新政府の中堅官僚であった蜷川式胤《にながわのりたね》（一八三五～八二）である。

(二) 明治前期の文化財調査と写真

ア　蜷川式胤・横山松三郎と『旧江戸城写真帖』（明治四年）

寺院や神社の建物を撮影することは、幕末から外国人写真家によって行われていたが、日本人が画像記録として撮影した最初の事例は、写真師横山松三郎が明治二年から三年の間に訪問した日光の写真である。(2) 横山は幕末に箱館で初めて写真術に接し、江戸に出て下岡蓮杖に学んだ後、不忍池の近くに写場「通天楼」を開いていた。撮影の直接の意図は明らかになっていないが、蓮杖の回想によれば、この撮影は蓮杖が発案し、山内を支配する東照宮の許可を得て実施されたもので、「廟廊の壮麗、山水の奇趣」をことごとく写したといい、鶏卵紙の焼付写真が東京国立博物館（以下「東博」）に伝わる。(3)

一方、蜷川式胤は京都の人で、歴代東寺に出仕する家に生まれ、若い頃から古物の研究考証を好んだ。維新とともに東京に出て専ら新政府の制度取調の部署を歴任した。明治五年に新設の文部省博物局に転じ、その後は文化財の調査と博物館の建設・運営に尽力した。(4)

明治四年に蜷川が太政官に上申し実現したのが、将軍の居所であった旧江戸城全域の写真による記録である。現在、東京国立博物館が所蔵する写真帖は太政官に提出された原本で、いずれも横山の撮影した鶏卵紙の印画六四枚に高橋由一が彩色を加え、撮影箇所を示す地図が添付されている。写真帖には蜷川による太政官弁官宛ての伺い文が添付されており、事業の意図を知ることができる。

城櫓塹溝は守攻の利易に関せざる者の如く相成り、追々破壊、御取繕いも無益に属し候様あり。因て破壊に相至らざる内に写真にて其形況を留置きたく願い奉り候。（原文は漢字カナ交じり、送り仮名を補った。以下の史料引用も同じ。）

城郭はもはや戦争に使われることがないので、いずれ破壊される前に写真で記録しておきたい、というのである。ここには伝来した遺跡や遺物の状態を正確に記録し、後世に伝えようとする明確な意思が示されている。

また、あまり知られていないが、東京国立博物館には明治元年の上野戦争で大半の建物を焼失した寛永寺の境内や徳川家の廟所であった芝増上寺の諸建物を撮影した明治前期の印画が所蔵されている。これらも将軍家ゆかりの遺跡を記録した画像として貴重である。

イ　壬申検査（明治五年）

壬申検査とは明治五年に新政府が実施した、近代最初の組織的な文化財調査の通称である。(5) この調査は博物館創設の準備と、翌年のウィーン万国博覧会に向けて出品物の選考に当たっていた博覧会事務局の事業として企画され、太政官への上申を経て実施が認められた。五月七日付の太政官から文部省への達において、

> 今般大和国東大寺倉庫始社寺所蔵の宝物検査のため、其の省官員出張仰せ付けられ候事。

と指示されているように、正倉院宝物の調査を主要な目標としながら名古屋、伊勢、京都、奈良、大阪などの社寺や城郭などを約五か月にわたって巡回したものである。蜷川自身の日記『奈良の筋道』があり、行程の詳細を知ることができる。(6) 政府職員としては文部大丞町田久成《ひさなり》を筆頭に、蜷川、世古延世《せこのぶよ》（宮内省）、内田正雄（文部省）などが出張した他に、調査記録の担当者として、画家高橋由一、柏木政矩《まさのり》（探古《たんこ》）、写真師横山松三郎、内田九一《くいち》などが同行した。前年の江戸城の撮影で写真による記録の有効性を確認した蜷川によって、横山は再び写真師に起用され、やはり東京で写真師として名をあげていた内田とともに、調査のほぼ全行程で撮影を行った。当初、写真撮影は町田と蜷川の私費で実施する心づもりであったところ、ウィーン万博に使いまわせるのであれば、ということで博覧会事務局から経費が支出されることになったという（『奈良の筋道』）。

撮影技術の面から興味深い点は、ステレオ写真を多数撮影していることである。二枚の写真を並べて立体視を実現するステレオ写真は、写真術発明後いち早く考案され、十九世紀後半の欧米で普及していた。東博には、壬申検査に参加した内田正雄の旧蔵であった世界各地を写したアルバム『万国写真帖』二一冊が所蔵されている。(7) これは内田が幕末のオランダ留学中に収集したもので、中に多数のステレオ写真の印画を含むところから、調査に当たってステレオ写真を撮影する案は内田から出た可能性も想定される。

公式報告書の一環として提出された焼付写真の大半とガラス原板の一部は、東博に伝わる。また、ガラス原板の別の一群が東京都江戸東京博物館（以下「江戸博」）の所蔵に帰しており、両方のコレクションとも重要文化財に指定されている。東博所蔵分はステレオ写真の印画三八六枚、四切写真の印画一〇九枚、四切写真のガラス原板（湿板）八四枚、江戸博所蔵分はステレオ写真のガラス原板二五七枚である。

撮影対象について内訳を見ると、四切の印画では一〇九枚のうち正倉院八枚、東大寺八枚、法隆寺一三枚、薬師寺四枚、唐招提寺五枚、興福寺五枚、春日大社五枚、法起寺二枚、龍田川風景一枚と大和国だけで全体のほぼ半数を占めており、調査において奈良の寺院、神社が重視されていたことがうかがわれる。

なお、壬申検査で撮影された被写体を通覧すると、ほとんどが建造物であり、書画、器物や仏像が写された例は、正倉院の琴・琵琶や現在御物となっている法隆寺の聖徳太子像などごくわずかである。この理由は二つ想定される。一つは技術的な問題で、当時の写真の感光材の感度が低く、室内での撮影がきわめて困難だったためである。実際正倉院の琴や法隆寺の金銅仏などは屋外に持ち出して撮影されており、動かせない仏像は東大寺大仏、法隆寺釈迦三尊像、百済観音像など比較的採光条件のよい場所にあったものに限られている。

今一つの理由は当時の「宝物」に対する認識である。特にこの時

期、仏像はまだ美的な評価がされず、古器旧物保存方の布告でも「雛等偶人児玩」に次いで「古仏像並仏具」と列挙されるほど位置付けは低かった。写真撮影のみならず、スケッチや拓本を集成した調査記録である『壬申検査宝物図集』（東博所蔵、重要文化財）においても、仏像はそもそも調査対象になっていない。仏像が主要な被写体として登場するのは、その文化的な再評価に基づいて、あらためて調査が行われる段階になってからである。

ウ　臨時全国宝物取調（明治二十一〜三十年）

臨時全国宝物取調とは、文化財保護行政の制度的な確立を目指した明治二十年代に、全国の寺院、神社、個人の所蔵する「宝物」を網羅的に把握して、評価のための基礎資料の蓄積を図った調査事業である(8)。明治二十一年に宮内省に臨時宝物取調局を設置。委員長には九鬼隆一《くきりゅういち》が就任し、調査員（取調掛）として重野安繹《やすつぐ》、山高信離《のぶあきら》、岡倉覚三、久保田鼎《かなえ》などが参加した。調査の趣旨と方法については九鬼自身が大阪商法会議所で行った講演にその一端を示しているので紹介しよう(9)。

> 宝物取調着手の方に二途あり。片端より精密を極めて剰さず漏さず審査を悉さんが是一也。精密の取調を後回に譲り先ず全国を貫通して大綱領を定めんが是其二也。（中略）
> 今や此回の調査は既に十年乃至十五か年許を遅引したるが為、其間に早く散逸に帰したるもの其数を知らず。就中世人の心目に投合易きものは大概散逸し尽したりと云ふとも過言にあらず。（中略）故に今回の取調は全国を通じて先ず大概を了し大綱領を立て、保存必要の人心を振起し登録保存を初めて保存万法の基礎を立るにあれば、是れより随て保存の諸法に着手されるべく又精密の調査も為すべし。

すでに宝物調査の実施は相当遅れており、このままでは散逸が進む一方なので、精密な調査は後回しにしても「全国を通じて大綱領を定めん」とするのが本調査だ、というのである。講演の中で九鬼は、取調局設置から一年に満たない明治二十二年初頭の段階で近畿二府三県にわたる調査により四七〇〇〇件あまりの宝物を確認し、うち一三八六件を「優等」と判断した、と述べている(10)。

この調査においても、記録のために写真が積極的に活用され、写真撮影には小川一真が抜擢された。小川は明治十五年から十七年にかけて米国に渡り、湿板に代わる乾板による撮影、プラチナプリントやコロタイプといった最新の写真技術を会得して帰国した。幕末以来の写真師とは異なった経歴を持つ気鋭の写真技術者であった(11)。特に九鬼が意を用いた迅速な調査に当たって、湿板のように現場における感光材の調製を必要とせず、感度の高い乾板の採用や、暗い仏堂内での撮影を可能とするマグネシウム・フラッシュの利用などの新しい技術の導入は、調査の効率を向上させたと考えられる。

九鬼が講演の中で、近畿地方に所在する宝物は全国の半分以上に及び、その中でも「山城大和はその大部分を占めたり」と述べるように、本調査においても奈良県はきわめて重要な位置にあった。取調に関わる写真はアルバムに仕立てられたもの三四冊と台紙貼りの印画二八三六点からなるが、『彫刻写真帖』では八冊のうち奈良県は五冊を占めている。壬申検査では評価されなかった造形芸術としての仏像は、ここで撮影された多くの写真によって初めて評価を受け、その後もたびたび刊行物などで紹介されることになった。

また、蓄積された一群の写真は学術的な資料として、明治三十年からの古社寺保存法に基づく文化財保護行政の基礎になった。現在残る調査記録と写真は、やはり東博が所蔵しており、平成二十八年(二〇一六)に一括して重要文化財に指定されている。

三　写真資料の特質と文化財保護への寄与

近代以降の文化財調査において、早くから写真が積極的に利用されたことには、無論理由がある。以下、列挙してみる。

＊撮影者、調査者の主観が入りにくい

江戸時代まで、調査対象の視覚的な記録は絵画によっていたが、絵画は意図的であれ、無意識であれ描き手による対象の取捨選択や個人的な印象の反映が避けがたい。実際は写真についても純粋に客観的な撮影はないのであるが、フォトグラフィーという外国語に江戸時代には写実的な絵画を示す言葉であった「写真」が充てられたように、当時としては客観性の高い記録手段として認識されていたことは明らかである。

＊撮影者、観察者の意図しないものも記録される

こちらも、写真の持つ「客観性」の一側面であるが、前項とは逆に、写真は撮影者や調査者が記録しようとしなかったものも記録する。寺社の文化財のように記録の機会が乏しい対象について、画像が長期にわたって利用されることを想定した場合、調査者が意図した以上の情報量が記録される写真は、記録手段としてより優れていると判断されたと考えられる。

＊制作に当たってのさまざまなコストが低廉

たとえば、同じ調査対象を一枚の絵画として仕上げる場合と一枚の写真とする場合を比べると、人的な手数の面からも、経費の面からも後者が圧倒的に有利である。同じ江戸城を描いた明治前期の絵画で残存するのが高橋由一の「旧江戸城之図」(東京国立博物館所蔵)くらいであることを考えると、短期間で江戸城全域の画像を取得した『旧江戸城写真帖』の効率の良さは当時の人々も実感したところであろう。

＊複製物の制作、配布が容易

コロジオン湿板の発明以降、一枚のネガから多くの印画が作成できるようになったことから、同一の画像を広く配布することが可能となった。たとえば『旧江戸城写真帖』のために撮影されたガラス原板は、後に蜷川の編集になる図譜『観古図説　城郭之部』に流用されているし、臨時全国宝物取調の原板は、日本を代表する美術雑誌となった『国華』や美術全集の原形とも言うべき『真美大観』掲載の図版に使われている。記録のみならず文化財の社会的普及の手段としても、写真は有効とみなされたのである。特に明治後期に写真製版が普及し、印刷工程の中に組み込まれると、写真はより大規模なメディアとして定着してゆく。

四　さまざまな写真資料とその意義

(一)　写真資料の分類

一口に「写真」というが、実際に資料として残されている「もの」は多種多様である。大きくは被写体を直接写し取った「原板」とそこから作られた「印画」に分類されるが、印画はさらに多様な形に加工されて、各種の社会的な役割を果たすことも多い。この点については別に論じたことがあるので、(12)以下要約して示す。

ア　撮影原板

*コロジオン湿板

湿板は幕末から明治十年代前半にかけて利用された。前述したように撮影現場での調剤が必要であり、感度も低いため、撮影可能な場面が限られる。しかし、完成した画像の解像度はきわめて高く、豊富な情報を読み取ることができる。

*乾板

明治十年代後半から採用され、文化財写真の分野ではシートフィルムに取って代わられる第二次大戦後まで長く利用された。湿板と異なり、均一な品質の工業製品として量産化されたので、価格が下がるとともに、可搬性が向上した。乾板の採用なくして、臨時宝物取調における小川の写真撮影は困難であったと思われる。

イ　焼付写真

*鶏卵紙（アルビュメン・プリント）

卵白を主体とする溶液に浸した紙に銀の化合物を塗布した印画紙。幕末明治期の印画の大多数はこの技法である。また、製作は手作業であるため、後に現行の技法であるゼラチン・シルバー・プリントの印画紙が工業的に生産されるようになると衰えた。

*プラチナプリント

感光材にプラチナ（白金）やパラジウムを使う焼付技法で、きわめて階調が豊かな画像を得ることができ、化学的に安定しているため長期にわたって劣化しない。小川が米国でこの技法を学び、臨時宝物取調で納品した焼付写真は多くプラチナプリントが採用されている。

ウ　台紙・アルバム

文化財調査の成果としての焼付写真は多くの場合、台紙に貼り込まれたり、アルバムとして一定の順序で配列されたりしている。台紙には被写体である文化財の名称が記入されていたり、管理するための番号を記したラベルが貼付されていたりすることがある。また小川が自分の納品した写真に「プラチノタイプ」というラベルを貼って、自らの技術を明示している例もあり、写真の伝来や技法、被写体の内容を知る上で不可欠な情報となる。

(二)　撮影原板保存の意義

現在残る写真の多くは、焼付された印画の状態で残っており、ともすればこれを撮影当時の実態と考えがちである。しかし、写真技術は撮影→現像→焼付という手順を経て印画となり、またそこからたとえば刊行物に掲載されるといったこともあるため、その過程でさまざまに手が加えられることが一般的である。

たとえば被写体である建造物や仏像を強調するために、焼付の段階で不要と判断された部分を覆って印画に表さないマスキングは、もっともよく行われる処置で、壬申検査や臨時宝物取調でも多くの例を見ることができる。同様に不要な部分を切り抜くトリミングを行うことで、被写体に対する印象が大きく変わってくることもある。逆に言うと、原板には撮影時の状況が意識的、無意識的に関わらず記録されているのであり、実はそのような情報こそが歴史的には貴重であることも少なくない。

岡塚氏が指摘しているように、原板のガラス乾板を見ると、仏像の後ろに垂らした布を揺すって背景の存在感を消す、といった撮影時の工夫が写し込まれていることがわかる場合もあれば(13)、調査に際して選択された撮影場所が寺の軒先であったり、新設の帝国奈良博物館や帝国京都博物館の一室であった、といった事実も判明する。また、ガラス板自体に書き込まれた番号や貼付されたラベルで一枚一枚の印画であればわからない撮影時のまとまりを推測したりすることも可能である。焼付時に貼り込まれた紙が残っているなど、先述の撮影後の修正過程が確認できる場合もある。原板が存在することによって、撮影自体の歴史的な位置付けやそこから作られた印画の信頼性を検証することが可能となるのであり、原板自体も文化財として適切な保存を図ることが必要であることを強調したい。

(三) 今後の写真資料の活用

最後に、現存する写真資料を今後どのように活用してゆくかという課題をとりあげて結びとしたい。

これまで述べてきたように、現在残されている文化財を撮影した明治期の写真資料はガラス原板と印画を中心に大量にあり、学術的な資料として注目はされていたが、十全な活用がされている状況ではなかった。一つにはガラス原板・印画・刊行物といった画像の各種表現形態の間の関係が整理されていなかったという面があり、被写体として写っているものを検討して終わる傾向が強かった。しかし、近代の有形文化財としての写真資料の評価が進むにしたがって、各形態の資料のあり方に対する認識は次第に深まっている(14)。

デジタル画像処理技術の著しい発達によって、原板から高精細デジタルデータを取得することが可能になり、印画では見えなかった原板が持つ潜在的な情報が明らかになってきたことも、今後の研究を進める上で重要である。取り扱いの難しい原品の目視を必要とする困難な調査条件から、デジタル画像による閲覧・処理によって撮影者が意識しなかった事物・情景までも容易に利用できるようになってきたのである(15)。

事実、明治期興福寺の破損仏を撮影した原板から取得した高精細デジタル画像を駆使した最新の研究からは、明治期の奈良におけるいわゆる「廃仏」について歴史的な再評価を迫る結果と、画像に基づいた現存する像との同定に至る経過などの重要な成果も現れてきている(16)。

また、写真自体の重要性を強調してきたが、併せて関係する文書や記録の把握と調査も必要である。今回取り上げた明治前期の調査が、いずれも写真とその他の調査記録のセットで重要文化財に指定されていることからもわかるように、両者は相補って歴史情報としての価値を発揮する。今後とも新たな発見や資料の公開が進み、幅広い分野の研究に活用されることを望みたい。

(たらしま　さとし・東京国立博物館)

註

(1) 幕末の写真史については小沢健志『幕末・明治の写真』(ちくま学芸文庫、一九九七年)を参照。

(2) 横山の事績は、江戸東京博物館『企画展 140年前の江戸城を撮った男 横山松三郎』(二〇一一年)に詳しい。

(3) 東博が所蔵する横山の日光山写真、『旧江戸城写真帖』、壬申検査写真、『万国写真帖』、臨時宝物取調等の写真等については、大多数を「東京国立博物館研究情報アーカイブズ」内の「古写真データベース」(https://webarchives.tnm.jp/dbs/oldphotos)から閲覧することができる。

(4) 蜷川の伝記としては、蜷川第一編『蜷川式胤追慕録』(一九三三年)がある。金井杜男「蜷川式胤と古美術写真家横山松三郎の業績」(『学叢』(京都国立博物館)一一、一九八九年)も併せて参照されたい。

(5) 壬申検査の概要については、『東京国立博物館百年史』(一九七三年)七四~八〇頁の記載を参照。

(6) 翻刻として『奈良の筋道』(中央公論美術出版、二〇〇五年)がある。

(7) 東京国立博物館編『東京国立博物館所蔵 幕末明治期写真資料目録2』(二〇〇〇年)に、写真全点が収録されている。ただし、ステレオ写真は片側画像のみで、原形は前掲註(3)の「古写真データベース」から確認されたい。

(8) 臨時全国宝物取調局の活動の経過については、三輪紫都香「臨時全国宝物取調局の活動とその影響」(『お茶の水史学』六〇、二〇一六年)が関係史料を網羅して詳しい。

(9) 三宅米吉編『九鬼君演説之大旨』(一八八九年)

(10) 実際には取調局設置以前から、近畿地方の調査に着手している。前掲註(8)三輪論文参照。

(11) 本調査における小川の事績と写真撮影上の技術や表現の特色については、岡塚章子「小川一真の「近畿宝物調査写真」について」(『東京都写真美術館紀要』二、二〇〇〇年)及び東京都写真美術館企画・監修『写された国宝—日本における文化財写真の系譜』(岡塚章子執筆、二〇〇〇年)を参照。

(12) 田良島哲「明治期の博物館における写真の撮影と利用」(『日本写真学会誌』八二-一、二〇一九年)。

(13) 前掲註(11)岡塚『写された国宝—日本における文化財写真の系譜』一四九頁。

(14) 先駆的な業績として熊本県教育委員会『冨重写真所資料調査報告書(熊本県文化財調査報告書 第一八三集)』(一九九八年)がある。最近の研究成果については、久留島典子・高橋則英・山家浩樹 編『文化財としてのガラス乾板 写真が紡ぎなおす歴史像』(二〇一七年)。

(15) 高精細デジタル化の手法と成果の代表的な例としては、東京大学史料編纂所 古写真研究プロジェクト 編『高精細画像で甦る150年前の幕末・明治初期日本 ブルガー&モーザーのガラス原板写真コレクション』(二〇一八年)。

(16) 山口隆介・宮崎幹子「明治時代の興福寺における仏像の移動と現所在地について—興福寺所蔵の古写真をもちいた史料学的研究—」(『MUSEUM』(東京国立博物館研究誌)六七六、二〇一八年)。

近代南都と奈良博覧会

黒岩康博

はじめに

明治年間に開かれた様々な地方博覧会の一つである奈良博覧会については、これまで高橋隆博・山上豊により主に研究が進められてきた。高橋は、明治八・九年（一八七五・七六）の第一・二次大会の陳列品目録を掲載し[1]、政府による文化財（保護）行政の展開と奈良博覧会の成立との関係を明らかにした[2]。山上は、陳列品の目玉であった正倉院宝物が帝室「御物」化する過程で奈良博覧会の果たした役割を分析し[3]、また近年、奈良県行政文書（奈良県立図書情報館所蔵）のうち旧奈良県庁文書を用いて、従来明治二十三年の第一五次大会までとされてきた博覧会の最終開催年次を、同二十七年の第一八次大会に延ばし、翌年開館する帝国奈良博物館とのつながりを指摘した[4]。後者の論文には、同二十年の第一二次大会までの開催期間・観客総数・入場料収入・経費総額ほかを記した「奈良博覧会結社濫觴及沿革概略書」など、重要な県庁文書が翻刻されており、史料的価値も高い。

それでも奈良博覧会は、多くが謎に包まれたイベントであった。意外に思われるかもしれないが、「各社寺の古器旧物が東西廻廊のどちらにおかれていたかわかりかねる[5]」とあるように、古物の展観を特徴とする地方博覧会の中でも、とくに正倉院御物により研究上注目を集めてきたにもかかわらず、基本情報の欠如は甚だしかったと言えよう。そうした状況の中、二〇一四年末に、かつて博覧会事務所が置かれていた東大寺において長持三つ分という厖大な博覧会関係資料が発見された（図1）。「その後の研究がほとんど進んでおらず、新たな史料の掘り起こしを含めて今後の課題[6]」と言われた翌年、突如として豊饒なる史料の海が現出したのである。そして、以前より科研等で同寺において別件の調査に従事していた著者が、その厖大な資料の整理を担当する幸運に与った。この気の遠くなる作業は、まだ緒に就いたところではあるが、それでも初期博覧会の詳細は、少しずつ明らかになって来た。本稿は、その成果として、主として第一・二次大会（明治八・九年）の運営体制・会場設備・物品収集等について、中間報告的に記すものである。貴重な図版を示すとともに、末尾には奈良博覧会社（後述）関係史料も翻刻した。

図1　発見された博覧会資料（栄原永遠男氏撮影）

本文と併せて、奈良博覧会の基礎的研究となれば幸いである。

一　運営体制

明治八年から始まった奈良博覧会の前提として、「沈滞した奈良町を活性化したいという地元有力町民の要求と、社寺や古器旧物の豊富な土地柄を生かすという町田（久成。文部大丞）・蜷川（式胤。文部省出仕）らの思惑とが一致」[7]したという事情が挙げられるが、実際に会を運営したのは、前年八月に設立された奈良博覧会社であった。明治九年頃に成立したと思われる全四十七條の「会社規則」[8]（㊅博、末尾史料）は、そうした前段の事情もよく語ってくれる。

第一條

夫智識ヲ開キ物産ヲ興スハ国益ノ大ナルモノナリ。而シテ其之ヲ行フ道多端ナリト雖トモ、先ツ博物館ヲ以其功ノ大ナルモノトス。故ニ茲ニ稟准ヲ受テ常備ニ大小二会ヲ設ケ、縦ニ古今ノ物品ヲ陳ね横ニ万国ノ産物ヲ列シ、国益ヲ興スノ一助ニ供セント欲ス。且我奈良ノ地タル、晒布ヲ産シ其声誉夙ニ諸州ニ馳ス。然ルニ近来其声誉漸ク衰微ニ属ス。是恐ラクハ其製ノ粗悪ナルニ因ルナラン。今物産ヲ広ク諸州ニ徴シ之カ精粗ヲ比較シ、其衰微ヲ挽回センコトヲ期ス。冀クハ諸彦ノ力ヲ協センコトヲ[9]

およそ諸規則の条文としては相応しくないものかも知れないが、特産品であった晒の粗製濫造により衰微した奈良町（の経済）を挽回するには、「古今ノ物品」を陳列し、「万国ノ産物」の精粗を比較することが肝要、という会社の現状認識がよく分かる文章である。「智識ヲ開キ物産ヲ興ス」ことを大きな目標とする同社に加入するには、一株五〇円以上を出資し（第二條）、入社願書を提出の上「人体取調」を受けて「結約調印」する必要があった（第五條）。「万一有故他国ヘ移住スル」際の退社手続きが規定されている（第九條）ことから鑑みるに、社員は奈良県在住の人間であることを前提としており、「縦令ヒ株金ハ出サストモ、此会ノ旺盛ナランコトヲ謀リ事業ニ従事センコトヲ乞フ者」である周旋人も、奈良町の中から任に就いている（第十二・十五條）。本社は東大寺塔頭龍松院に置かれ（第十七條）、大会の際は大仏殿及び東西廻廊、小会の折は「殿内限」で緒品は陳列された（第二十一條）。大会は毎年二月一日から百日限り、小会は「大会前後二十日限除外毎日開場」と決められている（第二十二條[10]）。

「此会ヲ弥々盛大ニスヘキコト、内外各国ノ動植産物及ヒ新器械珍禽奇獣ヲ蒐集スルコト、会場ヲ修飾スヘキコト、諸掛ノ規則法方ヲ厳密ニシ且諸役員ヲ精選シ諸雇人ヲ淘汰スル等」について話し合うため、社員には月に一度の会議が義務づけられた（第二十條）が、それに参加が可能なのは、当時株主でもあった七一名である（第二十五條。表1）。初代社長植村久道は、「正倉院宝庫鍵預」をつとめる有力町民（般若寺町）であったが[11]、幹事鳥居武平、副幹事中川政七・木口庄次郎・瀬川千次郎も奈良町の商家・実業家であった[12]。社長は「社中諸般ノ事務ヲ総鑑」し、正副幹事は「社中諸般ノ事務ヲ執行フ」庶務・会計・物品・土木・書記掛を分掌した（第二十六・二十七條）。何故か物品掛の職務に関する規定は見られないが、土木掛は「会場ノ営繕諸器械ノ製造等ヲ掌ル。且時々陳列場ヲ見廻リ、其体裁宜シカラサル処ハ陳列方ニ申合セ直ニ修補」（第三十一條）すること、書記は「諸方往復ノ文案ヲ草シ、会場陳列物品ノ付札ヲ書シ、其他会社へ須要ノ記録ナトヲ写シ、又時々会中ノ景況ヲ騰（謄）録シテ之ヲ新聞紙ニ載セ広告」（第三十弐條）することを担当した。

「此社ノ一員ニ加リタル以上、大会中ハ輪番ヲ以テ当直シ社中ノ事務ヲ弁理スヘシ」（第十一條）、「右社中輪番当直スルハ社長正副幹事外ノ者ナリ。社長正副幹事ハ大会中ハ日々出勤シテ其職ヲ取扱フヘシ」（第三十九條）の如く手弁当の博覧会であったため、社員=株主は奈良町と、鹿野園村（表1の28鹿野武一郎）・水門村（29赤井孫作、61森嶋道麻多）・法蓮村（69掛樋善三郎）のように、近郊の村の者が最も多い。有力太物商関甚吉・関藤次郎[13]（36・37）のように、奈良町の社員の多くは商人であろうが、東大寺住職皷坂荐

表1　株主住所姓名一覧

通番	氏名	住所	備考
01	植村久道	大和国第一大区壱小区奈良般若寺町	社長。「但四株」
02	片岸福太郎	同区手貝町	
03	鳥居武平	同区東笹鉾町	幹事
04	細田平三郎	同北御門町	
05	橋井善次郎	同四小区東城戸町	
06	鳥山喜造	同一小区東笹鉾町	
07	松本政次郎	同区般若寺町	
08	平尾喜八	同区手貝町	
09	奥田太平	同区手貝町	
10	萩原喜七郎	同三小区元興寺町	
11	堀池道悦	同一小区今小路町	
12	梶幸三郎	同三小区北室町	
13	中川政七	同四小区元林院町	副幹事。奈良晒
14	木口庄次郎	同二小区毘沙門町	副幹事
15	瀬川千次郎	同三小区中新屋町	副幹事
16	飯田嘉平	同二小区下高畠町	
17	森田藤次郎	同四小区東城戸町	
18	生島文蔵	同二小区中院町	
19	百済兼次郎	同一小区油留木町	鍋・釜
20	梶田文平	同三小区下御門町	刀
21	畑野治平	同一小区油留木町	
22	大倉猶一郎	同二十区柏木村	
23	小山田篤太郎	同二小区不審ヶ辻子町	
24	真田豊緒	同十六小区郡山箕山	上欄外
25	皷坂荐海	同一小区雑司村	東大寺住職
26	片岡安平	同第三大区四小区菅田村	
27	上村芳矩	同第一大区廿小区疋田村	
28	鹿野武一郎	同九小区鹿野園村	
29	赤井孫作	同一小区水門村	
30	辻本源平	同一小区手貝町	蒲団手配
31	樋山宗政	同二小区御所馬場町　寄留	
32	水原規矩治	同二十区横領村	
33	坂本善四郎	同十小区北永井村	
34	喜多六郎	同十一小区白土村	

35	瀬川茂三郎	同四小区角振新屋町	晒・生布
36	関甚吉	同三小区脇戸町	麻・木綿
37	関藤次郎	同三小区下御門町	麻・木綿
38	福井伊市郎	同三小区元興寺町	
39	白居和七	同四小区光明院町	
40	飯村宗七	同四小区光明院町	
41	岸庄吉	同一小区東笹鉾町	
42	小瀬孫作	同四小区東城戸町	
43	白井卯平	同四小区高天町	
44	増田半次郎	同五小区東向中町	
45	島田平三郎	同四小区角振新屋町	
46	中澤佐平	同五小区東向中町	
47	水谷嘉六	同四小区餅飯殿町	筆（あかしや）
48	吉村忠三郎	同一小区今小路町	
49	久保田浅次郎	同一小区東笹鉾町	
50	長澤政盛	同十九小区郡山代官町	
51	深井高義	同十九小区郡山代官町	
52	中尾宗治	同同区大坂口	
53	三澤猶久真	同十六小区大職冠	
54	松村利三郎	同四小区西城戸町	
55	水谷川忠起	同一小区築地之内	旧一乗院門跡
56	服部佐平治	同一小区手貝町	
57	近藤勝清	同十九小区郡山広島	
58	永原平七	同五小区南半田西町	
59	米浪長之助	同五小区中筋町	銘酒。相撲興行
60	廣岡善七	同一小区押上町	かんざし
61	森嶋道麻多	同一小区水門村	
62	芝葛忠	同三小区南袋町	南都楽人
63	井上重太郎	同四小区餅飯殿町　寄留	
64	佐西重三郎	同十一小区美濃庄村	
65	中林喜重郎	同四小区下三條町	
66	永井武平	同四小区油坂地方町	
67	東友秋	同二小区北天満町	南都楽人
68	田原口長昌	同五小区南半田中町	
69	掛樋善三郎	同五小区法蓮村	
70	上野克己	同十九小区小川町	
71	大石多忠	同十九小区堀ノ側	

海（25）、旧一乗院門跡水谷川忠起（55）、南都楽人芝葛忠・東友秋（62・67）のような人物も協力を惜しまなかった。また、隣の城下町郡山及びその周辺や西ノ京の社員（22大倉猶一郎、24真田豊緒、32水原規矩治、50長澤政盛、51深井高義、52中尾宗治、53三澤猶久真、57近藤勝清、64佐西重三郎、70上野克己、71大石多忠）も多く見え、最も遠くでは平群郡北菅田村（現天理市二階堂北菅田町）の戸長片岡安平[14]（26）も名を列ねている。

二　会場のしつらい

前章の運営体制については、先行研究でもいくらかの言及があったが、今回の新出史料により、従来ほとんど不明であった会場の様子もわかってきた。「東西廻廊のどちらにおかれていたかわかりかねる」と言われてきた博覧大会の物品陳列については、営繕方[15]による明治八年三月の「陳列場区割帳」（博）がその詳細を教えてくれる。冒頭に「区別記」と記された該帳によると、「南門」（現在の中門）からスタートして反時計回りに進んで行き、各区はさらに細かく「号」に分けられる。

第一区―南門から東廻廊南東角まで。一～一三号
第二区―東廻廊南東角から同廻廊北東角まで。一～二二号
第三区―東廻廊北東角から大仏殿左脇廻廊東まで。一～九号
第四～一四区―大仏殿内。大仏左足前から反時計回り（図2）
第一五区―大仏殿右脇廻廊。一～九号
第一六区―西廻廊北端から南端まで。一～二二号
第一七区―南廻廊西手。一～一三号

博覧大会後に刊行された物品目録と比べると、区・号の数に齟齬は見られるが、「南門」から反時計回りに東廻廊・大仏殿・西廻廊と一周し、大仏殿内も反時計回りに陳列するという一つのプランが示されていることは、重要であろう。

配置の決定は陳列に向けての第一歩ではあるが、廻廊・大仏殿ともに通常展示を行う場所ではないため、さまざまなしつらいが必要であった。同じく営繕方の自明治八年十月「伺留」(博)によると、東西の廻廊には明かり障子を張り巡らせたようで、障子二八〇枚を般若寺町の谷五市、それらをはめ込む敷鴨居(同一材で敷居と鴨居を兼ねたもの)を中御門町の大工二瀧善八が請け負っている。二瀧は、同年同月「博物館営繕一式書記」(営繕方、博)によると大仏殿内に設けられる監護所(監視人ブース)三つの製作も担当した。図2を見ると、大仏正面の左右には、総延長一八間半の板垣が立てられ、大仏の拝所と陳列場とが区切られたようであるが、恐らくこれも二瀧の施工と思われる。そして、全ての陳列品が収められたとは思い難いが、大中小の硝子ケースも注文され、大(二五箱)・小(五箱)は手貝町奥田藤松・元興寺町玉川きぬ、中(一〇箱)は南魚屋町福瀬市次郎が調整した(図3)。全て檜カマチに杉の白板、蝶番の開き戸という仕様であった。[16] また、どこに掲げられたかは不明だが、棹の長さ一二間、縦六尺・横一丈二尺の「博覧会」と大書した赤い縁取りの旗(「フラフ」)も新調されたようである。[17]

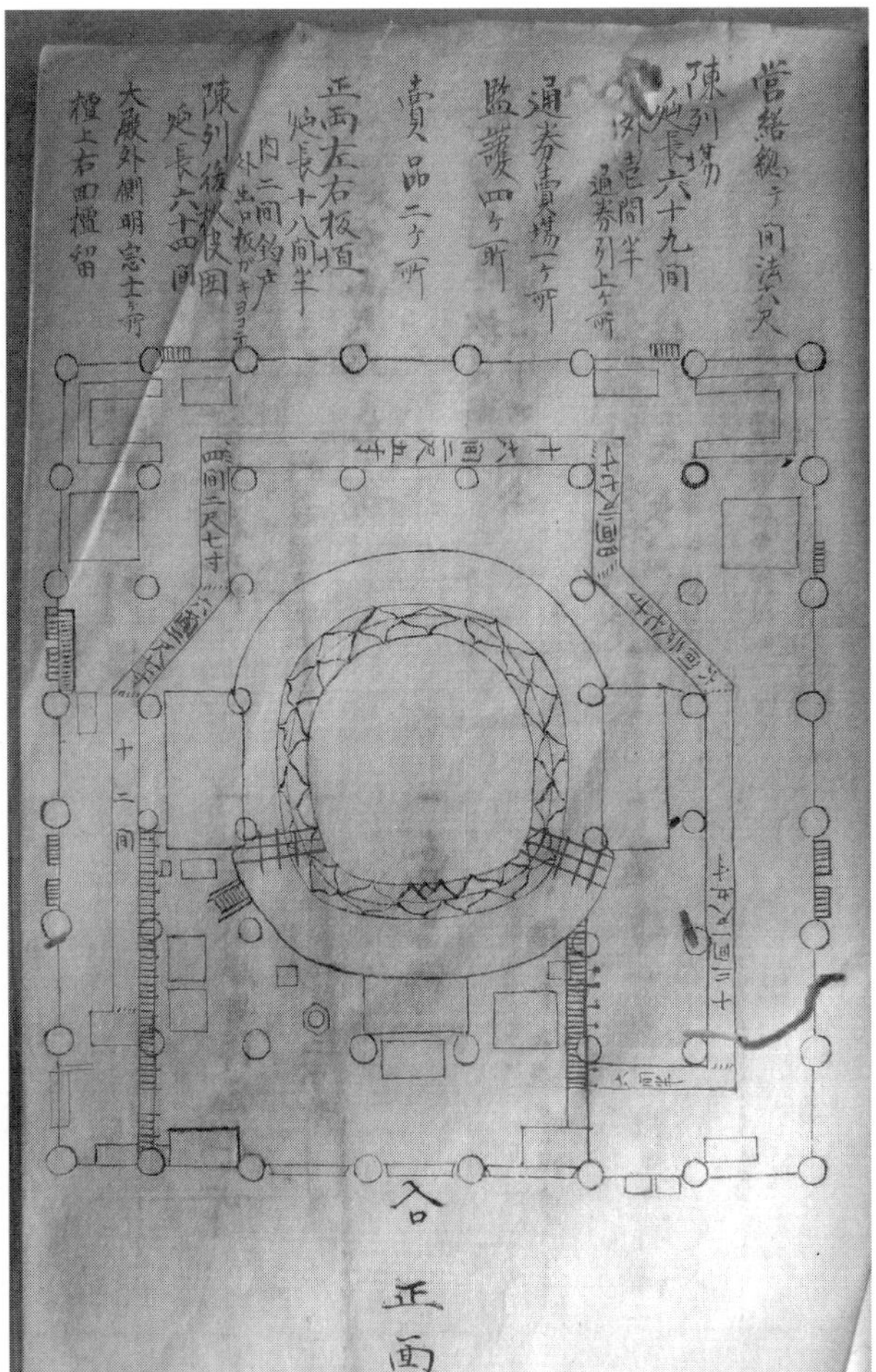

図2　大仏殿内配置図
(明治八年十月「博物館営繕一式書記」営繕方、博)

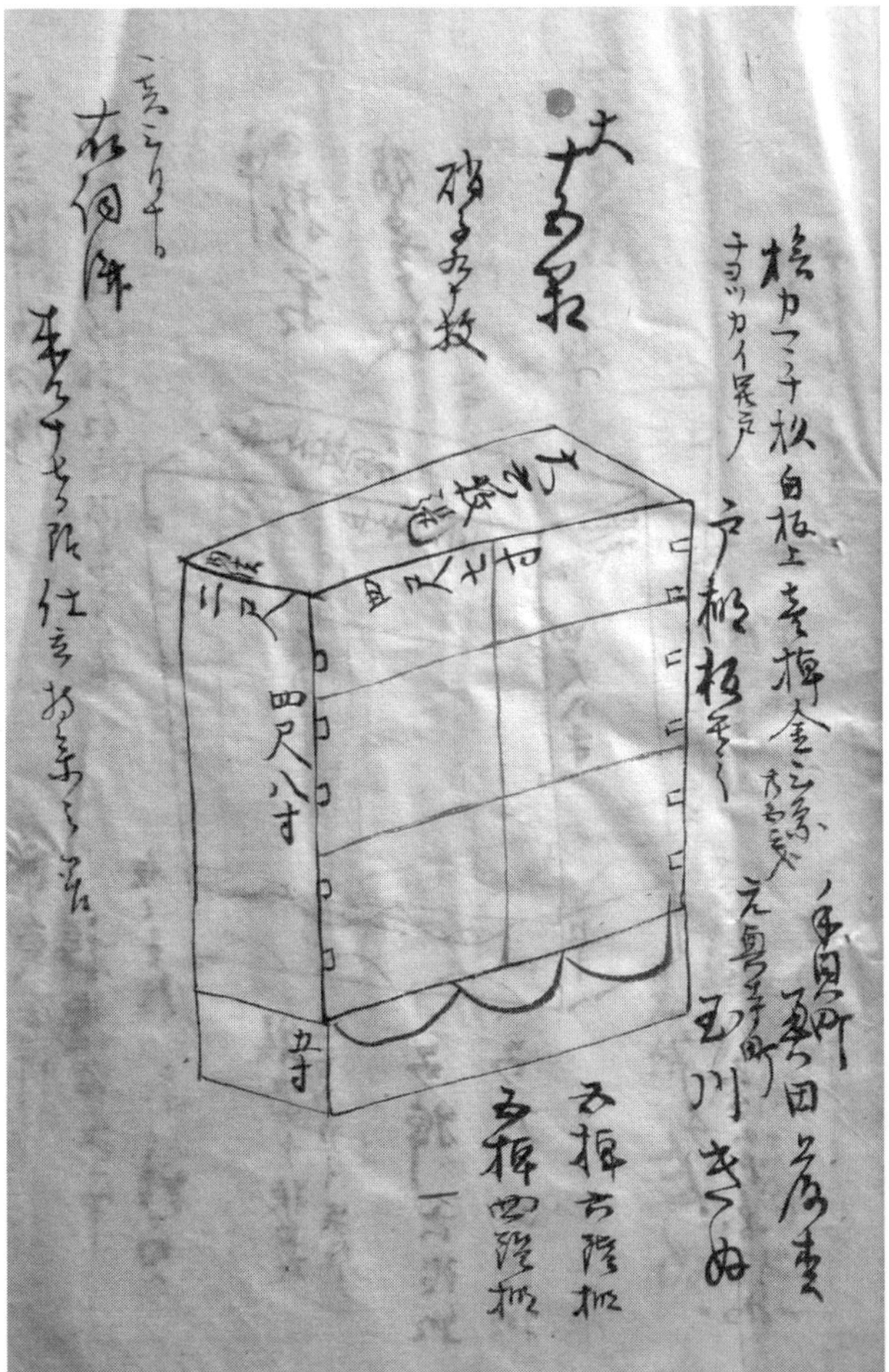

図3　硝子箱(大)図
(明治八年三月「硝子箱仕様帳」博)

三　物品収集の実際

会場が整えられ、宣伝広告のための立て札が、大坂（高麗橋・日本橋）、京都（三条大橋）、大津（札ノ辻）、神戸（湊川辺）、奈良町中（転害門前）の六ヶ所に建てられたならば、[18] 残るはメインの物品収集である。明治九年第二次奈良博覧大会に向けた収集の実際については、冒頭に「毎日局中之事務細大トナク一目瞭然タル様記載致すへき事」と記す博覧会社物品局（「会社規則」では「物品掛」）の明治九年「日誌」[19]（博）が、詳しく教えてくれる。物品局の一年は早く、元旦に奈良県権令藤井千尋ほかへ年賀参りした後、幹事惣代鳥山喜造は物品番号帳（一月四日。以下本文で「日誌」が出典の場合は、月日のみを示す）、幹事鳥居武平は「産物取調」（同五日）に取り掛かっている。このように正月早々から物品局が動きを見せているのは、この後ほどなく、「大会前後二十日限除外毎日開場」（「会社規則」第二十二条）と規定されている博覧小会について、「開場来ル十一日ニ可致旨御沙汰」（同八日）が下ることを察知してのことであろうか。一月八～十一日にかけて、物品が「土蔵」より取り出され、[20] 大仏殿内へ運ばれて位置が決められ、「印札」が付けられて、同十三日に博覧小会は藤井権令・堺県令税所篤の観覧を受けている。

権令・県令を案内した同日、休む間もなく鳥居たちは大会へ向けての物品収集のため出張を始める。先に集められたのは、社員たちも多く住む近場奈良町の工芸物産であった。

産物出品方之義ニ付、縫屋福岡佐七・川上平九郎、糸屋橋本平三・三宅文七、鍛冶職村田又十郎・河合和七、鍋釜百済兼次郎、晒生布嶋《（ママ）》生嶋小三郎・高坂惣七・瀬川茂三郎、大和木綿関藤次郎・関甚吉、製墨松井又三郎、足袋吉村忠平・大橋重次郎、団扇谷三郎、銘酒米浪長之助、夫々え依頼ス（一月十四日）

このうち高坂惣七を例に見てみると、一月三十一日に「晒布仲ヶ間高坂惣七・中川政七両人出頭、出品目録持参」し、翌二月一日に「南魚屋町高坂惣七、橋本町倉田庄平、高天町小山重次郎、鳴川町市野新作、東城戸町吉田直七、都合五軒出品物請取」に掛員が派遣されている。西御門町の奈良人形師岡野松壽のように、出品依頼の記事がなくても、目録を提出（一月二十四日）し、掛員に物品を手渡している（同二十九日）ケースもある。どちらにせよ、奈良町の殖産興業を担う特産品は、提出された目録に従って、一月中旬から二月初旬にかけて粛々と集められていったようである。[21]

そうした特産物の収集と併行して、古物の方も集められ始めた。その幕開けを飾るかのように、西大寺住職佐伯泓澄が「〔興福寺〕南円堂前古銅燈籠扉弐枚」[22]を直接持参（一月二十日）するということがあったが、やはりこちらも「三棟町誕生寺ヨリ出品目録参ル」（同二十三日）「三棟町誕生寺ヨリ出品、午後森田氏を以請取ニ遣ス」（同二十五日）の如く、基本的には目録提出→物品収集という順序で作業が進められた。しかし、古器旧物の方は、進度が捗々しくなかったらしく、二月一八日付で社長植村久道より、「大博覧会開場之義、本年二月一日ヨリ開場可仕段奉願置候処、物品蒐集相成兼候間、右開場延期奉願候」とする「博覧会開場御届」[23]が藤井権令に出されている。開場は結局三月十五日に延期されたが、博覧会社社員の尻を叩いてこうした状況を打開すべく、県博覧会掛であった藪集成が登場する。同掛では稲生真履(24)・大橋長悳の名前も日誌に現れるが、この年物品収集に最も貢献したのは藪であった。

藪は、二月四日の「本日御懸リ藪君長谷寺宝蔵開封御出張ニ付、手塚氏同道ス」を皮切りに、長谷寺の宝物を収集して行く。現地で同寺の出品物を目にした藪は、同日夕方社長へ左の書簡を認める。

長谷寺物品取調掛リ候処、存外多分有之候條、明日明後両日ハ可相掛、其後宇陀郡ヘモ一応可罷出候間、五六日者帰県致間敷候ニ付、生駒宝山寺ヘハ一両日之内余人御指立被下度候。猶帰県致候迄ハ、万事可然御取斗置被下度、此段申入候也（二月七日）

手紙が届いた翌日の八日に「藪様手塚氏」は帰寧し、「長谷寺ニ存外多分物品有之、近々送輸相成旨」を伝える。実際「長谷寺ヨリ物品運送」されたのは十一日で、「上市《村》氏立合之上開封、目録ト引合候処相違無之」ことが確かめられ、「運輸賃金六円」が運送業者に渡された。現品到着前日には、「物品蒐集之件ニ付、藪氏ヨリ大井ニ責ラレ困却なり」（二月十日）という社員の困惑が記されている。

藪の叱責が具体的にどういう点についてなのかは定かではないが、長谷寺以降運送業者を用いた輸送の記事が見られるようになることに鑑みるに、そうした手段を活用しないフットワークの鈍さについてだったのかも知れない。二月十二日の「手塚氏帰社。大方氏・安村氏・阪田清水ノ物品持テ帰ル。運賃手塚ヨリ七拾五銭渡ス」という記事は、運び手の存在を想像させるし、同十九日には「龍田通運会社」が「信貴山什器八品」を持参している。また、大会開場直前の三月十日には、左のように三輪の運送会社が細々とした箱や包みを届ける様子が窺える。運搬点数や品目によるのであろうが、先の長谷寺と比べると、運賃は非常に安価である。

午後三輪通運会社ヨリ第六大区会議所ヨリ（ママ）物品長箱弐ツ、小箱壱ツ、俵包弐ツ、紙包壱ツ、以上六点三輪村平三郎持参ル。夕ちん上越シ五拾銭使之者え相渡。午後三時当通運会社ヨリ第八大区会議所ヨリ之籠包壱ツ、曲物壱ツ以上弐点持参ル。夕ちん拾壱銭相渡ス。

「陳列残品之義ニ付、御掛リ様ヨリ物品局大井ニ責ラレ、法隆寺四天王弐躰陳列ス」（三月二十一日）といったドタバタはまだあるものの、予定の三月十五日、博覧大会は「目出度開観」となった。しかし、物品局の仕事は、まだ終わった訳ではなかった。開会一ヶ月後の四月十四日、既に二月十二日に陳列品を届けている宝山寺の住職駒岡乗空が出品物を持参し、それらが「即刻陳列」される代わりに、「灌頂執行中、玉幡相用度由ニ而依頼被致候付、御掛リ大橋御氏・藪御氏え伺之上相渡」したという。現在の博物館・美術館などで見られる、前期・後期の展示替えのようなことが起こったのであるが、寺社の物品―その中には儀礼に用いられるものも多い―を拝借展示している限り、このような事態はあり得べきことであった。もう一つ展示品が移動するには、「高野山ヨリ出品之内、桃園天皇御物但御緋袴壱 御引直衣壱右二品御掛リ様ヨリ堺県え差送リ可申達シニ付、則本日通運会社え相渡ス」（四月十二日）のように、今の「巡回」（この場合奈良博覧大会→堺県博物場）に近いケースもあり、ここでも運送会社の活躍が見られた。

また、「水谷川家出品之内、後柏原院御震（宸）翰巻軸箱入之儘ニ而東向表具や百竹屋え相渡ス」（五月五日）のように、博覧会への出品を機に修理・修復のため奈良町の職人へと持ち込まれるものもあった。先述した一月八～十一日の蔵出しや、「龍松院ニ有之残品取調」（五月六日）とあるのを見ると、展示品の中には東大寺へと預けたままになる物品もあるようだが、その数も多かったのだろう、管理の点で読んでいる我々が冷や汗をかくシーンも見受けられる。

稲生御氏ヨリ、廣瀬神社ヨリ預リアル東大寺正倉院三倉什物七巻宮司江藤氏幸来館ニ付返却可致旨命ニ付、右品ハ昨年陳列方へ預リ候覚無之候得共、相サガシ候処、東大寺正倉院宝物絵七巻ノ箱中ニ合併シテ入リアリシヲ見当リ候ゆへ、則江藤氏迄差出シ候処、旅宿東向北町半田佐平方へ小使ニ為持遣シ置呉様御申ニ付、即刻並川ニ申入レ小使ニ同所へ為持遣シ候事（五月七日）

物品の管理に関しては、「大橋御氏え官物聖武天皇春講式三巻箱入貸上ケ候」（同七日）「招提寺所蔵東征伝五巻御掛リ稲生公ヨリ借用之旨御依頼ニ付、小遣ニ為持遣シ置候」（同二十六日）と、県博覧会掛の吏員へ貸し出しを行っている点も気に掛かる。大橋は同十日午後、稲生は同二十七日夕方に返却しているが、これらが何を目的とした「借用」だったのかは判然としない。管理面で最も心配なのは火事であったが、五月十四日の市中小火騒ぎでは、戦国期の記憶が呼び覚まされたのか、早々に鎮火したにも拘わらず一同の心痛は甚だしかった。

今宵の会社当直ハ橋井善次郎殿・生嶋久蔵殿ナリシガ、九時頃表ニテ火事ダ火事ダとどよめく声。驚き外とをミれバ熾ンナル火煙移リ狼狽一方ならず。龍松院なる釣鐘ヲ頻リニつかす。市中ニ於テハ大仏出火と騒ギ立ツルニ、会社ノ銘々とるものも取リあへず我レさきニ[redacted]《と》駈付キ来ル。実ニ危ふきコトニテ、西手ハ真言院書画会場なり。北は大仏殿、少シ離レテ衆議所ハ御物模写所なり。追々監護人も駈付キ来ル。夫々え手配リス。堺県令公者真言院門前迄御出張。警保課長青木氏始巡査ハ退出門ヲ堅メ、内務省九等出仕岸光景殿始稲生氏・大橋氏・藪氏ハ東西ニ奔走シテ保護アリ。火消人足ハ五ヶ小区トモ消防器械ヲ中門前ニ立テ列ね、火の粉ヲ防グ為ニ備タリ。十二時頃鎮火一統ニ引取候事（同十六日）

四　さまざまな興行

まだ詳細を詰める必要はあるものの、特産品・古物の収集以降の大まかな流れについては、明治九年の物品局「日誌」によって判明した。しかし、同「日誌」は、正倉院御物を展示したことで他に傑出するという点が強調されがちな奈良博覧会にも、他の地方博覧会と同様の「呼び物」があったことを教えてくれる。それは「附博覧会」[25]という名の余興、つまり娯楽興行である。中でも、最も時間をかけて準備されたのが、「中之川村（現奈良市中ノ川町）ヨリ狼」（一月十九日）以後次々と運び込まれる動物たちであった。同二十四日には「吉野郡ヨリ羊」（二月八日「夕ベヨリ病気ニテ、本日午前十時頃死ス。午後皮ヲ剝肉ヲ埋ム」）がもたらされ、二月七日には「羚羊壱頭買入」がなされている。同二十四日に「西之坂町ヨリ鹿捕六人来リ」て捕らえた大鹿二頭は、さすがに奈良博覧会では見世物にならなかったが、二日後の二十六日に雄鹿は人足四人、雌鹿は人足二人により大坂府博物場へと送られた。その返礼という訳ではあるまいが、三月十九日に大阪から「驢馬雌雄」が到来し、翌二十日には鶴のつがいがやって来た。

それらはどのようにして観覧に供されたのか。営繕方の史料「明治九年　営繕諸入費部分明細書入」（博）には、「驢馬小家」「狼筥」のほか、「動物小家」「鶴遊歩地囲」の見積書が残されており、廻廊・大仏殿内の営繕を多くこなした二瀧善八が中心となって施工しているのが分かる。小屋や箱ならびに遊歩地は、少し先のものだが十一年三月付の「大仏絵図入　開業式灯燈《（ママ）》見込見積書入」（博）

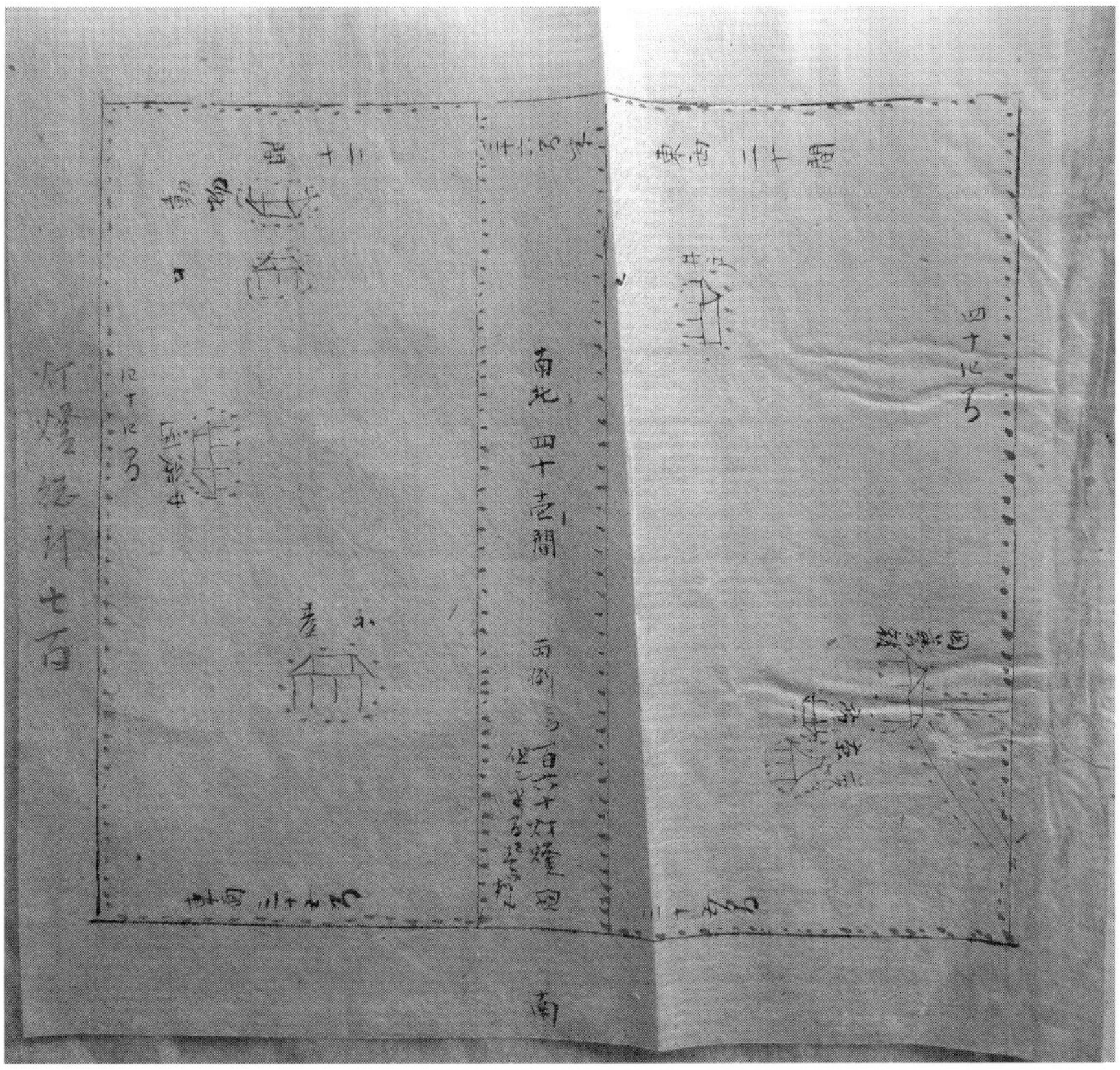

図４　広場の娯楽施設（明治十一年三月「大仏絵図入　開業式灯燈見込見積書入」（博））

の中の一図を見ると、大仏殿・廻廊・南門で囲まれた広場の一角（大仏殿の南西）に設置されたようである（図４）。同図によると、同じ広場には煎茶席や園芸館（仕様書では「盆栽館」[26]）も設けられた（ともに「南門」北東）ようで、中央の参道を挟んで娯楽を享受するためのスペースとなっていた。また、時期ははっきりしないが、餅や寿司を売る屋台のようなものが置かれていた可能性を示す略図も存在する。

狼やロバだけでなく、人間もこの広場でパフォーマンスを繰り広げた。四月十四日には舞楽（振鉾・散手・貴徳・抜頭・落蹲・還城楽・納曾利）、翌十五日には狂言（素袍落・瓜盗人・三人片輪・悪坊・縄ない）が奉納され（狂言は五月二十日にもあり）、五月三日には獅子舞が出ている。四月十八、二十（興行人山之内房）、二十一（興行人米浪長之助）、二十三日には舞さらえの興行があったが、二十三日は「岩井連」による踊りで、花街元林院町の岩井作平は、二月二十三日付で「御用有之候条、即刻東大寺出張先え可罷出もの也」という奈良県博覧会掛藪集成よりの要請（博）をうけていた。五月一日の「杵谷連舞さらえ」、同五日の「郡山舞さらゑ」も、恐らく花柳界と関係の深いものであろう。同二十四日にも「郡山柳町米田せい女舞」があった。

このように、四月下旬から五月にかけて、花街の色合いの濃いイベントが立て続けに催されていくが、それには「本日社長始メ正副幹事御掛リ詰所え被召、今般奈良県ヲ廃シ、堺県え合併御達シ相成候旨、御達シニ相成候事」（四月二十四日）と、実際の布告（同十八日）からほぼ一週間後正式に伝えられた、奈良県の堺県への合併の影響があったと思われる。第一～三・五次大会にのみ出品された正倉院御物が、文化財行政での重要性と同じほど集客力に富んでいるならば、観客はもっと押しかけてもよさそうなものだが、実際は開催期間が百日と博覧大会の中でも最も長期間に及んだにもかかわらず、前年第一次大会（一七万二〇一六人）の半分強である九万三〇〇九人にしかならなかった。博覧会スタッフはその大きな要因を、「堺県へ合併御発令ニ付、殆人気ヲ失フ」（五月三日）と奈良県の廃止にあると考えていたようである。動物以外の娯楽興行、特に四月下旬以降の女性たちの投入は、そうした状況をいくらか挽回させようという意図の下なされたものであろう。実際、五月九日の「元林院手踊り舞初日」は、「舞子地方トモ紫縮面（緬）摺リ込揃衣頗ル美ヲ極ル。看客甚多シ。弐千四百四十八枚」と非常な盛況であった。

おわりに

以上、東大寺所蔵博覧会資料により、草創期奈良博覧会の運営体制及び会場設備から物品収集の流れ、さらには従来注目されて来なかった娯楽興行の様子が明らかとなった。最後に、ここまで簡単にしか触れられなかった博覧小会及び博覧会―博物館の関係について、見通しを示したい。先述したように、奈良博覧小会は、博覧大会の前後二十日を除く毎日大仏殿内でのみ催され、「常備ナルヲ以テ月々ニ獲タル処ノ物品ヲ陳列スルヲ以テ、大会ノ如ク陳列一定ノ法ヲ設ケス」（「会社規則」第二十四條）と規定された常設展示であった。物品局の「日誌」で見たように、明治九年は一月十三日から開かれていたが、規則通りならば大会が始まる三月十五日の二十日前、二月二十三日頃から休止していたと思われる。同年の大会は、奈良県庁文書によると六月二十五日までとなっているが[27]、観客数がこれ以上伸びないと考えられたためか、同九日には最後の興行である相撲も終わり、大仏殿内の正倉院御物は「内務御出張岸殿・御掛リ薮君其外大橋君、会社御物之種類分ヲ以御寄附之新造御長持え納ニ相成」と早々に片付けられ始めている。御物は翌々日までにまとめられ、「東南院始法隆寺其外之物品陳列」（同十一日）して小会が再開された。

この前日十日付の堺県令税所篤宛「当国社寺什器物御貸下ケ願」（博）は、明治七年十月に内務省の許可を受けて始まった奈良博覧会が、同八・九年と奈良県より県内社寺「什器物」や正倉院御物陳列の便宜を受けたことに感謝した後、以下のように続けている。

昨八年六月中旧奈良県より内務省え常備博物館設立之儀御願立御允可相成候ニ付而者、同県より該社へ右常備博物館大小二会取設方兼而被命候ニ付、則大会閉場後引続小会開観仕度候間、当国社寺之什器物従前之儘何卒該社え御貸下ケ置被為下候様奉願候

山上は、明治九年二月二十四日付太政官達第二十号にもとづき、同年三月二十四日に県内の博物館を「寧楽博物館」と称しているが、それは奈良博覧会社のことであろうとしている[28]。しかし、右の願書と「博物館」「寧楽博物館」とはっきり記す「会社規則」より考えると、大小合わせた奈良博覧会を、「常備博物館」同様のものと捉えていることは明らかである。

最も早く（明治四年）開催された地方博覧会である京都博覧会は、同七～十三年まで京都御苑内の京都・仙洞・大宮御所を会場とし、十四年には仙洞御所の南に常設博覧会場が建設され、三十年に帝国

京都博物館が開業しても、同年岡崎に新設された博覧会館に場所を移して続けられた(29)。しかし奈良の場合、奈良博覧会が第一八次（同二十七年）で終わったとして、翌年に開館した帝国奈良博物館へ奈良博覧会社の二つの事業―博覧会開催と宝器の模写―のうち、古器旧物などの美術部門と宝器模写が引き継がれたことも併せて考えると、寧楽博物館→帝国奈良博物館という系譜関係が見えてくる(30)。博覧会の殖産興業的側面については、同三十五年に竣工した奈良県物産陳列所（現奈良国立博物館仏教美術資料研究センター）との関係が気になるが、その点については、物産陳列所側の資料も発掘する必要があるだろう。厖大な新発見資料を用いた奈良博覧会研究は、まだ始まったところであるが、大会よりも長期間開催している小会や附博覧会の重要性―元林院手踊り舞の翌日は「甚閑也」（物品局「日誌」五月十日）という状況に陥った―を明らかにできたことは、大きな一歩であろう。研鑽を続けたい。

【史料】「会社規則」（明治九年ごろ。博）

会社規則

第壱條

夫智識ヲ開キ物産ヲ興スハ国益ノ大ナルモノナリ。而シテ其之ヲ行フ道多端ナリト雖トモ、先ツ博物館ヲ以其功ノ大ナルモノトス。故ニ茲ニ稟准ヲ受テ常備ニ大小二会ヲ設ケ、縦ニ古今ノ物品ヲ陳ね横ニ万国ノ産物ヲ列シ、国益ヲ興スノ一助ニ供セント欲ス。且我奈良ノ地タル、晒布ヲ産シ其声誉夙ニ諸州ニ馳ス。然ルニ近来其声誉漸ク衰微ニ属ス。是恐ラクハ其製ノ粗悪ナルニ因ルナラン。今物産ヲ広ク諸州ニ徴シ之カ精粗ヲ比較シ、其衰微ヲ挽回センコトヲ期ス。冀クハ諸彦ノ力ヲ協センコトヲ

第二條

此会社ニ加入セント欲スル者ハ金五拾円ヲ出スヘシ。五十円ヲ一株ト定メタレハ此金ヲ出ス者ハ会社ノ一員トナルヘシ

第三條

一株ヲ五十円ト定ムト雖トモ一人ニテ数株ノ金ヲ出スモ勝手タルヘシ

第四條

数株ノ資金ヲ出ス者ハ会後ノ益金ハ其割ヲ以テ分配スヘシ

第五條

此社ニ加入セント欲スル者ハ左ノ雛形通願書指出スヘシ

願書雛形

今般常備博物館大小二会御設立ニ付テ、私義入社志願ニ付御差免被下度、尤入社ノ上ハ社則屹度可相守ハ無論ニ候得共、若相違候節ハ如何様御取計相成候共苦情無之候間、前條御差免被下度候也

年月日　住所族

何某印

寧楽博物館宛

右之通願出候者ハ、会社ニ於テ其人体取調ノ上不都合無之者ハ、預メ作リ置キタル入社連名簿ニ年月日幷其住所姓名ヲ誌シ、結約調印致スヘシ

第六條

此株金ヲ出ス者ニハ左式ノ株券ヲ相渡スヘシ

株金雛形

寧楽博物館出金会社何号株　住所族

姓名

此金五十円　（朱印）請取印

右者何年何月何日納

寧楽博物館（朱印）会社印

会社印

此株券売買質入ヲ禁ス。若シ背ク者ハ、其株ヲ没収シ其趣キ詳細記載シ

テ社中へ広告シ、之ヲ会社ニ止メ置ヘシ

第七條

此株券ヲ紛失又ハ盗マル、カノ時ハ、証拠人連名ニテ速ニ会社ニ届出ツヘシ。会社ニテモ尚捜索シ、若四ヶ月ノ間出サル時ハ、改テ株券ヲ与フヘシ

但更ニ株券与ヘタル後万一紛失ノ株券出タリトモ、此ヲ廃物トシ採用セサルナリ

第八條

入社シタル以上ハ猥リニ其株ヲ他人へ譲ルヘカラス。又退社ヲ乞フト雖トモ容易ニ之ヲ許スヘカラス

第九條

万一有故他国へ移住スルカ、又ハ変故ニ逢ヒ分散シテ活計ヲ失フ等ノ事ニテ退社ヲ乞フトキハ、其由社長幹事審カニ相察シ、情実誠ニ不得止時ハ其株ヲ他人ニ譲ラスヘシ。尤モ譲渡ノ時ハ、双方共証拠人ヲ立調印シテ左ノ書付ヲ出スヘシ

第十條

株券譲渡ノ書付雛形

株券譲渡ノ事

一寧楽博物館出金何号株

右者今般何々ニヨリ何ノ誰へ譲渡申候付今般名前御改被下度、然ル上ハ此株ニ付以来決シテ異論申間敷、依テ為後証如件

年月日　　住所族姓名㊞(朱印)

寧楽博物館宛　　住所族姓名㊞(朱印)

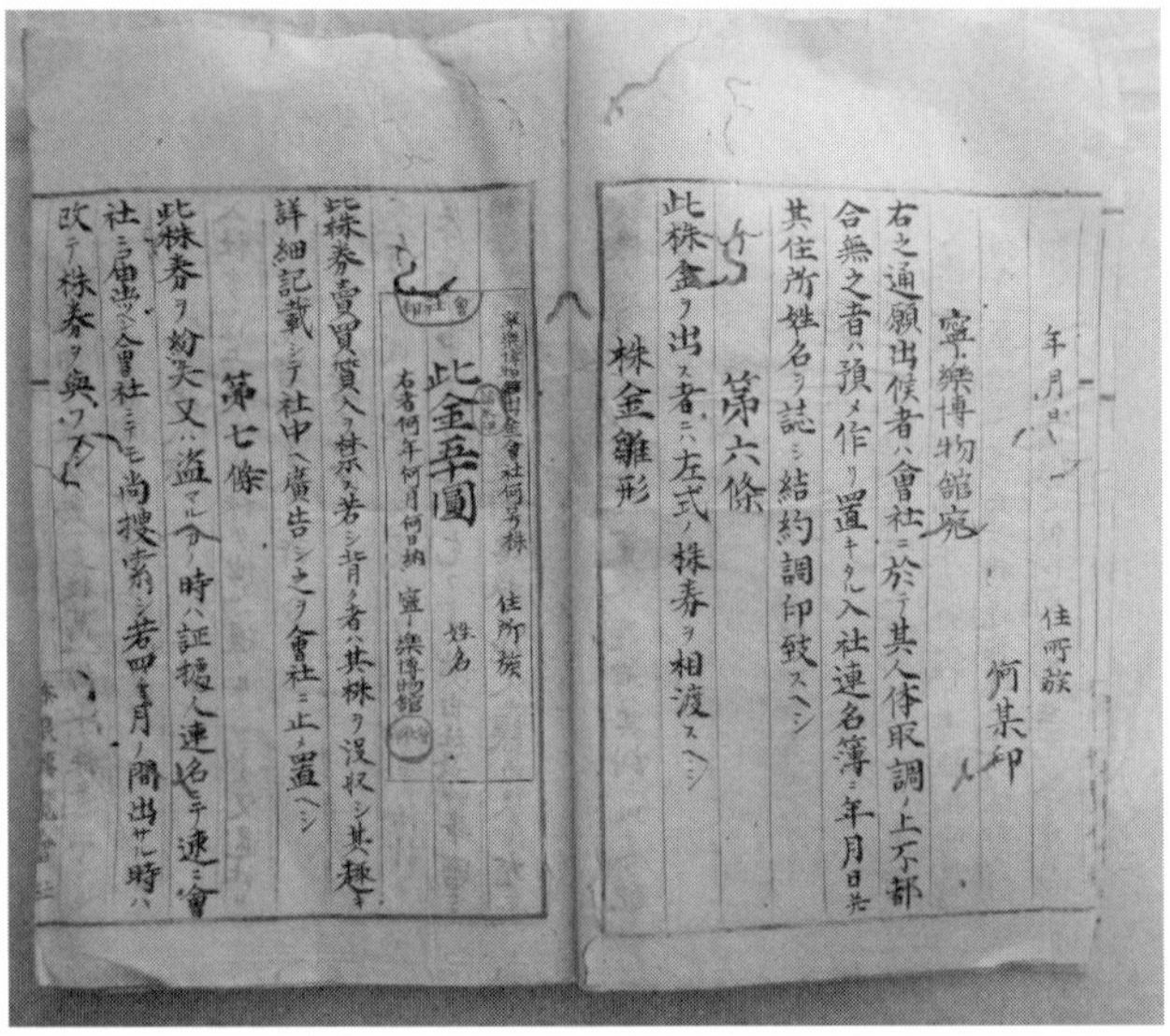
株金雛形

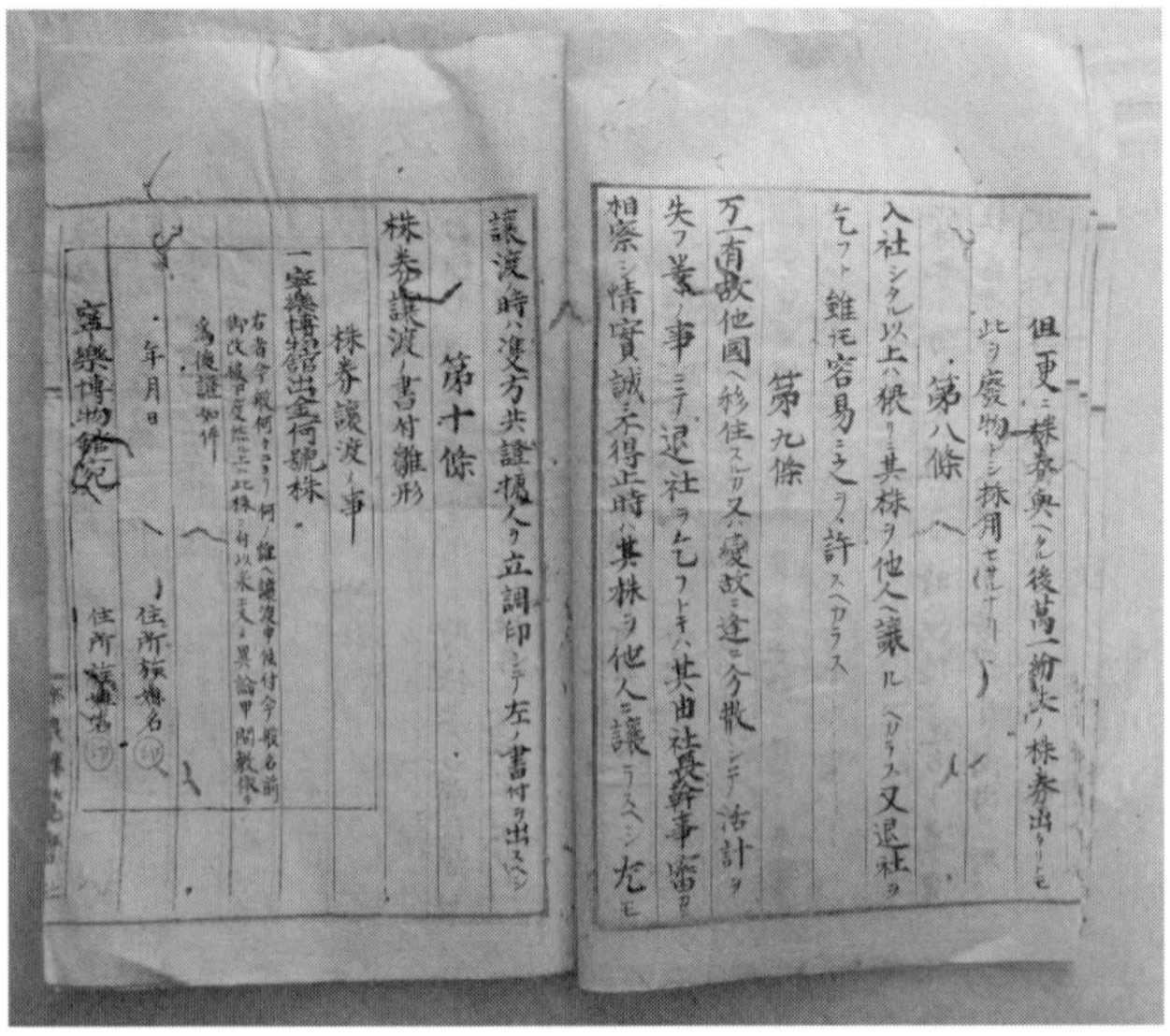
株券譲渡の書付雛形

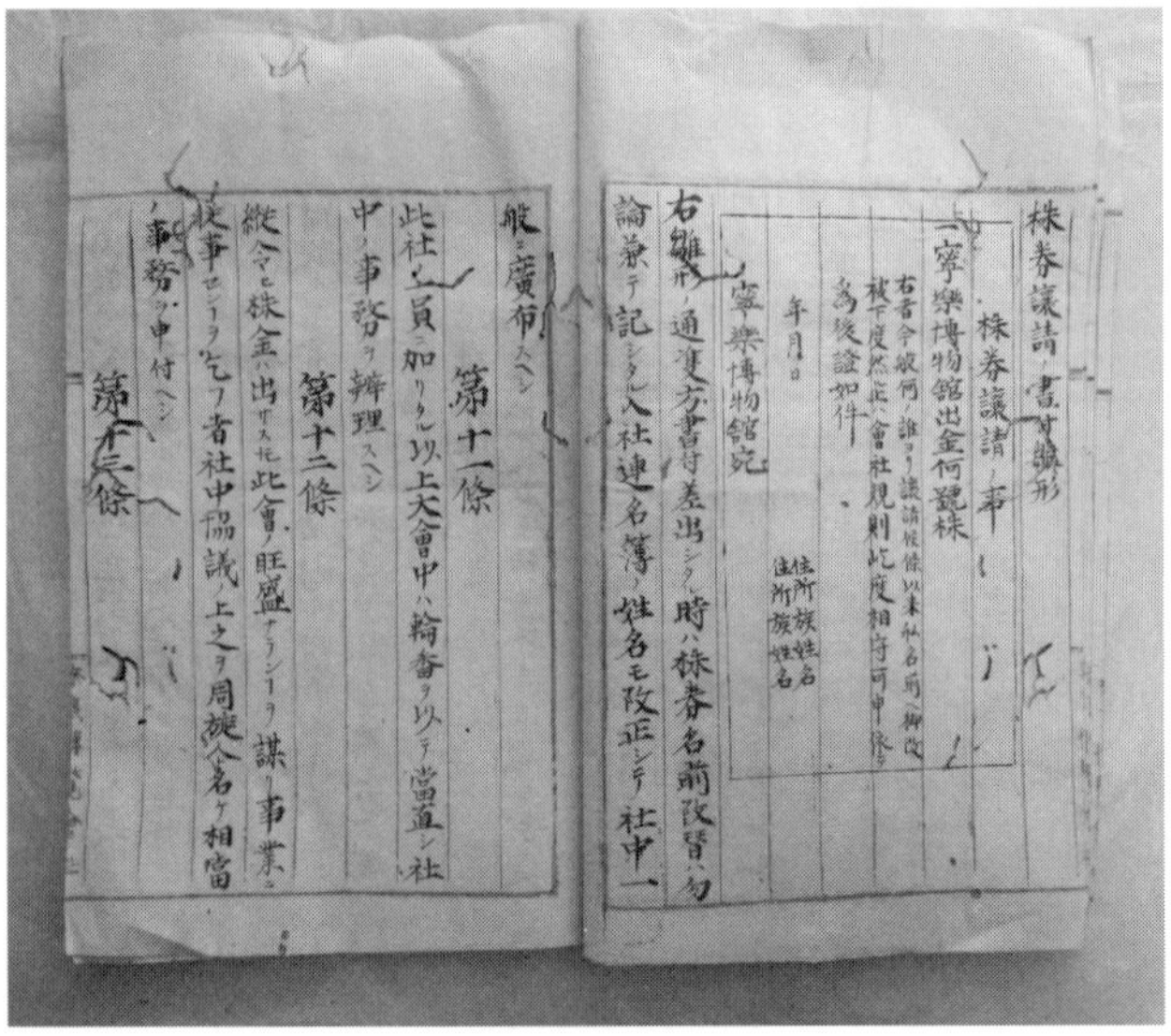
株券譲請の書付雛形

株券譲請ノ書付雛形

> 株券譲請ノ事
> 一寧楽博物館出金何号株
> 右者今般何ノ誰ヨリ譲請候條以来私名前へ御改
> 被下度、然ル上ハ会社規則屹度相守可申、依テ
> 為後証如件
> 年月日　住所族姓名
> 　　　　住所族姓名
> 寧楽博物館宛

右雛形ノ通双方書付差出シタル時ハ、株券名前改替ハ勿論兼テ記シタル入社連名簿ノ姓名モ改正シテ、社中一般ニ広布スヘシ

第十一條

此社ノ一員ニ加リタル以上、大会中ハ輪番ヲ以テ当直シ社中ノ事務ヲ弁理スヘシ

第十二條

縦令ヒ株金ハ出サストモ、此会ノ旺盛ナランコトヲ謀リ事業ニ従事センコトヲ乞フ者、社中協議ノ上之ヲ周旋人ト名ケ、相当ノ事務ヲ申付ヘシ

第十三條

此周旋人ニ加入センコトヲ乞者ハ、如何ナル人ニテモ其ノ志ヲ拒マストモ、事業ニ従事スルヲ以テ其才不才ニヨリ其職務ヲ異スヘシ

第十四條

周旋人タル者ニハ、会後益金ノ内ヨリ相当ノ給料ヲ遣スヘシ。但シ其事務ニ応シテ其給額ヲ殊ニスレハ、予メ一定ノ規則ヲ定メ■社中協議ノ上相当給スヘシ

第十五條

此周旋人ハ出金社中外ノモノニシテ、株券之ナキニヨリ来テ業ニ従事スル者、去テ家ニ就ク者、其進退其志願ニ任スヘシ

即今周旋人住所姓名

大和国第一大区三小区浄言寺町　笹井忠平
同二小区福智院町　林源七郎
同四小区西寺林町　飯田作蔵
同三小区中新屋町　大隅善七
同五小区東向中町　岡喜平
同五小区花芝町　辻伊平
同三小区中新屋町　西村喜平
同三小区高御門町　天野元七
同五小区西御門町　岡田平三郎
同四小区椿井町　生嶋新七
同四小区高天町　小山重次郎

第十六條

此会ヲ開クニハ社中出張シテ事務ヲ取行フノ地ナカル可ラス。故ニ其場ヲ設ケ、此ヲ名テ博物会社ト云

第十七條

東大寺塔頭龍松院ヲ以テ本社ト定メタリ

第十八條

此社ノ目的トスル処ハ工芸物産ヲ盛大ニスル為ナレハ、唯会場ニテ諸品ヲ陳列シテ徒ニ看客ノ歓娯ニ供セス、新器ニハ其質・功用・製法等ヲ記シ、古器異常ノ考証アルモノハ又明細之ヲ記載シ、専ラ看客ノ智識ヲ広メンコトヲ要ス

第十九條

内外各地ヨリ蒐集陳列ノ産物、其最モ裨益アリ且珍異ナルモノハ、兼テ会社ニ設ケタル植物園ニテ之ヲ栽培試験シテ、其功ヲ看客ニ示スヘシ

第二十條

此会年一年ヨリ盛大ナラシメント欲スルニハ、社中会同シテ衆議ヲ起サスンハ非ス。故ニ毎月一回ツヽ、会議ヲナスヘシ。其議スヘキ事件ハ、先

ツ此会ヲ弥々盛大ニスヘキコト、内外各国ノ動植産物及ヒ新器械珍禽奇獣ヲ蒐集スルコト、会場ヲ修飾スヘキコト、諸掛ノ規則法方ヲ厳密ニシ且諸役員ヲ精選シ諸雇人ヲ淘汰スル等、総テ何事ニヨラス此社ニ益アル事ヲ議スヘシ。此会議ハ社長其会長タリト雖トモ、其事ノ決定ハ同意ノ多寡ニ従フヘシ

第二十一條

会場ハ奈良東大寺大仏殿タリ。尤此会大小二会ニ分チ、大会中ハ殿ノ外東西廻廊ヲ陳列場トシ、小会ノ時ハ殿内限トス

第二十二條

大会毎年二月一日ヨリ一百日限リトシ、小会大会前後二十日限除外毎日開場スヘシ

第二十三條

会場大会中ハ分テ五場トシ、一ヲ書画場、一ヲ古器物場、一ヲ産物場、一ヲ新器械場、一ヲ売品場トス。此内又小区ヲ分ツト雖トモ之ヲ識別セス

第二十四條

小会ハ常備ナルヲ以テ月々ニ獲タル処ノ物品ヲ陳列スルヲ以テ、大会ノ如ク陳列一定ノ法ヲ設ケス

第二十五條

一金千円　　　　　昨年博覧会ノ益金

三千六百五十円　　株主出金　但株数七十三（二）一株五十円

此社設立ノ際ニツキ株主未タ七十三（二）名ナレトモ、追々増テ百名ニ至ラシムヘシ

株主住所姓名

〔表1〕（89～90頁参照）

第二十六條

社長　社中諸般ノ事務ヲ総鑑ス　　壱人

幹事　　五人

副幹事　正副幹事ハ第廿八（七）條ノ五掛ヲ分掌ス　十二人

第二十七條

社中諸般ノ事務ヲ執行フニツキ分テ左ノ五掛トス

庶務　会計　物品　土木　書記

第二十八條

庶務ハ県庁ノ諸願伺、他方ノ応接及ヒ諸雇人ノ淘汰、通券ノ出入等社中一般ノ事務ヲ取扱フ

第二十九條

会計ハ毎日ノ出金ト入金トヲ記シ、月末ニ勘定帳ヲ作リ社中ニ開示スヘシ

第三十條

凡ソ物ヲ買入ル、為金ヲ出シ、又ハ雇人ノ給料等ヲ渡時ハ、必ス証トナルヘキ書付ヲ取置ヘシ。万一此証ナキトキハ其掛ノ失タルヘシ

第三十一條

土木ハ会場ノ営繕諸器械ノ製造等ヲ掌ル。且時々陳列場ヲ見廻リ、其体裁宜シカラサル処ハ陳列方ニ申合セ直ニ修補スヘシ。尤非常ノ造営等ニハ社長ニ開申シ、其許可ヲ受テ取行フヘシ

第三十弐條

書記ハ諸方往復ノ文案ヲ草シ、会場陳列物品ノ付札ヲ書シ、其他会社ヘ須要ノ記録ナトヲ写シ、又時々会中ノ景況ヲ騰（謄）録シテ之ヲ新聞紙ニ載セ広告スヘシ

第三十三條

此ノ如ク其掛ヲ分チ、其職ヲ担任スト雖モ擅断ノ権ナシ。大事ハ必ス其見込ヲ社長ニ開申シ、決議ノ上取行フヘシ。尤小事ハ取収タル上ニテ之ヲ社長ニ開申スヘシ

第三十四條

諸掛ニ於テ其局ニ必用ノ品ヲ買ント欲スル時ハ、先ツ書面ヲ以テ之ヲ社

長ニ談シ、其検印ヲ請テ会計掛ヨリ金ヲ請取ヘシ。此検印ナキトキハ会計掛決シテ金ヲ渡スヘカラス

第三十五條

諸掛ニ係ハラス、総テ社中ノ者会社ノ金ヲ私シタルトキハ、其私シタル一倍ノ金ヲ出サシムヘシ。且一人一箇ノタメ会社ノ名ヲカリ私事ヲ行フトキハ、其事ノ大小ニ随テ相当ノ処分アルヘシ

第三十六條

此会ハ人民ノ開智工芸物産ノ振興セン為ニ設ケタレハ、社中ノ勤惰ハ人智ノ開否ニ関スレハ、社中一人一家ノ事ノ如ク勉励シテ其業ヲ取扱フヘシ

第三十七條

大会開場中日々ノ事業ハ、諸掛ノ者各其担当ノ事ヲ速ニ弁理スヘシ

第三十八條

諸掛ノ外ハ都テ当直ヲ定メ、夫々ノ事務ヲ申付ヘシ。但当直ノ節ハ、予メ当直名簿ヲ相廻ニヨリ此ニ押印スヘシ。押印シタル後若シ出勤セス、或ハ其刻限ニ違フ等ノ者ハ相当ノ所分アルヘシ。尤疾病等不得止時ハ其趣書面ヲ以可届出ナリ

第三十九條

右社中輪番当直スルハ社長正副幹事外ノ者ナリ。社長正副幹事ハ大会中ハ日々出勤シテ其職ヲ取扱フヘシ

第四十條

小会ハ社長毎日出勤シテ社中ノ事務ヲ総鑑スヘシ

第四十一條

正副幹事ハ二人ツヽ、輪番当直シテ事務ヲ執行フヘシ

第四十二條

此幹事ハ輪番トハ雖モ、大事件起タル時ハ其事ノ決スル迄ハ、其幹事之ヲ担任シテ執行フヘシ。其他ノ小事ハ社長ニ談シ、其翌日ノ当直ニ相渡スヘシ

第四十三條

毎日起タル事件ハ日誌ヲ作リ審カニ記載シ置ヘシ

第四十四條

毎日通券売揚金ハ月末コトニ之ヲ精算シ、勘定帳ニ記載シテ社中一般ニ開示スヘシ

第四十五條

此小会ハ事務僅少ナルヲ以テ大会ノ如ク諸掛ヲ設ケス、当直ノ幹事総テ其日ノ事ヲ担任スヘシ

第四十六條

大小会ニ係ラス会場ノ益金ハ総テ株主ニ分配スト雖トモ、其内十分ノ三ヲ引除キ、其一分ハ之ヲ予備金トシ会社非常ノ冗費ニ充テ、其一分ハ新古物品買入金トシ漸々物品購求増加シ、其一ハ会社ノ資本金ニ積置ヘシ

第四十七條

益金ナルモノハ、通券売揚高ニテ会中諸般ノ入費ヲ弁償シ、弥々余リタル金ヲ云ナリ

（くろいわ　やすひろ・天理大学）

註

（1）高橋隆博「明治八・九年の「奈良博覧会」陳列目録について」上・下『史泉』第五六・五七号、一九八一年十一・十二月。

（2）高橋隆博「「奈良博覧会」について―明治初期の文化財保護の動向と関連して―」『月刊文化財』第二一七号、一九八一年十月。

（3）山上豊「正倉院御物と奈良博覧会―とくに明治一〇年代の動向を中心に―」『歴史評論』第五七三号、一九九八年。

（4）山上豊「近代奈良の観光と奈良博覧大会―奈良県行政文書等を通して―」『奈良県立大学研究季報』第二三巻第四号、二〇一三年三月。

（5）前掲註（4）、六八頁。

（6）前掲註（4）、五六頁。

（7）前掲註（4）、六〇頁。

（8）以下、出典が東大寺所蔵の奈良博覧会関係資料の場合、㊙と表記する。

また、この規則と同類のものは、前掲註(4)でも県庁文書から翻刻されているが、そちらとは文言・条数や構成が大きく異なる。

(9) 本稿で引用する史料には、適宜句読点や傍線を付し、合字はかな等に開いた。以下も同様。

(10) ここから分かるように、奈良博覧会には短期イベント的な大会と、常設的な小会があった（小会については後に詳述）。先行研究では、大会＝奈良博覧会としているものが多かったが、本稿では必要に応じ大会・小会の別を明記するものとする。前掲註(4)によると、実際の大会は三月一日から九十日弱催される年が多かったようである（六五頁）。

(11) 前掲註(4)、六二頁。

(12) 山上が県庁文書と藤田文庫の「明治八年創立奈良博覧会」（奈良県立図書情報館所蔵）から作成した「奈良博覧会役員」の面々とは大いに異なり、「役員」一一名のうち株主一覧に名前があるのは、植村・鳥居のほか、萩原喜七郎（元興寺町）・森田藤次郎（東城戸町）・服部佐平（「会社規則」では「佐平治」。手貝町）の三名である（前掲註(4)、六二頁）。

(13) 明治後半に奈良市会議員・参事会員をつとめた依水園主人関藤次郎は、元治元年（一八六四）生まれであるので、この「藤次郎」は先代の関藤右衛門のことと思われる（『大和百年の歩み』社会・人物編、大和タイムス社、一九七二年、六四四〜六四六頁）。

(14) 天理大学文学部歴史文化学科歴史学専攻編『天理市北菅田町古文書調査報告書』同、二〇一七年。

(15) 「会社規則」に規定されてはいないが、土木掛の下位部局と思われる。

(16) 大は一棹三円二五銭で硝子を九〇枚使用し、中は一円・六〇枚、小は三円・三〇枚となっている（明治八年三月「硝子箱仕様帳」(博)）。

(17) 棹は「中教院ヨリ譲リ受可申筈」（自明治八年一月九日至六月六日「伺綴込」営繕方、(博)）とある。中教院は、政府が大教宣布のため各府県に置いた施設だが、当時東大寺は奈良県の浄土宗中教院と定められていた（谷川穣氏のご教示による）。

(18) 自明治八年一月九日至六月六日「伺綴込」（営繕方、(博)）。どのような文言が記されたかは今のところ不明。

(19) 無記名であるが、日誌中「鳥居」と敬称を略して登場する箇所が多いので、幹事の鳥居武平の手になる部分が多いと思われる。

(20) 高橋は、明治八・九年の博覧大会の出品目録にかなりの重複が見られることから、「重複のうちには、前会の終了後もそのまま会場にとどまり、奈良博覧会社の預り品となり、大仏殿内の「常備博覧小会」に陳列された物も相当数含まれると考えられる」としている（前掲註(1)上、八四頁）。

(21) 明治九年「売品陳列帳」(博)によると、主な出品物として、薬種・膠・昆布・砂糖・素麺・松煙（墨）・水引・琴・三味線・鬘付・糸類・足袋・茶類・巻筆・タバコ・鍋・傘・荒物・石炭・本類などが挙がっている。「銀造文明刀　上品　壱本　三円」（梶田文平）、「鹿巻込カンザシ各種」（廣岡善七）など社員による出品があったほか、「川蒸気仕掛ケ新工綿繰器械　壱　一七円」（東笹鉾町瀬戸越太）と非常に高価な機械類も少数だが見られた。

(22) 同品は、明治九年の物品目録第一四号に「南円堂扉　元興福寺所蔵」として掲載されている。

(23) 〔明治九年　第二次奈良博覧大会関係諸届綴〕(博)。この届の日付や、前述した博覧小会と大会の開場日との関係からすると、二月一日から大会を開催する気が本当にあったのか、甚だ疑問である。

(24) 前掲註(4)では、前出の藤田文庫「明治八年創立奈良博覧会」を用いて、奈良博覧会社の「役員」としている（六二頁）。

(25) 附博覧会の重要性については、塩原佳典『名望家と〈開化〉の時代―地域秩序の再編と学校教育―』（京都大学学術出版会、二〇一四年）の一七〇〜一七四頁を参照。

(26) 「明治九年　営繕諸入費部分明細書入」（営繕方、(博)）中の見積書では「栽培園」となっている。

(27) 前掲註(4)、七八頁。

(28) 前掲註(3)、三三頁。同達には、「自今内務省所轄ノ博物館ノミ単ニ博物館ト称シ、其他各庁ニ於テ設置ノ分ハ地名又ハ他ノ文字ヲ加ヘ何博物館ト称スヘク此旨相達候事」とあり、「寧楽博物館」の名はこの命令をうけてのことであろう。

(29) 丸山宏「明治初期の京都博覧会」吉田光邦編『万国博覧会の研究』思文閣出版、一九八六年、二四五頁。

(30) 前掲註(4)、七〇頁。

近世近代移行期の東大寺
――組織の変遷を中心に――

坂東俊彦

はじめに

東大寺の近世史は、近年、徐々に明らかになりつつあるものの、公慶上人、公盛上人を中心としたいわゆる東大寺江戸復興期の一時期を除いてはその研究は進んでいるとはいえない。ましては近世近代の転換期やそれ以降の東大寺については通史的な書籍類が数点あるのみで、具体相を表す史料についても調査、整理、目録作成の途上であり、各文書の内容把握、検討までは至っているとはいえない(1)。

ところで『明治維新神仏分離史料』中の「東大寺に於ける神仏分離」の項で当時、東大寺勧学院の講師で執筆にあった大屋徳城氏は、神仏分離の第一は鎮守八幡宮と東大寺との分離であり、廃仏毀釈は聖武天皇御陵の末寺眉間寺の撤廃であり、王政維新の趨勢として新たに起きた事項としては境内東照宮の廃止と本願聖武天皇の奉祀、さらに境内子院の廃合であるとして、正倉院との関係断絶などもあるとしている。ただ、大屋氏が執筆当時（大正二～九年（一九一三～二〇）頃）の状況として東大寺の記録文書の保存が少ないか史料探訪が遍くおこなえず、十分に史料が入手できない状況で、委細を叙述するには至らず、僅かに確認できる史料で大体の叙述をしたと述べている(2)。

そこで本稿では大屋氏が執筆した当時よりは多少なりとも史料調査は進展していることを鑑み、大屋氏がいくつか挙げた指摘について、整理されつつある史料を利用して再検証し、近世近代移行期の東大寺の状況を概観し、東大寺の近代史研究の端緒とすることを目的とする。具体的には境内子院、塔頭の整理、八幡宮との関係、そして正倉院の関係についてみていくこととする。

一　近世東大寺の組織

まず大屋氏が維新の趨勢の一つとして挙げた境内子院の廃合をみていくにあたり、近世東大寺の組織をみていこう。

近世東大寺の組織の具体的状況については、まとまった記録や文書類が少ないため未だに全貌はつかめきれないが、東大寺から奈良奉行所に提出した「知行書上」、あるいは老中などの幕府役人が近畿や奈良を巡見する際に提出した東大寺の由緒書などに散見される[3]。

近世において、東大寺のトップである別当はその多くが京都の摂家門跡の寺院との兼帯で、別当が未補任であった時期も存在する[4]。普段は京都に在住し、大仏修復後の開眼供養会や諸堂の修理後の法要など大きな「行事」がおこなわれる際には来寧し、数日間滞在した後に帰京する[5]。別当の配下には近習である坊官（坊官家）がおり、奈良（東大寺）との諸連絡を担っていた[6]。

奈良の地においては別当（坊官家）との連絡役として出世後見が寺内僧侶より二名が撰ばれてその任にあたっている。

東大寺内の日々の実務運営については、中世と同様に年預所が組織され、それが代表して当たっていた。年預所は学侶方僧侶から選ばれた代表者である年預五師一名と役者（役人）六名で構成され、二月二十五日から翌年二月二十五日の一年間が任期の年番制となっている。

他には各宗講問や修正会、修二会などの仏事、法要単位や官家方、修理方、周防国国衙領を管轄する西国沙汰所といった特定の事柄といった各納所が組織されており、それぞれ代表者（〇〇年預と呼ばれる場合もある）や数名の役者（役人）が存在していたことが、それぞれの記録表紙から判明する。なお一部の納所では年預所役人がその職務を兼務していた[7]。

次に僧侶集団の組織をみていく。大きくわけて学侶方、両堂（堂衆）方[8]、勅願所を由来とする（律院方）三箇院（戒壇院、新禅院、知足院）の三つの集団にわかれていた。これら子院はいわゆる東大寺惣寺に含まれ、幕府から発給される朱印状の朱印高二千石余からの配分を受けていた。これら三つの集団に加え、東大寺惣寺の朱印状とは別に観音院と真言院は個別に幕府から朱印状が発給されており二院として東大寺から半分独立したかたちで存在していた。真言院は大和国の中で寛文年間に定められた「和州新知三十三箇寺」のうち「律宗方十三箇寺」に属する寺院として先の三十三箇寺に一括して与えられた朱印地（主に法華寺村及び肘塚村に分布していた）から割り当てられた百石を、観音院は般若寺村にある朱印地の三十石を受け取っていた。なお真言院は正保四年（一六四七）十二月に後継者がなく断絶危機の状況になり、院主を戒壇院長老（院主）が兼帯した。その後真言院と関わりの深い新禅院も含め戒壇院の末寺に真言院、新禅院が列するかたちをとり、三院のいずれかに後継者がいない場合はそれぞれ兼帯をすることになっていたようである[9]。

その他、別当の補佐、正倉院の管理を主な職掌とする半僧半俗の薬師院、正法院や神職の神人方（大宮、若宮）の集団、大仏殿の再建やその後の営繕を担った勧進職（大勧進職　勧進所（勧化所）、後に龍松院号）があった[10]。さらに公人、承仕、小綱といった諸役人が各組織に所属していた。

また東大寺境内に含まれて存在する雑司、油倉、水門、（北）野田の四ヶ村も年預所の支配下にあり、村内での行倒人や死鹿の届出、幕府役人巡見などの際の掃除の達書といった村々に直接関わる事項も庄屋、年寄は年預所（年預五師、役者）を介して奉行所とやりとりしていた。

次に具体的な子院の数や僧侶の人数などをみていこう。延宝六年の「東大寺知行書上」（一〇四―八五三）中には「御門跡者東南院御門跡御一人ニ而御座候但摂家御門跡ニ而候」、「院家者尊勝院普門院西室院三人ニ而御座候」、「学侶寺数拾六院」、「堂方寺数九院」、「新禅院戒旦院知足院者律宗ニ而御座候」との文言がみえる。門跡、院家、学侶、両堂（堂方）、律院をすべて合わせると三十二院となる。これに個別に朱印状を発給されている真言院、観音院を合わせると三十四院となる。

　また僧侶の数は「学侶僧数弐拾人」、「堂方僧数拾四人」とある。他に小綱二人、承仕二人、公人（仕丁）十四人とあり、二月堂役人として二月堂三役が三人であると書かれている。さらに八幡宮の禰宜が大宮、若宮合わせて二十人と書かれている。

　東大寺の子院数については、その後近世を通じてあまり変化はなかったようで、寛延三年（一七五〇）二月に老中の本多伯耆守が奈良へ巡見した際の記録綴(11)に子院の数について奈良奉行所与力からの問い合わせに答えた書付に次のようにある。

　東大寺之院書付

　　東南院殿

　　　学侶

見性院　尊光院　惣持院　北林院
上生院　大喜院　清凉院　金蔵院
観音院　深井坊　妙厳院　四聖坊
宝厳院　金珠院　地蔵院　蓮乗院
成福院

　　　堂方

龍蔵院　自性院　上之坊　法住院
文殊院　持宝院　宝珠院　仏生院

　　　律院

戒壇院　新禅院　知足院

　右之通ニ御座候

　これによると無住、現住は別として兼帯の門跡（勧修寺宮寛宝）である東南院と学侶方十七院、両堂（堂衆）方八院、律院方三院の合計二十九院となっている。他に個別に朱印状を受けていた二院は観音院が学侶方の院として書上げられはいるものの真言院の名はない。おそらくは無住で戒壇院が兼帯していたため書き上げられていないと思われる。また両堂方の一院である中性院の名がないが、この書付の直前に書写されている同年二月朔日付で奉行所へ提出した「口上覚」に元興寺惣代の肩書きを持つ院として名がみえ、当時、東大寺の子院として現住していたと考えられる(12)。先の二十九院に無住とみられる真言院と東大寺外の役を兼帯していた中性院、勧進職の龍松院を加えるとその数は三十二院となる。

　この書付からあまり時を経ていない、宝暦十一年（一七六一）二月三日附の「御老中井上河内守殿巡見之記」（一四一―六六二）には個別院号はなく合計数だけであるが、学侶方十七院、堂衆方九院の合計二十六院であり、他に真言院が別に朱印をもらっている院であると記している。なお学侶十七院のうち四院は無住である旨の但し書きがある。また言及はされていないものの、三箇院や勧進職（龍松院）は現住しているとみるのが妥当であろう。

　さて現在調査が進行中の新修文書中には明治初年の史料も多少含まれており、東大寺で作成し、奈良県へ提出した明治三年四月の「宗旨人別帳（控）」（新修三九函八一号）も確認出来る。近世との比較のために子院名や住職（徒弟）名を挙げると次のようになる。

（便宜上、掲載順に丸囲い数字を付け、学侶方、両堂方別にも番号も付けた）

院名	僧名	待遇	所属
①四聖坊	荐海	紫磨金院兼住	学侶①
②紫磨金院	荐海	四聖坊兼住	学侶②[13]
③地蔵院	永定	四聖坊寓居	学侶③
④妙厳院	晋海	四聖坊寓居	学侶④
⑤清涼院	英豪	四聖坊寓居	学侶⑤
⑥上生院	英樹	清涼院寓居	学侶⑥
⑦蓮乗院	英昭	清涼院寓居	学侶⑦
⑧深井坊	永澄	惣持院寓居	学侶⑧
⑨惣持院	晋圓		学侶⑨
⑩宝厳院	恒丸	惣持院寓居	学侶⑩
⑪龍松院	公延	院代放光院増融	勧進職
⑫金珠院	公賢	龍松院寓居	学侶⑪
⑬大喜院	和麿	龍松院寓居	学侶⑫
⑭見性院	永晋	大喜院寓居	学侶⑬
⑮正観院	公憲		学侶⑭
⑯華厳院	英懐	北林院寓居	学侶⑮
⑰尊光院	懐圓	北林院寓居	学侶⑯
⑱北林院	成薫		学侶⑰
⑲宝珠院	堯恭		両堂①
⑳中性院	量海	宝珠院寓居	両堂②
㉑自性院	定海	宝珠院寓居	両堂③
㉒仏性院	籌丸	宝珠院寓居	両堂④
㉓持宝院	完海		両堂⑤
㉔文殊院	栄昌	持宝院寓居	両堂⑥
㉕龍蔵院	弘薦		両堂⑦
㉖法住院	弘龍	龍蔵院寓居	両堂⑧
㉗上之坊	栄貫		両堂⑨
㉘戒壇院	光明台院慧訓（兼住）		律院①
㉙新禅院	浄雲		律院②
㉚知足院	深英		律院③
㉛空海寺	無住（永福寺兼帯）		境内寺院①
㉜神宮寺			境内寺院②寺跡のみ
㉝心王院			境内寺院③寺跡のみ
㉞放光院	増融		境内寺院④龍松院附属
㉟無量院	智浄（尼）		境内寺院⑤
㊱薬師院	実延		執行職
㊲正法院	実猷		執行職
㊳新薬師寺	大之（東大寺別院　喜多坊[14]）		
㊴観音院	英奥		
㊵真言院	弘澄		

近世以前の旧境内地に含まれる空海寺や執行（三綱）職も書上げられているものの学侶方十七院（四聖坊と四聖坊から名跡変更の紫摩金院両院を含む）、両堂方九院、律院の三院、個別の朱印状を発給されていた二院、勧進職一院の合計三十二院と、明治初年も近世とほぼ変わりない構成であったことがわかる。帳面巻末には僧侶が僧侶三十三人、尼僧五人、東大寺公人、勧進所役人、使用人なども含めた人数が、男百十三人、女六十四人で、合計二百十五人である

と書かれている。この人数に真言院（僧二人、男一人）と観音院（僧一人、男一人）の人数を加えると二百二十人となる。この数字が当時の東大寺内の人数とみることができるであろう。

なお、その後の寺内の人数に言及した事例は、明治五年（一八七二）二月に施行された戸籍法に基づいて東大寺執事・高圓《円》英懐から地区の戸長に提出された書面（明治六年二月十七日付の写）と〃定則〃によって同じく高圓《円》英懐から副戸長に提出した書面（同年二月十九日付の写）が確認出来る。これらはいずれも男性のみの人数しか書き上げておらず、男女を合わせた東大寺内の総数は不明であるが、二月が男三十人、十二月が東大寺僧侶中、男は二十八人であると届け出をしている[15]。

近世から明治初年までの東大寺内の組織、規模についてみてきた。大仏修復、大仏殿再建の元禄・宝永期に勧進職とその組織が増えた[16]時期以外は大きな変化はなく、学侶方や両堂方、三箇院、惣寺から半独立の二院合わせて三十二院前後であり、半僧半俗の寺役人を除く僧侶は三十人ほどであったと考えられる。

二　近代移行期における東大寺境内子院の廃合

次に大屋徳城氏が挙げた子院の廃合について、まず当時「大仏殿大勧進職事件」と呼ばれ、随心院門跡からの下知や奈良県の裁定にまでに発展した大勧進職の廃止に関することについて触れておこう[17]。

明治になり国では寺社制度の改革が進められた。それにともなう大勧進職の職号廃止政策は東大寺に限ったことではなく、他の寺社勧進職と同様に廃止対象となっていたのである。ただ当事者の龍松院は明治元年（一八六八）五月頃より、「当寺（東大寺）大勧進職ノ儀ハ拙院遮テ歎願奉リ候ニハコレナク」、聖武天皇が草創の砌に「御聖慮掛ケナサレ、勅詔ヲ蒙リ候テ、当今マデ大勧進職号ヲ建置キナサレ」たもので、他の諸寺の勧進の職号とは一線を画すものであり、永禄の被災後、公慶上人による大仏殿再建以降、勧進による寄付金の扱いも含めた営繕などのことは当龍松院の専権事項であると大仏殿大勧進職の存続を主張し続けていた。

この主張を受けて明治三年四月九日には奈良県より龍松院と東大寺双方に対し達書がもたらされている。奈良県から東京に伺い立てしたところ、龍松院に対しては①大勧進職は廃止し、これまで数回の存続の願いは沙汰に及ばない②これまで無禄であったがつながりのある金珠院の禄高六十九石余を相続すること[18]。東大寺に対しては、①大勧進職は廃止するので大仏殿の営繕などは今後、東大寺がその寺禄（旧幕府朱印地）二千石の内からおこなうこと、②一山衆議の上、修理営繕の見込書を県に提出することを申し渡されている。

県からの申し渡しにより山内で話し合いがもたれたが、意見集約が出来なかったようで、六月には随心院門跡に各院の意見書を添えて下知を願い出ている[19]。八月に随心院門跡から、意見もいろいろあるが県からの達書の趣意を守り一山惑乱ないようにとの下知があった。ただこれでも山内は「議論沸騰、容易ニ治定シ難キ形勢ニ在」ったようで、奈良県も先の達書にある修理営繕の見込書が一向に提出されないことからか「大仏殿幷ニ諸堂坊舎ニ至ル迄、悉皆一先県庁へ預リ置」き、寺務改革案を示すよう通達している。

明治五年十月になり奈良県は、教部省と協議の上①山内三派（学侶、両堂、律院）は合一し、八宗兼学を宗旨とすること②寺内は四聖坊他三十院とし寺格の違いはないこととする③大仏殿勧進職の職名はすでに明治三年四月に廃止されているので大仏殿は東大寺一山が管理すること。龍松院は山内の一般子院とみなし三十一院の内に含むこととする④諸堂坊舎はすべて一山内で護持管理すること、以上の四条を示した。これを受けて東大寺は一山異議なしとの請書を提出し、十二月一日に大仏殿は東大寺に引き渡されている[20]。

さて、奈良県の裁定が出されるまでの間に東大寺をとりまく環境は大きく変化している。明治三年八月には山口藩の費用不足を理由に中世、重源上人以来の周防国衙領からの浮米すなわち毛利氏からの寄付米が停止された[21]。さらに明治四年一月五日には上知令（太政官布告）が出され、近世を通して朱印地として東大寺に与えられていた櫟本村や境内四村が東大寺の管理下から離された。朱印高相当の寺禄が保証される予定といえども、東大寺にとって財政的基盤が失われた。とりわけ周防国衙領からの寄附米の停止は貴重な〝現金〟収入が途絶えたことを意味していた[22]。

このような状況から明治六年には坊舎がなく名跡のみの子院などを統合・廃止していくことを決定し、奈良県へ届け出たようで[23]、「明治六年年中日記」（一四二一―六三）十月十五日条に次のようにまとめて記録されている。

一、当寺中院ニ合併屋敷替願済相成　左ニ
四聖坊　　上生院
深井坊　右宝厳院江合併院号廃之事　　花厳院　右正観院へ合併院号廃之事
見性院　衆議所へ屋敷替願済之事　　尊光院　宝珠院合併院号廃之事
惣持院　　地蔵院
妙厳院　衆議所へ屋敷替願済之事　　龍蔵院
宝珠院　　持宝院
真言院　　上之坊
戒壇院　　知足院
文殊院　右持宝院へ合併院号廃之事　　自性院　新禅院へ移住願済院号廃之事
蓮乗院　上生院へ合併院号廃之事　　観音院
宝厳院　　新禅院
仏生院　宝珠院へ合併願済之事　　中性院
金珠院　　北林院
清涼院　　龍松院
大喜院　　正観院
法住院　龍蔵院ト合併院号廃之事
右之通願済相成候ニ付八ヶ院廃向後廿三ヶ院ト相定候畢

明治六年になり、東大寺は明治五年十月の奈良県の裁定で存続が決まった三十一院の子院を八院廃止して二十三院とすることを認められている。さらに明治七年にはこれまでの寺社禄を今後十年間で逓減していくとの通達（太政官布告書・太政官達書九十二号）があったようで、減少した二十三院でも維持が非常に厳しい状況となったためか、明治八年二月に東大寺は「非常改革ニ付坊舎取畳御願」を奈良県に提出した。[24]

非常改革ニ付坊舎
取畳御願

明治七年第三百三十号御布達面社寺禄
旧朱墨印ヲ廃シ更ニ今戌歳ヨリ来未歳迄
十ヶ年ヲ限り逓減ノ方法ヲ以テ下賜云々件ノ
御趣意ニ付衆僧遂会議将来法義相続ノ
方法非常格外ノ改革遂参考百般苦労仕候
エトモ数多ノ大伽藍ヲ構ヘ且二十余ノ坊舎即今
ノ処修理営繕ハ閣キ僧侶口糊相続ノ見込難
相立此姿ニテハ所謂轍鮒ノ日ヲ数テ滅亡ヲ
待ニ均ケレハ不得止現今大破或ハ建築半途
且門地広大ニシテ無用ニ属シ候坊舎九ヶ院取畳
置キ尚永続ノ見込相立候迄当分ノ処改革左

一、東大寺本坊　一ヶ所
東南院ハ格別由緒有之院跡ニ付
自今当山本坊ト仕住職ノ者居所ト仕度事

一、勧学院　一ヶ所
当龍松院ハ門地広大ニ付当分
同院ト改称シ学侶衆居所ト仕度候事

一、龍松院事当山ニ於テ格別ノ有功ノ寺号
ニ付相残シ置度然処門地広大ニシテ
不都合ニ候間即今大喜院ヲ以テ龍松
院ト改称仕度候事

一、塔中
戒壇院　真言院　知足院　龍松院
持宝院　宝厳院　宝珠院　中性院
上之坊
右九ヶ院ヲ以テ塔中ト相定候事

一、寺務所　一ヶ所
当分妙厳院見性院合併相成有之
同院ヲ以テ寺務所ト仕度候事

一、正倉院会所坊　一ヶ所
右古来ヨリ御開封ノ都度都度四聖坊
ヲ以テ会所坊ニ仕来候間向後会所坊
ト改称仕度候事

新禅院
一、正観院　上生院　龍蔵院　金珠院
地蔵院　北林院　惣持院　清涼院
右九ヶ院当分取畳仕度候事

件ノ通非常格外ノ方法ヲ以テ永続見込相立度
付テハ坊舎等営繕ノ為メ今般取畳ノ建物下
賜候様御允可ノ程奉願上候以上

明治八年二月　東大寺塔頭
龍松院住職
清水公賢（印）
同
清涼院住職
手向山英豪（印）
同

龍蔵院住職
龍井弘薦（印）
同
妙厳院住職
梶原晋海（印）
同
惣持院住職
佐保山晋圓（印）
同
金珠院住職
柳原懐圓（印）
同
宝珠院住職
樋口堯恭（印）
同
正観院住職
高圓英懐（印）
同
上生院住職
嶌田英樹（印）
東大寺住職
鼓阪荐海（印）

前書之通相違無御座依テ奥印仕候以上
副戸長
青木岩吉（印）
一小区戸長
赤井孫作（印）

奈良県権令藤井千尋殿

この願いによると数多くの坊舎がある大伽藍と二十を越える子院を維持してくことは困難で、「現今大破或ハ建築半途且門地広大ニシテ無用ニ属シ候坊舎」九院を取り畳むとしている。ただこのことは「永続ノ見込相立候迄当分ノ処改革」であるとあくまで一時的な処置であるとしている。

存続の子院は戒壇院、真言院、知足院、龍松院、持宝院、宝厳院、宝珠院、中性院、上之坊の九院。取り畳みを予定している子院は正観院、上生院、龍蔵院、金珠院、地蔵院、北林院、惣持院、清凉院、新禅院の九院。その他、東南院は東大寺住職としての居所・本坊、勧進所（龍松院）は学侶衆の居所として勧学院と改称[25]、龍松院は由緒により大喜院に場所を移転して大喜院の名を廃して龍松院とするとしている。さらに明治六年十月に衆議所の建物へ移転した妙厳院、見性院を合併し寺務所と改称[26]、四聖坊は古来より正倉院開封時に会所坊となった由緒から正倉院の会所坊と改称するとしている。合わせて取り畳む子院の坊舎の建物は修理、営繕のために下賜を願い出ている。

その後、八月五日には追加事項を書き上げた「非常改ニ付追願」を提出している。

非常改ニ付追願

本年二月弊山非常改格之義奉願上候
処御許可ニ相成難有奉存候猶追願仕度

件左
一、会所坊
右従前正倉院御開封之都度所用ニ付
其見込みニテ塔中四聖坊ヲ以テ正倉院会所
坊ト改称相願候得共即今御開封式被為
度御軽便ニ相成無用ニ属シ候条自今一山
会所坊ト改称奉願候
一、観音院
同院兼テ大破之処当夏場梅雨中雨下続
ニテ一層破損弥増今以営繕見込難相
立候間一先取畳於弊山永続見込方法
相立候上相応之坊舎建築仕候
右両条願之通蓙ニ御許可相成候様
奉願上候以上

東大寺塔頭真言院住職
安倍寯大仙（印）

明治八年八月五日

同 龍松院住職
清水公賢（印）

同 龍蔵院住職
龍井弘薦（印）

同 中性院住職
平松晋海（印）

同 惣持院住職
佐保山晋円（印）

同 金珠院住職
柳原懐円（印）

同 宝珠院住職
樋口堯恭（印）

同 正観院住職
高円英懐（印）

同 上生院住職
寯田英樹（印）

東大寺住職
鼓阪荐海（印）

前書之通奉願候ニ付依而奥印仕候以上

第壹小区副戸長
鏑木忠順（印）

同戸長
片野清三郎（印）

奈良県権令藤井千尋殿代理

奈良県参事岡部綱紀殿

四聖坊から改称した正倉院会所坊は正倉院の開封の儀式は「軽便」するとのことであるので一山の会所坊としたい。前回には言及していなかった観音院については梅雨、夏場の長雨で破損が一層進んだためひとまず取り畳み、名跡のみの子院となることを届けて出ている[27]。

子院が減少することから、僧侶の人員減少も必然のことであるが、現状、東大寺を離れた僧侶の行方についてごく一部を除いて詳細は未詳である[28]。また東大寺や僧侶に仕えていた公人・役人については、いわゆる上知令が出され、既得権益である寺禄の見通しが立たない時期の明治四年五月に太政官から発せられた御達[29]には三代以上続く「諸門跡比丘尼御所院家院室ノ家士」はすべて「地方官貫属士族卒」へ差し加えるようにとあるように、寺の所属を離れるよう通達があり、一部の家を除き、寺禄を逓減されるとともに徐々に東大寺を離れていたものと思われるが、こちらも詳細を検討する史料が見いだされていない[30]。

東大寺では近世から明治初年に至るまで三十院を越える子院が存在していたが、明治になり近世において経営や営繕の基盤となっていた朱印領、寺禄や毛利氏からの寄進（寄付金）が減少、消滅することとなり、明治八年二月には九院にまで減少したのである。

三　東大寺と鎮守（手向山）八幡宮の関係

本節では大屋徳城氏が神仏分離の第一であると挙げた東大寺と鎮守（手向山）八幡宮との分離の状況を大屋氏の記述を参照し、今回新たな史料を加えて時系列でみていく。

慶応四年（一八六八）三月二十八日、いわゆる一連の「神仏分離令」の最初である「神仏判然令」が出された。それを受けてか四月二十日には八幡宮宮司の上司安芸守が、祭式の復古や神祇官が催す勅祭等の再興の沙汰があり、合わせて八幡宮の由緒なども太政官へ申し上げるために近々上京したいことを京都の門跡に伝えて欲しいと（出世）後見へ届け出ている[31]。東大寺は即座に兼帯の門跡、小野随心院へ連絡、門跡からは上司安芸守が太政官へ出頭することは承知する旨の返答を四月二十三日に受けている。ただその後も閏四月にかけて数通の達書が太政官から門跡へもたらされたようで、願意があれば、直々に太政官へ願立てるのではなく、南都裁判所へ伺いの上、願い立てるようにとの御達があったことを随心院の坊官から出世後見へ連絡している。

一方で八幡宮上司安芸守へも太政官から直接御達があったようで、閏四月十四日には「社地神領之儀東大寺江相談候上可申上候様」の御沙汰があったと伝えてきている。これに対して東大寺は、八幡宮は一寺の鎮守であり、二つが離れてしまっては大変嘆かわしいことであると翌日には門跡の直接の判断を仰ぐため書状を携えて上生院が上京している。なおこの月、東大寺は惣代花厳院の名で先般の御布令にある「神仏混淆之儀」を廃止し「八幡宮江関係致居候儀相止」めることを承る書状を大和鎮撫総督久我大納言通久諸大夫宛に提出している[32]。

東大寺として神仏を分離することは受け入れたものの、具体的にどのようなことをすればその趣意に符合するのか判断しかねていたようで、東大寺内で案を募集した形跡がみられ、東大寺役人からこれに関する意見書が出されている。辰（慶応四年）八月付で公人の中村主膳と服部藤吉の連名で東大寺の衆議役所へ提出した口上書には「以後八幡大菩薩之尊号消滅候歟又別ニ立候歟」計り難いことであるが「手向山八幡」の社号を「宮殿」と転じて尊像を安置すれば、神仏不混淆という朝廷からの趣意に合致することであるとしている[33]。やはり神仏分離において八幡宮の御神体である僧形八幡神像をどのようにすべきかが最も重要な課題であったようである。

　このような中、八幡宮の上司紀伊守が写真1のような書状を持参している。（「抗弁書」（八幡宮御正体新造屋へ御迎鎮座ニ付）新修七八-四-二四）

　これによると、これを上司紀伊守が東大寺側に書状を持参した八月十六日早朝の時点で八幡宮御正体すなわち僧形八幡神像はすでに八幡宮を出て般若寺へ遷座されていたことが判明する[34]。書状に年紀がないが、書状後半に安芸守が神祇官への出願の為に在京中との記載があることから、神仏判然令が出され上司安芸守が勅祭再興等の出願のために上京することを東大寺に伝えていた慶応四年であると考えることが妥当であろう。

　書状文面からは僧形八幡神像は御正体として安置されていた八幡宮本殿から八幡宮楼門跡の北側にある八幡宮新造屋内の建物へ遷すことになっていたことがうかがえる。ただ宮司父子が承知しない間、おそらくは八月十五日の夜間に般若寺へ運び出されてしまったようで、それを確認した上司紀伊守が翌日早朝に確認のためにこの書状を認め、持参したのであろう[35]。

　僧形八幡神像が運び出された先がなぜ般若寺であったのか[36]、またいつ頃般若寺から東大寺に遷座したのか詳細は不明である。ただし、

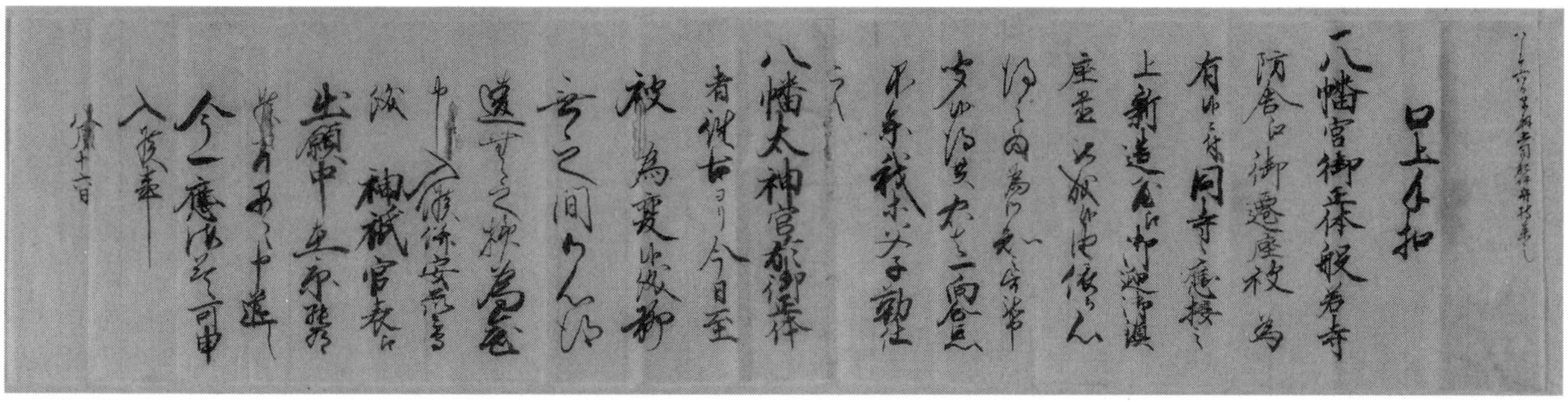

写真１　抗弁書（八幡宮御正体新造屋へ御迎鎮座ニ付）

「八月十六日早朝上司紀伊守持参」
（端書・別筆）

口上手控

一、八幡宮御正体般若寺
防舎江御遷座被　為
有候ニ付同寺之応接之
上新造屋江御迎御鎮
座置被成候由依而心
得之所為御知之旨被申
聞候得共右者一向合点
不参我等父子勤仕
之
八幡太神宮於御正体
者往古ヨリ今日至
被　為変候儀抑
無之間御心得
違無之様為念
申入候併安芸守
儀　神祇官表江
出願中在京罷為
催等早々申遣候
今一応御報可申
入候事
八月十六日

明治六年十月二十三日に八幡宮祭礼（旧暦九月三日におこなわれていた転害会。この年から採用された新暦への換算で十月二十三日が祭礼日となった）が執行された際には「御像体近年新造屋本堂ニ安置有之。八幡菩薩御真体御祭参詣之諸人ハ近例之通参拝為致候事」とあり、[37] 僧形八幡神像はこのよりも前に新造屋に遷され、安置されていたようである。

　さて、東大寺と八幡宮の関係について視点を戻そう。午年、つまり明治三年と推測できる年の五月に、東大寺から奈良県へ提出した口上覚[38]には東大寺と八幡宮の関係について次のように書いている。

口上覚
一、八幡大神由緒等
往日言上仕候通り
鎮守相違無御座候間挙而
件之称号御廃シ相成
候迄奉称
鎮守候儀伏而奉仰
願候謹言
五月　　東大寺　　（黒方印）
奈良県
御役所

八幡宮は由緒を申し上げた通り東大寺の鎮守であることは間違いなく、鎮守の称号は廃止が決定されるまではそのまま使用したいとの東大寺からの願書である。これに対して奈良県からは次のような回答が出された。

手向山八幡宮之儀者
従
朝廷御規則被
仰出候迄先従前通リ
相心得可申猶又別紙
伺之儀者聞届候間以寺禄
之内玄米貳拾石右
神職之もの共江引渡可
申事
但神事ニ関係有之間敷事
午五月

東大寺側の願いを受け入れて朝廷の決定がなされるまで、従来通り鎮守の称号を使用することを認める。しかし東大寺が神事に関係しないようにとも伝えている。なお文中の別紙の存在は明らかではないが、運営費用のためか朱印領の内から二十石を八幡宮方へ渡すように伝えている。[39]

　翌六月には東大寺は奈良県に対して、新たな嘆願書[40]を提出している。それには朝廷（政府）の判断が出るまで鎮守と呼ぶことの許可に感謝するとともに、（東大寺）僧侶が御廊内において神拝をすることを願っている。僧侶が御廊内において神拝をすることは古来、三輪明神の託宣に由来するもので、神職の神拝場所である廣前とは場所が違うので、神仏混淆にもあたらないとしている。

　八幡宮が一山の鎮守であることや神仏が離れてしまうことを憂慮している嘆願書は他にもみられる。[41] 執筆の年月日や差出、宛名は不詳ではあるが、文中に「当社八幡宮」とあることから八幡宮方の神職が書いたものと考えられる。それによると、八幡宮が「向後寺門与分界相立」てることは歎息なことである。我が国は「諸寺諸山一院之僧家に至」るまで神祇を鎮守として勧請しており、当社も寺門擁護のために勧請され、「寺門結介（界）内地鎮座」しており「分界」立てがたい。「一寺鎮守之称」が万々一採用されなければ、（元々の地である）宇佐へ還御するか（平城京の最初の遷座地である）梨原へ遷座することが（神職）大衆一同の願いであるとしている。

その後、明治四年五月十四日の太政官布告第二百七十二号によって、郷社などの神社の社格が決めはじめられると、辛未（明治四）年十一月二十三日には奈良県から神祇省へ手向山神社[42]の社格について「県社之列被仰付旨」の伺が出され、返答日が不明なものの、神祇省からは「県社之儀者伺之通」との返答があった[43]。さらに明治五年五月晦日には奈良県から東大寺に対し、「手向山八幡社今般県社ト被決候条自今其寺鎮守ト称シ候儀不相来候事」との下知があった[44]。つまり東大寺と手向山八幡宮の双方がよりどころとしていた「鎮守」の件は全面的に否定され、両者は分離し別個のものとなることが決まったのである。県社となったことにともない翌六月には東大寺惣代地蔵院から奈良県に八幡社禄、神官家禄の配分について伺いが出され、さらに九月五日には奈良県から大蔵卿へ同様の伺いが出されている[45]。そして十一月三日に大蔵省から東大寺へ寺禄の五分を手向山八幡宮へ渡すようにとの通達がもたらされている[46]。東大寺の鎮守ではなくなったことを示すように、明治六年十月二十三日の祭礼、転害会の記録において手向山八幡宮を「元鎮守八幡宮」と表現している。

四　明治初年の東大寺と正倉院

最後に大屋氏も挙げている東大寺と正倉院との関係断絶について寺内の宝物の管理、移動も含めた観点からみていく[47]。

明治五年八月十二日から二十三日にかけて正倉院が開封された。これは前年五月の太政官布告「古器旧物保存方」に則り、翌年のウィーン万博への出品調査を兼ねたものであったとされる。正倉院開封前日の八月十一日には町田久成、蜷川式胤らの一行が新造屋を訪問、新造屋の蔵（現法華堂経庫）の寺宝調査をおこなっている。その目録は『壬申検査古器物目録』や蜷川の記録「奈良之筋道」に残されている[48]。さらに開封当日の十二日には東大寺衆議所を訪ね[49]、伎楽面や重源上人ゆかりの杖や脇息、油倉由来の油壺、戒壇院伝来の賢愚経や大毘婆娑論といった経巻、あるいは四聖坊の什物である四聖御影（建長本）もみている。

正倉院が開封され、宝物が調査され、目録が作成されると東大寺でも「東南院宝庫目録」を作成、奈良県へ提出している。東大寺にはその控えが残されているが[50]、第一紙目には次のような文言が朱字で書かれている。

申八月正倉院御開封宝物検査之上更ニ此度宝物目録仕立ニ相成候ニ付右目録写一冊県庁江差上候事同時一山宝物夫々取集メニ相成東南院宝庫ェ合併入蔵目録差出候事

惣代名前惣持院地蔵院ニテ差出ス之県庁落手之役方ハ上嶋氏也申九月廿日出頭之事此一紙ハ県庁ヘ差出シニ相成候控書也

これによると、壬申検査の町田、蜷川らの来寺をきっかけとして東大寺内でも東大寺僧が宝物、寺宝の目録を作成したようである。
東南院宝庫の目録の全文を以下に記す。

東南院宝庫目録

壹ノ印　長持
一、鴨之毛御屛風　王右軍書　一双
二ノ印　長持
一、蛮絵屛風　廿四枚
三ノ印　長持
一、古切屛風　一双
四ノ印　長筥
一、天平古絵図　大小十四枚　二筥
五ノ印　唐櫃
一、古文書　六筥
『右五点正倉院江入蔵相成候』（別筆朱書）
六ノ印　朱塗唐櫃
一、東大寺万陀羅　二幅　一筥
一、金光明最勝王経聖武皇帝震翰十巻　一筥
一、阿難四事経　孝謙天皇震翰　一巻
一、賢愚経　聖武皇帝震翰
一、大毘婆娑論　光明皇后御筆　一巻
一、理趣経　聖珍親王御筆　一巻
右四巻一筥ニ納之
一、白紙金泥華厳経一品　一巻筥ニ入
一、聖武天皇藕絲御袈裟　一條同
一、同　麻御袈裟　一條同
一、開山良弁尊師御袈裟衣坐具二筥
一、円鏡　開山尊師御所持　一面
一、柄香呂　同前　一柄
一、華厳供印同前　黒塗金蒔絵ノ小筥ニ入
一、焼物硯　同前
一、功徳経　開山尊師真筆　一巻
一、同写　一巻晃海筆
一、同経釈　一巻
右七点黒塗櫃ニ入
一、天平時代革　一枚筥入
一、勧進帳　後宇多院震翰　一巻
一、頼朝公御書　俊乗上人エ被進御文一巻
一、義持寄附状幷ニ別当光経副状一巻
一、尊氏公義持公義政公真筆幷畠山書一巻
右四点蒔絵文庫ニ入
七ノ印　唐櫃
一、大方等念仏三昧経聖武皇帝震翰　十巻筥ニ入
一、大威徳陀羅尼経　光明皇后御筆　十巻同
一、本願帝御袈裟　鑑真和尚将来附属一條同
一、涅槃経　一部一筥入
一、陵王古面　正元元年　一面筥ニ入
一、納曾利古面　正保乙酉年九月日　一面同
一、皇仁帝古面　長久三年　四面一筥ニ入
一、散手貴徳古面　二面一筥ニ入

一、伎楽　古面　七ツ
一、油壺　元徳年中　一器
八ノ印　長持
一、須真天子経　聖武皇帝震翰　三巻筥ニ入
一、大愛道比丘尼経　光明皇后御筆　二巻同
一、華厳界絵図　一軸
一、三論宗師嘉祥浄影画像　二軸一筥ニ入
一、大仏殿古瓦天平時代貝付瓦防州鯖川ヨリ上ル　一筥入
一、俊乗上人勧進柄杓　一同
一、同鉦鼓　一面同
一、脇息　俊乗上人所持物　一同
一、杖　同前　一同
九ノ印　長持
一、五獅子如意　聖宝僧正所持　一柄小唐櫃入
一、尺迦三尊并十六羅漢　牧渓筆　各幅三筥入
一、紺紙金泥華厳経八十巻　二筥
十ノ印　平筥
一、俊乗上人笠　一
十一ノ印　長筥
一、四聖御影　大幅　一軸
十二ノ印
一、四聖御影　中幅　一軸
十三ノ印
一、十字之大額金光明四天王護国之寺ト云々聖武天皇震翰

右之通相違無御座候　以上
明治五壬申　八月　東大寺
総持院印
地蔵院印
奈良県
御庁

町田や蜷川が衆議所でみた戒壇院伝来の賢愚経や大毘婆娑論もこの目録に書き上げられている。これらは現存する「戒壇院什物」の墨書のある箱（写真2）に納められていた。他には嘉永四年（一八五一）の新造屋蔵目録（一四三―五一六）[51]に書上げられている良弁僧正自筆とされてきた功徳経や焼物硯（いわゆる風字硯）、華厳供印など良弁僧正ゆかりのものが書上げられる。これらのものも町田、蜷川が調査した時点では新造屋にあるものと記録されている。

東大寺作成の目録の書き込みに「一山宝物夫々取集メニ相成東南院宝庫エ合併」との言葉のごとく、町田、蜷川の調査直後に寺内各所の蔵に保管してあった寺宝を町田や蜷川がみたものを中心に東南院宝庫（現本坊経庫）へ集めていた様子がうかがえる[52]。

また聖武天皇宸翰とされた金光明最勝王経や二幅対の東大寺曼荼羅（東大寺縁起）、四聖御影（永和本）といった廃寺となった眉間寺に伝来したものも書上げられている[53]。金光明最勝王経も町田、蜷川がみた時点では新造屋にあるとして書き上げられ「元ハ眉間寺ニ有り、辰年引渡ス」と註がある。辰年とあることから眉間寺の什物

写真２　経巻保存函

は住職が還俗した明治元年にはすでに東大寺に移されていたものと思われる。

ところで東南院宝庫目録の冒頭五点（件）は朱書で「右五点正倉院江入蔵相成候」と追記されている。これらは天保四年（一八四四）に正倉院が開封された際に取り出され、東大寺の大湯屋土間に入れられた塵埃櫃から確認された古絵図や破損から修復された屏風、穂井田忠友が整理したいわゆる「正倉院文書」といわれるものと思われる。天保七年に閉封された時には正倉院には戻されずに、新造屋の蔵に入れられている。その後、弘化四年（一八四七）に東大寺内でおこなわれた寺宝の開帳にも出され(54)、嘉永四年の新造屋目録にもこれらのものの掲載があり、蜷川の調査記録にも新造屋にあるものとして掲載されている。正倉院から取り出された後、戻されずに新造屋に保管されてきたもので、明治五年九月二日に県庁へ目録を提出するまでには東南院宝庫に移されている。最後の唐櫃六筥に入れられた古文書は「東南院文書」とみられ、町田、蜷川の調査時点ではこれも新造屋の目録に「古文書六合」とあるものに該当し、他のものと同様に東南院宝庫に移されたようである。その後これらのものは、年月日は不明ながら「正倉院江入蔵」となったようである。

明治六年五月には、前年の壬申検査で正倉院より取り出された宝物の太刀を次の正倉院開封まで厳重に保管するようにとの宮内省からの連絡が奈良県を通じてあり、五月五日に太刀を受取り、東南院宝庫へ仮納している。明治六年の年中日記、五月五日条に次のようにある。

（五月）五日
一、午前七時頃龍蔵院県庁へ為案内出所相成候処辰之
半刻宮内省権中録孝政殿当県典事市川未晴社寺
方大橋氏等三名出張相成東南院宝蔵へ仮納相成候事
　宝蔵御太刀納箱之上書左ニ
一、銀装山形御太刀　壱腰
一、金銅鎊木柄御太刀　壱腰
一、銀鎊御太刀　壱腰
右南七番常印長持
一、御太刀身　弐本
内壱腰者御簾上にて御前江

御備ニ至之事
右南八番す印長持
右勅封御開之間正倉院
可納候事
一、同時宮内省出張官員へ請書左ニ
御請書
一、銀装山形御太刀　一腰
一、金銅銹木柄御太刀　一腰
一、銀銹御劔　一腰
一、御太刀身　一腰
一、布衣　二枚
右者正倉院御宝物之内東南院
宝庫江御仮納入念御守護仕候
依而御請書奉差上候以上
東大寺執事
龍蔵院住職
明治六年五月五日　龍井弘薦
宮内権中録高木孝政殿

「勅封御開之間正倉院可納候事」とあるように次の開封までと期間を決めて仮納している。なお次に正倉院が開封されたのは明治八年三月で、この時の開封目的の一つには大仏殿廻廊で開かれる奈良博覧会に正倉院宝物を出陳することにあった。博覧会閉会後に出陳宝物を戻す段階で、東南院宝庫に仮納されていた太刀などの宝物及び「東南院宝庫目録」にある天保期に取り出された屛風やいわゆる東南院古文書などが東南院宝庫から出されたものと考えられる。

ところで明治八年は先にみたように東大寺は「非常ノ改革」を表明し、一時的に寺の規模を縮小していく時期で東大寺と正倉院の関係も大きく変わっていく。東大寺は「非常ノ改革」により四聖坊を正倉院会所坊と改称することを申請した。このような東大寺の状況を受けてか三月三日には宮内省から「是迄於該寺保護致来候得共、追々寺院制度モ御改革相成此来、永世保護之儀甚無覚束候」として勅封宝物を国で管理するべきとの要請を出している。これを受けて三月十日には正倉院などの勅封宝物を内務省の所轄にするとしている[55]。これによって正倉院の管理は東大寺の手を離れたのであり、二月に正倉院会所坊と改称した旧四聖坊を八月五日には一山会所坊と正倉院の名を冠さない名前にもう一度改称している。

しかしその後も東大寺側の記録には「会所坊」、「鍵」といった文言が見受けられており、正倉院が東大寺の手を離れてすぐに全く関係がなくなったわけではないようである。

明治十二年八月十四日に要人などが奈良を訪れた際、「御物拝見」のために正倉院は臨時に開封されたようで、その時期の東大寺の日誌に[56]、「ホンコン知事幷大蔵省松方等当地遊歩大佛殿参詣正倉院御物拝見ニ付臨時御開封ニ付鍵相渡畢」、二日後の八月十六日には「博覧会社ゟ正倉院鍵返却之事」とあり、東大寺と鍵の貸し借りをおこなっていたようである。また開封前の七月二十四日には「本年正倉院御開封ニ付会所坊貸渡為謝礼西塔跡刈草悉贈ニ付申受候事」とあって会所坊（建物としての四聖坊）も今まで通り宝物の閲覧や調査・点検の場所として使用していたとみられる。

翌十三年七月十八日にも「明治十三年二月下旬正倉院御開扉ニ付

会所坊貸渡シ家税内務省ヨリ廻送之趣ヲ以会社之長ヨリ金十五円請取畢」とあって、やはりこの時も開封にともない会所坊を使用していたようである。(57)

明治以降の開封は奈良博覧会開催に関係することが多いためか、博覧会社も含めさまざまな立場の人々が関わるようになり、正倉院や宝物の管理にも多々不都合が生じていたのであろう。明治十二年には正倉院敷地は官有地となり、明治十八年十月には会所坊も隣接している金珠院跡地とともに、火除地の確保を理由に宮内省に返還することを東大寺から上申している。(58)その結果、翌明治十九年九月にはこれらの敷地は宝庫地となり、会所坊、金珠院跡地も含めて東大寺から分離された。(59)

おわりに

明治維新期を挟み近世から明治初期にかけて、子院数を中心に東大寺の組織変遷を概観してきた。改めてまとめてみると、東大寺では近世初期に寺領（朱印地）が確定する頃から、近世を通して子院数は三十院前後とほとんど変化がなく、明治初年の一連の神仏分離政策、廃仏毀釈といった社会状況下においてでも数的な変化は少なく、一部の末寺僧侶の還俗や僧形像である八幡宮御神体の社殿からの移動を余儀なくされたものの全体として大きな廃仏の動きがみられることもなかった。東大寺と手向山八幡宮との寺・社の関係についても両者が、創立以来の「鎮守」という由緒、認識のもとに神仏分離政策の中で共存していこうとする動きもみられていた。しかし近世にける運営の基盤であった寺領が明治四年の上知令によって東大寺から離れることとなり、加えて幕府や大名からの寄進も途絶えるようになると東大寺も運営規模の縮小を余儀なくされ、大きく変化していくこととなった。縮小された運営基盤の状況下において東大寺は段階的に子院数を減少していき、明治八年には以前の三分の一の数となる九院として、厳しい状況を乗り越え、寺勢の回復を待つこととしている。この運営基盤が弱体化、不安定化したことによって一千年以上続いた正倉院の管理も困難となっていであろうことが指摘され、東大寺の管理を離れることとなったのである。

なお本稿では多くは触れることができなかったが、明治五年の布告(60)によって浄土宗（管長）の所轄下に入ること及び明治十九年になり、華厳宗として新たに独立したことが明治期の東大寺の大きな出来事の一つとしてあげられる。しかし、現在のところ経緯も含め、これらのことについて十分に考察するべき量の史料を確認することが出来ていない。(61)これらの解明については今後の検討課題としたい。

（ばんどう　としひこ・東大寺史研究所）

註

（1）東大寺の近世文書群の整理、調査は平成十一年（二〇〇一）以降現在まで科学研究費助成事業の研究対象として継続的におこなわれ、これまでの成果は三冊の報告書にまとめられている。①『東大寺所蔵聖教文書の調査研究』（平成十三年度～平成十六年度科学研究費補助金 基盤研究（A）（1）研究成果報告書 二〇〇五年三月）、②『東大寺図書館所蔵中村純一寄贈文書調査報告書』（平成二十一年度～平成二十五年度科学研究費補助金（基盤研究（B））「南都における廃仏毀釈後の資料動態に関する調査研究」研究成果報告書第一冊 二〇一四年三月）、③『東大寺図書館所蔵新修東大寺文書聖教調査報告書第四六函～第七七函』（平成二十一年度～平成二十五年度科学研究費補助金（基盤研究（B））「南都における廃仏毀釈後の資料動態に関する調査研究」研究成果報告

書第二冊 二〇一四年三月)）。以下科研報告書①、科研報告書②と省略。なお本稿で、これらの調査での文書番号を指す場合は「新修〇函〇号」（新修〇-〇）と表記する。

(2) 参考のために『明治維新神仏分離史料』における大屋徳城氏執筆の「東大寺に於ける神仏分離」部分をあげておく。「東大寺に於ける神仏分離の第一は、鎮守八幡宮と東大寺との分離、廃仏毀釈の一は聖武天皇御陵に在りし末寺眉間寺の撤廃之れなり、而して、王政維新の趨勢として、新に起りし事件は、境内東照宮の廃止と、其の跡に本願聖武天皇の奉祀、続いては境内子院の廃合にして、降りては正倉院との関係断絶などいふ可き事も少なからざれど、記録文書の保存少なくして、十分に其の間の委細を叙述する能はざるは頗る遺憾の事に属す。或は探訪遍からずして十分の史料を入手すること能はざりしならんも知る可からず、今僅に披閲したる史料に依りて、大体の叙述を企つ可し」

(3) 延宝六年（一六七八）二月十九日付で奈良奉行溝口豊前守信勝に提出した「東大寺知行書上」（東大寺貴重書第一〇四部八五三号 以下管理番号は一〇四—八五三などと省略）には東大寺の朱印地として与えられた櫟本村内二千石の配分の内訳や近世前期における東大寺内の組織がかなり詳しく書上げられている。また東大寺の運営集団である年預所の日記「年中行事記」にも幕府や奈良奉行所からの達書の写、寺内での回章の写が書かれており、これらから寺内の各組織の階層状況が判明する。

(4) 幕末期の一例を挙げれば、弘化三年（一八四六）から万延元年（一八六〇）は別当が未補任の時期であった。（遠藤基郎「近世東大寺の組織に関する試論」中の表2-1参照（科研報告書①掲載））

(5) 公慶による大仏殿再建期以前は別当の東大寺滞在時の宿所は、大仏殿裏手の講堂跡の一郭にあった善性院が充てられていたようである。近世初期の東大寺境内を描いた「東大寺中寺外惣絵図幷山林」には善性院部分に「東西二十七間半南北三十一間半 東南院御門跡御宿坊」と書かれている。近世における別当の居所としての東南院や善性院との関係については「大佛殿再興発願以来諸興隆略記」（勧修寺蔵）や国宝・東大寺文書中にまま見られるがその詳細については別稿を予定している。

(6) 坊官家は勧修寺門跡では二松、山田、山口、朝井、井原などの名が、安井門跡（太秦安井から東山安井へ移転した蓮華光院）は榎本、河野、久保、矢島、八木などの名が、随心院門跡には本間、芝、岡本の名が、大覚寺門跡には井関、野路井、勢多の名がみられる。前掲註(4)遠藤氏論文表2-2参照。

(7) 西国沙汰所の組織構造については、拙稿「近世東大寺復興活動の一側面—西国沙汰所を中心に—」（『論集 近世の奈良 東大寺』ザ・グレイトブッダ・シンポジウム論集第四号 法藏館 二〇〇六年）参照。

(8) 堂衆方については法華堂衆、中門堂衆の区分があったと思われるが、永禄十年（一五六七）の戦火で中門堂が焼失して以降、近世においては法華堂、中門堂の両堂の区別は明確にはなっていなかったと思われる。

(9) 近世真言院の一端は拙稿「近世東大寺真言院の一側面—性善和尚関係史料の紹介—」（科研報告書③）参照。また戒壇院や三箇院については延享二年四月、奈良奉行石黒但馬守が参府の際に戒壇院等の惣寺に属していない院を中心に東大寺に対して質問したようで、そのやりとりが延享二年の「年中行事記」（一四一-七四）に書写され、由来や来歴などが記されている。東大寺の複雑で多岐にわたる組織構造を当時の奈良奉行や幕府側も理解しかねていた様子がうかがえる。

(10) 「公慶上人年譜」によると龍松院は勧進寺務多忙により、公慶が貞享三年（一六八六）二月に重源ゆかりの穀屋の地に構えたとされる。但し、すでに延宝三年（一六七五）の「倶舎三十講日記」（薬師院二-二四二）には公慶の師匠である英慶が「龍松院宮内卿法印」と記載されている。

(11) 寛延三年二月九日付「御老中本多伯耆守殿御越之節行事日記」（一四一-六六〇）

(12) 口上覚には奈良元興寺は両堂中の一院が兼帯し、その諸寺役を勤めることが記されている。

(13) 明治二年六月二日に別当である随心院門跡の沙汰によって四聖坊を古代以来の院室である紫摩金院に移転（名跡変更）する旨の届出を東大寺から奈良県庁へ提出している。（「明治二年中寺院及人民願伺届之件 社寺之部 庶務課」（奈良県立図書情報館所蔵「奈良県県庁文書」））なお、人体の変更はなく（鼓阪）荐海が引き続き紫磨金院院主となり、門跡との連絡役、御後見の役割を担っていたようである。

(14) 新薬師寺分につては新薬師寺が提出したものを東大寺側が東大寺作成の冊子に書き写し、観音院分、真言院分はそれぞれの院が作成した冊子を東大寺作成の冊子に合綴しており、二院は半独立という近世以来の組織構造が明治初年まで残っていた様子がうかがえる。

(15) 「明治六癸酉年年中日記」（一四二-六三）二月十七日、十二月十九日条。二月の届出には年齢構成別の人数内訳も書かれており、合計三十人のうち十四歳以下五人、十五歳以上九人、二十一歳以上二十二人、四十歳以上三人、六十歳以上一人としている。また十二月の届出では就学児童の調査も兼ねてのものだったのか六歳から十三歳までの幼年者三人の名前（和丸（麿）、恒丸、籌丸）と年齢も届け出ている。

(16) この時期、集まる勧進の金銭、物資などを管理運営する組織（勧進所龍松院）の役人については、再建された大仏殿の棟札に「龍松院家来役人」として十七名が書上げられている。拙稿「東大寺大佛殿再建棟札草案」（科研報告書①）参照。なお明治三年の「宗旨人別帳」には「龍松院家来」として十二名の名前、家族が書上げられている。

(17) 「公文録・明治三年・第百五巻・庚午十一月寺院伺（一）」にこの問題に関わる諸書類が書写されている。これらは「国立公文書館デジタルアーカイブス」で公開されており、本稿での引用等はこれによった。

(18) 近世の勧進職は公慶、公盛、公俊、庸訓と続くが、庸訓は金珠院から龍松院へ転院したが、住職であった金珠院も兼帯していた由緒によるものである。

(19) 前掲註(17)の公文録には詳細は不明であるが六通の意見書が添えられたとある。同時に奈良県にも東大寺から修理営繕の見込書の前提となる「諸伽藍宝物等目録」と話し合いの現状を伝える「東大寺不和入継探索書」が提出されている。（「自明治三年至同四年 社寺幷御陵守戸願伺届之件 社寺之部 庶務課」（「奈良県県庁文書」）

(20) 『大佛及大佛殿史』（鷲尾隆慶・平岡明海編 奈良大仏供養会 一九一五年）八七〜八八頁。なお三十一院の内訳は省略されているが、明治三年三月の宗旨人別帳にある子院（龍松院が引き継ぐ金珠院は除く）がそれに該当するものと考えられる。

(21) 「山口藩南都東大寺寄附米ヲ止ム」（「太政類典・第一編・慶応三年〜明治四年・第百三十三巻・教法・寺院二」（「国立公文書館デジタルアーカイブス」））

(22) 毛利氏からの寄附米は毛利氏の大坂留守居（藏屋敷）で東大寺が現米（切符）を受取り、米市場で入札、現銀化して奈良へ持ち帰っていた。詳細については前掲註(7)拙稿参照。

(23) 「東大寺中四ヶ院合併願」（「明治六年中 大蔵教部宮内三省ェ伺之件 社寺之部 庶務課」「奈良県県庁文書」）の書類綴りの冒頭と末尾に東大寺からの「合併御願」が合計五通綴じられている。廃止の子院として仏性院、深井坊、蓮乗院、文殊院、法住院が挙げられており、廃止の理由は宝暦十二年（一七六二）の火災による坊舎の焼失後、再建できず、今回の「天下大小之寺院都テ教院ト被為定」を憚ったためであるとしている。なおそれぞれの跡地は速やかに上知に応じるとしている。

(24) 「明治八年中官省寮エ願伺上申之件 社寺之部 庶務課」（「奈良県県庁文書」） 明治八年二月二十三日に東大寺から奈良県へ提出している。

(25) すでに明治五年十月に学侶、両堂（堂衆）、律宗の区分をしないと奈良県から裁定を受けている。そのため学侶といっても住職以外の僧侶のことを指し、学問の場としての勧学院とみるべきであろう。

(26) この建物は嘉永五年（一八五二）に「東大寺一山ノ事務取扱所」として三面僧坊西室跡に寺務所として建てられたもので、見性院、妙厳院が移転した頃は衆議所の名称が使われていた。この建物は一郭を一時期（明治三十九〜四十四年）仏像修理の美術院第二部の事務所として使用された後に、勧学院となり山上戒全氏や大屋徳城氏、松原恭譲氏らによる講義がおこなわれた。その後大正十一年（一九二二）四月、失火により焼失している。

(27) 明治六年十月の子院統合から明治八年二月の「非常改革ニ付坊舎取畳御願」提出直前の期間の境内の様子を描いたと考えられる「東大寺塔頭寺院面積図」（一五一-五七）にはすでに八幡宮楼門北側の八幡宮新造屋の建物の場所に観音院の名が書かれている。「取畳御願」を提出する明治八年二月までの間に実質的に移転していたと考えられる。

(28) 明治三年の「宗門改帳」に名がのり明治八年二月の「御願」にも署名している清凉院住職手向山英豪については、子院の取り畳みの直前の明治八年一月十三日に旧境内村の雑司村の戸籍に附籍していることが判明している。（「大和国添上郡雑司村文書目録・解題」奈良大学文学部史学科木下光生研究室編『奈良史学』三四号 二〇一七年）その後、英豪は還俗して官途になるべく、蜷川式胤を頼り東京へ移住したようである。蜷川式胤の明治八年の宝物調査の記録「八重之残花」明治八年四月二十九日条に「四聖坊の弟子手向山来ル、坊主ヲ止テ官途ニツキ度候間、私（蜷川式胤）ニ東京へつれ呉れ候様頼まる、私承知仕ル也」、同五月六日条には「四聖坊弟子手向山坊主断リ候処、中教院及県ニテ聞届ケニ相成リ、不日東京へ参ル由ニテ入来」、同八日条には「今度四聖坊へ参ル昨日弟子、平松氏（平松晋海）里へ上京也」とあり、明治八年五月七日に奈良を出たものと思われる。米田雄介編『蜷川式胤「八重の残花」』（中央公論美術出版 二〇一八年）三九〜四六頁。丸括弧内は筆者追記。

(29)「太政官布告写」（門跡号院家院室等の名称廃止等の事）（新修四九―二四九）この写の冒頭に「辛未六月廿四日御達」とあり、東大寺には明治四年六月二十四日にもたらされたものと思われる。
(30) 前掲註(28)書によると二月堂駈士職であった井澤長養は明治四年十一月に一家で雑司村に転入、戸籍を移している。なお清涼院住職手向山英豪はこの井澤家に同居するかたちとなっている。その後、井澤家は明治九年八月十一日に横田村へ移転している。
(31)「御後見日次記」（一四二-一〇二）慶応四年四月二十日条。なお表紙に「法印荐海」とあり、この時の出世後見は四聖坊の鼓阪荐海であった。以下慶応四年四月、閏四月の出来事は特に断りのない場合、この「日次記」からの引用による。
(32)「東大寺惣代花厳院請書控」（新修七八-三-一三）
(33)「東大寺公人中村主膳・服部藤吉口上書」（新修八五-一四-三四）なおこの口上書中には、（八幡宮）神主は氏子に対して「鎮守南都之八幡太神」と呼ぶようにと触れているとある。
(34) 奈良での廃仏毀釈の激しさを物語るものとして、興福寺の廃寺前の状況や僧形八幡神像が吉城川にうち捨てられ、その後東大寺僧が像を拾い上げ東大寺の堂舎に安置したと言い伝えられている。（『奈良市史 通史四』三三三頁（平岡定海・山上豊執筆 奈良市 一九九五年）しかし、この書状の「遷座」、「鎮座」の文言からも川に捨てるといった行為はなかったように見受けられる。
(35)『奈良六大寺大観』第十一巻（東大寺三 岩波書店 一九七二年）の僧形八幡神像の解説（西川新次執筆）に西川氏は「廃仏毀釈に際して、八幡宮神人植村某の手を経て勧進所八幡殿に移され、今日に至っている」とある。この植村氏は後に奈良博覧会社社長となる般若寺村の植村久道のことと考えられ、般若寺の門前に居住していたことからも神像の八幡宮から般若寺までの運び出しに深くかかわっていたものと思われる。なお神像の遷座について大屋氏は『神仏分離史料』中で「神体取出しに就いては紛擾ありしもの如く暗夜に乗じて東大寺側の大衆が移御を図りしもの」であったということを新造屋が観音院となった時期の住職・稲垣晋清師の談話としてのせている。
植村氏が明治初年の寺院の彫刻の運び出しにかかわった事例としては京都・浄瑠璃寺に伝来したとされる十二神将像が挙げられる。（神野裕太「東京国立博物館・静嘉堂美術館分蔵十二神将像の伝来と作者―京都・浄瑠璃寺からの流出と運慶銘発見記事―」『MUSEUM』六四〇号 東京国立博物館 二〇一二年）
(36)『大和古寺大観』（第三巻 岩波書店 一九七七年）の般若寺の解説（工藤圭章執筆）には「明治初年の廃仏毀釈の際には、住僧がすべて還俗し廃寺となり、本尊を経蔵に格納し八意兼命を祀って神社に改めたが、半年ほどで寺に復された」とあり、僧形八幡神像が遷された時期には廃仏毀釈により廃寺状態で神社の体裁をとっていた状態であったと思われる。
(37)「明治六癸酉年中日記」（一四二-六三）十月二十三日条。
(38)「東大寺願書（手向山八幡東大寺鎮守ニ付）」（新修五九-一五-八二）
(39) この二通は東大寺からの口上書の上面に奈良県からの書状が貼り継がれ、紙継目に「奈良県」の朱印が捺してある。すなわち東大寺からの口上書に奈良県の返答書を貼り、奈良県の朱印を捺して東大寺に返信したものと考えられる。
なお大屋氏はこの二通の書状を『神仏分離史料』中で取り上げているが、大屋氏が明治三年六月の記録中に見えるものとしている。今回この「明治三年六月の記録」としては確認できなかったが、記録中ではこの二通は「八幡宮方口状書懸紙写」であるとしている。差出名であるはずの東大寺は省略されたのか書かれていない。
(40)「東大寺願書控（手向山八幡宮寺鎮守ニ付）」（新修七八-四-一八）
(41)「嘆願書控（八幡宮分離停止ニ付）」（新修八五-一四-四二）
(42) 手向山八幡の名称について、当時の史料では「八幡宮」、「八幡神社」の二つの名称がみられる。主に東大寺や手向山八幡側は「八幡宮」、行政側は「八幡神社」を使用している傾向のようである。本稿ではそれぞれの側からの名称使用にしたがう。
(43)「奈良手向山神社県社ニ付伺」（「明治五年中 諸官省願伺届之件 社寺之部 庶務課」二号（奈良県県庁文書））
(44)「手向山八幡以来東大寺鎮守ノ称被廃ノ事」（「明治五年中 諸官省願伺届之件 社寺之部 庶務課」四十六号（奈良県県庁文書））
(45)「手向山八幡神社禄米処分ノ儀ニ付伺」（「明治五年中 諸官省願伺届之件 社寺之部 庶務課」五十号（奈良県県庁文書））
(46)「東大寺ニ禄五分ヲ手向山八幡神社へ支給」（「太政類典・第二編・明治四年～明治十年・第三百二十一巻・理財四十一・禄制六」四十二号（国立公文書館デジタルアーカイブス））

(47) 明治五年のいわゆる「壬申検査」については多様な観点からさまざまな研究がなされ、これに関する論文は枚挙に暇がないほどである。いわゆる正倉院宝物以外の東大寺の寺宝にも言及したものには、西洋子『正倉院文書整理過程の研究』（吉川弘文館 二〇〇二年）、米崎清美「蜷川式胤と明治五年の社寺宝物調査」（明治維新史学会編『明治維新と歴史認識』吉川弘文館 二〇〇五年）などがある。なおこの時の蜷川式胤の調査日記（記録）「奈良之筋道」も活字化されており（米崎清美『蜷川式胤「奈良の筋道」』中央公論美術出版 二〇〇五年）、正倉院、東大寺や各地での調査状況が詳細に判明する。本稿での「奈良之筋道」からの引用は米崎氏の翻刻を使用した。

(48) 前掲註(47)西氏著書に「壬申検査古器物目録」中の新造屋の目録、米崎氏著書に「奈良之筋道」の新造屋目録の翻刻がある。

(49) 明治五年八月十二日に町田、蜷川らが訪ねた衆議所は前掲註(26)でみたように嘉永五年に三面僧坊西室跡に寺務所として建てられた建物であると考えられる。見性院、妙厳院がこの建物に移転した後は衆議所の名称は東南院内の建物が引き継いだようで、前掲註(27)の「東大寺塔頭寺院面積図」では東南院の部分は衆議所と書かれている。

(50) 堀池春峰「印蔵と東大寺文書の伝来」（『南都仏教史の研究』上東大寺編 法藏館 一九八〇年）や福山敏男「東大寺の諸倉と正倉院宝庫」（『日本建築史研究』墨水書房 一九六八年）中でこの目録の存在を指摘されている。（未整理文書）

(51) この目録は拙稿「近世における東大寺寺内組織と『東大寺要録』」（栄原永遠男・佐藤信・吉川真司編『歴史のなかの東大寺 東大寺の新研究二』法藏館 二〇一七年）に全文翻刻掲載している。

(52) 東南院宝庫への寺宝の移動後、新造屋に残された寺宝の目録が東大寺によって作成されている。「明治五年壬申八月改正新造屋文画目録」（未整理文書）

(53) 眉間寺の廃寺については不詳なところが多いが、「佐保山眉間寺名号廃止ノ義ニ付伺」（『明治五年中 諸官省願伺届之件 社寺之部 庶務課』三十五号（奈良県庁文書））によると神仏判然令の直後の慶応四年に住職隆磨が東御門の姓を名乗り還俗したが、寺名、寺禄（一〇〇石）はそのままとされていた。明治五年七月になり住職隆磨に「不埒之所業」があって免職され、十月に奈良県から教部省に寺名廃止の伺書を提出、十一月十三日に「伺之通り可取計候」と寺名廃止が許可されている。このことは『奈良市史 通史四』においても言及されている。

(54) この年の開帳では勧進所や二月堂、真言院灌頂堂、戒壇院（堂）を会場としておこなわれ、版本の「宝物録」（二月堂、勧進所の出陳目録）が発行され、墨書の「宝物録」（真言院灌頂堂、戒壇院）が残されている（新修三-八-一）。森本公誠「江戸期の東大寺について」（『論集 近世の奈良 東大寺』ザ・グレイトブッダ・シンポジウム論集第四号 法藏館 二〇〇六年）参照。

(55) 正倉院の所轄変更については前掲註(47)西氏著書第二章二を参照のこと。なお、蜷川式胤は「八重之残花」に明治八年三月二十九日付の内務卿大久保利通からの達書を書写しており、「今般、奈良県管下東大寺其外寺院ニ有之候勅封ノ儀自今当省所轄被仰付候」とある。前掲註(28)の米田氏の翻刻参照。

(56) 明治初年の東大寺寺務の日誌は『日鑑』と名付けられたものがあり、中本宏明編『奈良の近代史年表』（大阪書籍 一九八一年）に多く引用されている。ただし欠年が多く、残存状況は非常に悪い。

(57) 正倉院開封にともなう会所坊（四聖坊）利用については、近世においては朝廷から四聖坊に対し下賜金が支払われ、明治五年の壬申検査においても「手数料」が東大寺僧に支払われているなど開封に際し何らかの対価が支払われていた。（「正倉院開封ニ付会所坊普請勘定書」（天保四年 一四二-二八八）、「東大寺正倉院御開封ニ付賜金伺」（「明治六年中大蔵教部宮内三省エ伺之件 社寺之部庶務課」二十二号（奈良県庁文書））

(58) 「浄土宗本山知恩院所轄東大寺中会所坊幷金殊院跡地ノ宮内省ヘノ奉還ノ旨内務省ヘノ進達ニ付起案」（『明治十八年寺院願伺届』六十五号（奈良県庁文書））

ちなみに明治十八年当時、東大寺は浄土宗、知恩院の管轄下にあり、奈良県も大阪府に編入されていた時期である。

(59) 正倉院宝物、東南院文書とは別に明治期に東大寺から皇室（宮内省）に献納されたものに「尊勝院聖語蔵経巻」がある。これら経巻の献納の経緯については「正倉院聖語蔵経巻調査報告（一）」中の横内裕人「尊勝院聖語蔵経巻の宮内省献納について」（『南都佛教』第八十六号 南都佛教研究会 二〇〇五年）を参照のこと。

(60) 『官報』明治五年九月十八日布告第二百七十四号に「法相宗華厳宗律宗兼学宗融通念佛宗ノ五宗各派並ニ其他諸宗ノ内別派独立本山及ビ無本寺等夫々相当望ノ宗内総本山ヘ所轄被 仰付候條各府県ニ於テ此旨相心

得管内寺院へ相達シ願書取纏メ所轄ノ処分教部省へ可伺出候」とあり、本号の頭註に「七年教部省布達第二号ヲ以テ融通念佛宗ノ独立ヲ許ス十五年内務省乙第三十八号達ヲ以テ法相宗独立ヲ許シ十九年六月七日内務省ニ於テ華厳宗ノ独立ヲ許可ス」とある。

(61) 所轄に関する東大寺側の史料として、経緯は不明ではあるが明治六年「年中日記」五月三十日条に浄土宗管轄下に入る旨を末寺に伝える記録がある。

一、明治六歳第百廿八号御布告ニ付末寺夫□(合カ)廻達
　　呼状左ニ
　　　　　　　　廻達
一、明治六歳第百廿八号御布告ニ云ク法相花厳
等五宗及別派独立本山ノ向尓後七宗総本
山ノ内偈師之宗ェ所轄願出ニイク旨御沙
汰ナリ依テ闔山ノ義ハ
浄土宗管長　　東京府下小石川伝通院住職
　　　　　　　　　　　　　　　　養鸕徹定
右同宗ノ管長所轄依頼イタシタク旨本
月廿六日当　御県ェ上表ス依テ各末寺ノ
向モ当寺一様浄土宗時ノ管長所轄願
立コレ有リ度區々ニ不相成様豫テ及伝達
候ナリ
本文之件且ッ教部大教院建築ノ義ニ付申入
度義有之候条明六月二日印形所持ニテ本山
表ェ御登山可有之自然差支等ノ義有之
候ハヽ連名中談候儀忝可有之候也
　　　　　　　　　　　　東大寺
　　　　　　　　　　　　　執事
　　　五月卅日
　　　　　末寺宛
右元興寺五劫院永福寺空海寺下一通安部山
下一通法楽寺下一通差出ス安部山寺蔵呼出候
法楽寺ハ□人を以□□候事

付記

本稿は平成三十年十一月二十五日のGBSでの研究報告に基づいて成稿したものである。当日の総合討論において確定出来なかった手向山八幡宮との分離の日付など後日の史料調査、確認で判明したなど当日の報告内容と異なる点が多々ある。また継続中の史料調査によって新たな史料も確認されるかもしれない。その点、現状の史料の収集、解釈、考察には不十分な点が多く、間違いを犯していないかどうか、諸賢のご教示を頂戴できれば幸いである。

全体討論会「明治時代の東大寺―近代化がもたらした光と影―」

平成三十年（二〇一八）十一月二十五日

総合司会　吉川　聡（奈良文化財研究所）
パネラー　狹川　宗玄（東大寺長老）
島薗　進（上智大学）
谷川　穣（京都大学）
田良島　哲（東京国立博物館）
黒岩　康博（天理大学）
坂東　俊彦（東大寺史研究所）

吉川　昨日今日のご報告をふまえて、さらに理解を深めていければと思っております。フロアーからの質問も頂いていますので、ご報告の先生に、できるだけ回答して頂きたいと思っています。ただし田中利典先生にご質問がきていますが、残念ながら田中先生は所用によりご出席がかないませんのでお答えできないことをご承知おきください。

今までのご報告の中にもありましたが、奈良の寺院の歴史は、古代・中世までが関心が高かったところで、それ以後の江戸時代、ましてや明治時代までは学問的な関心が向いてこなかったところがございます。そうなる理由も、ないというわけではありません。明治時代は廃仏毀釈が激しく、お寺としては苦しい時代だったと思います。財産や土地を手放さざるをえないなど、つらいことがありました。そのようなことを、外部の研究者があげつらうのは失礼なことだ、という雰囲気も長くあったと思います。まだ歴史になりきっておらず、学問としてとり上げるには時期尚早である。その辺の事情は、言われなくても分かってほしい…というような状態だったかと思います。

しかし明治維新から百五十年が過ぎ、言われないと分からない時代になってきたようには思います。そこで今回、東大寺さまご自身が、このようなテーマでシンポジウムを企画し、明治時代の歴史を自ら明らかにしたいと仰いました。そのこと自体が、画期的なことであると私は思います。

今回の報告では、たくさんの論点が出ております。しかしそのすべてを一日で解決することはとうてい不可能なことです。今回出てきたさまざまな論点を、これから深めていくことが大切だと思います。ですから本日は、東大寺の明治時代の研究の出発点となるような、記念碑的なシンポジウムにできたらいいのではないかと考えております。

初日の昨日は、大局的な観点からのご報告を頂きました。仏教といいましても、明治以前と明治以後ではかなり変化しており、失われたものもたくさんあるのだというお話しがございました。狹川長老からは、東大寺には神仏習合の面影を残している儀礼が多くあることを教えて頂きました。田中利典先生からは、とりわけ修験道のような民間信仰に関係するようなことは、とくに多く失われているというご指摘をいただきました。そして島薗先生からは、そのような変化があり、研究者も奈良仏教をあまり重視しなかったことには、近代思想史上の必然性もあったのだとご説明いただきました。二日目の今日は、より詳細な議論が展開されました。谷川先生からは、明治政府の宗教政策の中で東大寺は浄土宗に所属したこと、その中での東大寺の立場などはこれからの課題であるという報告がありました。田良島先生からは、明治時代の新たな動きとして文化財の調査があり、そこで撮影された古写真についてご報告いただきました。午後からは黒岩先生から博覧会についての詳しいご報告をいただき、博覧会には帝国博物館につながっていくところと殖産興業的な側面がある、というお話しでした。最後に坂東先生からは、明治時代に東大寺自身がどのような変革をこうむったかを詳しくご説明いただきました。

簡単に明治維新からの流れをご説明しておきます。明治元年（慶応四年）、今から百五十年前の一八六八年、正月に京都で鳥羽・伏見の戦いがあったわけですが、その年の三月、戊辰戦争の最中で、まだ江戸も開城されていない時期に、「神仏判然令」が発布されます。その時に興福寺さまは一度お寺をやめる決断をされるなど、いろいろ混乱をきたします。その際に東大寺さまはどのように対応したのか、今後、究めるべき問題かと思います。今日の坂東先生のご報告は、そのような点についての基礎的な研究になると思います。

もう一つ大きな要素が、明治四年（一八七一年）に出された「社寺領上知令」で、これは寺社の領地を国家が取り上げるという法令です。奈良の大寺院には檀家がありません。檀家がないということは国家から給付された領地から年貢をとり、年貢で経営していたということです。その領地が全部取り上げられてしまう…田畑だけでなく、境内でも必要ないと見なされた場所は全部取り上げられてしまい、お寺の経営基盤が完全に失われることになります。「廃仏毀釈」というと、暴力的に破壊する行為を連想しがちですが、経済的基盤が失われるという要素も大きいと思います。そういう中で、宗教的な方面でも改革が進み、明治六年（一八七三）には東大寺は浄土宗のもとに入るという大きな変革もございました。さらに、東大寺は正倉院を管理していたのですが、明治八年、正倉院は国の管理下におかれるようになりました。現在も正倉院は、東大寺ではなく宮内庁の管轄となっています。そして明治九年、奈良県全体が堺県に編入され、奈良が大阪の一部になってしまいます。奈良全体が沈滞した時代と言われています。その後は明治二十年（一八八七）に奈良県が再び設置され、明治三十年に「古社寺保存法」ができて、文化財保護の観点から徐々に盛り上がっていった、というのがこれまでのイメージだったと思います。しかし、この二日間のお話しからは、それだけにはとどまらない論点が出てきたと思いますので、そのあたりの議論を深められたらと思います。

昨日きょうのご報告を順番に、補足される点や質問に対してお答えをいただければと存じます。

まずは、島薗先生への質問が一つきております。

「同調圧力が日々の生活にも及んできていると感じる昨今、島薗先生のご講演を拝聴して大逆事件に連座し命を落とした無実の宗教者の存在を知りました。時代を下って戦前の治安維持法により、多くの知識人が知的活動を制約されたことは周知のことですが、時流に抗したキリスト教徒や大本教徒の事例は、よく知られていると存じます。お聞きしたいのは伝統仏教の宗教者にも、そのような事例があるのか、ということです。とくに南都の寺院の僧侶に、公然と、あるいは密やかに、レジスタンスの事例はあったのでしょうか。戦前への回帰が進行している現在、南都の地で明治一五〇年関連事業の一環として宗教者の立ち位置を見つめ直すことは有意義なことかと思うのですがいかがでしょう」

いろいろ考えさせられるご質問ですが、どうでしょうか。

島薗　いいご質問をありがとうございます。昨日からたくさん勉強しましたので頭がはち切れそうになっておりまして、たくさん話をして頭を開放したくなっているような状況です。去年の論集（GBS論集第十五号『日宋交流期の東大寺—奝然上人一千年大遠忌にちなんで—』）が十一月二十四日付で出ているのですが、ここに古代の四天王信仰のことが出ております。もっと知りたいと思っていたことを、龍谷大学の李鎭榮先生が書いておられて、私にとってはとても助かるものでした。唐と新羅が勢力争いをしている中で七世紀、「金光明経」と「四天王信仰」が国を護るお経として大きな位置をもったこと。新羅に四天王寺ができ、戒壇がそれと深く関わっていること。まさにそれが東大寺にきているという気がいたします。

もう一つ面白いのは、四天王寺は聖徳太子ですが、古代の東大寺を考える時、朝廷と仏教の関係でいうと、近代人は自分たちに都合のいい朝廷と仏教の関係を聖徳太子や法隆寺にもっていって、東大寺のことを軽んじているところがあるかもしれないと思ったのですが、これは今後の課題になるのではないでしょうか。

明治維新の時、いかに大きな打撃を受けたかということを、今回、勉強させてもらいましたが、そこからのリハビリテーションの結果というのでしょうか、東大寺は、現代、それなりの役割を日本社会で果たすようになってきています。GBSは、その一つの大きな印だと思います。天皇を尊ぶ朝廷から見て、東大寺はどのように位置づけられていたのか。明治の時代の中でどういうことが起こったのか、それ以後のことも見ていく必要があると思います。それが聖徳太子の方にいくものと、どう関わっているかということが関係があるようにも思いました。

明治の初めだけで考えるのではなく、明治の終わりも考えた方がいいと申しましたが、伝統仏教の宗教者の「命を天皇に捧げる国」という天皇中心の宗教的なもの、それに対する抵抗ということで、大事だと思っているのは、同時に仏教が宗派的なものになっていくということです。明治維新の時、江戸時代の宗門が宗教教団になり、そこに宗教を閉じ込めていくという、東大寺のような宗門とは違う形で、社会に影響力をもっていたお寺が軽んじられていくことになりましたが、そういう面から見ると新たに宗門を超えて社会に仏教の働きを具現していくことが、明治以降に起こってきたと思います。その点で私が注目している一人は渡辺海旭（一八〇九～一八八八）という浄土宗の僧侶です。海旭は、ドイツで学び、明治終わりに日本に帰ってきて、仏教社会事業を立ち上げました。一方、明治の初めに浄土宗で仏教全体の復興を目指し、ある種の戒律復興を唱えた福田行誡（一八七二～一九三三）という僧侶がいました。海旭は行誡の後を継いでいて、そういう流れは一つ宗門としての仏教を超えていく動きとして重要ではないかと思います。

また、明治天皇は、死後まもなく明治神宮を建てられ、すぐに神様になったのですが、それに反対した重要な人物が石橋湛山（一八八四～一九七三）です。湛山も渡辺海旭も二人とも貧しい家の出で、お寺に入って学問をしました。石橋湛山は日蓮宗のお寺に入りましたが、日蓮宗的なことは何も言っていないし、外部への拡張的な政策に反対して、戦後は自民党の総理大臣になった人ですが、そういう人たちの中に大きな可能性を仏教がもっていたのです。東大寺的な「正法の宗教」という、そのような理念が、そこに生きていると思ったりします。そういう意味で、東大寺や南都仏教、真言系…、東大寺が浄土宗に吸収されたというのは、いわば浄土宗は江戸時代の主流の宗派なので公的な責任を負いやすい立場にあった、ということが東大寺が浄土宗と関わった理由の一つかと思います。谷川さんのお話を我田引水的にもってきて、そんなことを考えたりもいたしました。

もう一つ、田中利典先生がいらっしゃらないので、田中先生の代弁をするつもりもあるのですが、神仏習合の要素がいかに強かったかということは、狭川長老と田中先生のご講演でかなりよくわかりました。東大寺は今もたくさん庶民が訪れる寺ですが、庶民的信仰と地続きだったのです。「バラバラ心経」なんて、とても庶民的なところがあると思います。博覧会の話も庶民的、文化的な話ですが、この場所が、近代の庶民文化とつながる要素があったと、そもそも東京では成田山とかがありますが、そういうふうにとらえていいかなと思うのです。それらが「神仏習合」の伝統とどのようにつながっているのか、そんなことも考えた次第です。

吉川　南都の僧侶に関しましては、私の存じている範囲でも、唐招提寺の北川智海長老などは「お坊さんは信仰の関係上、兵隊になってはいけない。だから徴兵は免除して欲しい」という運動をしたと聞いています。近代奈良の僧侶の活動については、今後深めていく問題だと思っています。

狭川長老にもご質問がきております。

『奈良坊目拙解』という、江戸時代に編纂された本がありますが、その中に東大寺の境外に護法八箇所があって「外八興と号した」という記事があります。その場所は押上町の一里塚、尼橋町の胴塚弁財天、北御門町の祇園神宮、南水門町の水門橋際を挙げています。それについて、狭川長老が言われた八興社と関係があるのでしょうか。東大寺さまとして、この箇所を意識しているのでしょうか」

狭川　ご質問ありがとうございます。質問にお答えする前に私の話の中で東大寺と関係が深い宇佐八幡宮、伊勢大神宮、手向山八幡宮が出てきました。前に「手向山八幡宮が独立なさったのはいつか？」と宮司さんに尋ねましたが、「わからない」というお返事でした。坂東さんのお話の中には「明治四年五月、手向山八幡宮が県社になった」とありました。史料的には、明治四年五月に東大寺と分離したという、はっきりした史料だと思うので訂正しておきます。

質問への答えですが、確かに地図に弁財天さん、祇園さんとか書いてあります。私も神社のことには疎いものですから、早速、知り合いの宮司に電話をして聞きましたところ「実はそこまではわからないので、後ほど史料を調べてお返事します」ということでした。質問をいただきました方、恐れ入りますが、お帰りの時、受付で住所を書いておいていただきましたら、わかり次第、お返事いたします。お約束させていただきます。

二番目の質問、東大寺として、この場所を意識しておられるかということ、東大寺自体というよりも、私も神名帳を勉強しまして金峯山寺さんの次に八幡さん、その次に八興社と、すぐそばのガード的な八興社を意識しています。良弁杉が二月堂の下にあり、そのそばに興成神社があるのですが、これが八興社で唯一残っている神社でございます。あとの七社は跡形もないわけです。地図を見ると場所が確定するわけですから、せめて鳥居だけは建てたいなと、私個人としてはそのように考えています。以上の二つが答えです。

吉川　明治維新でいろいろ変わってしまって、伝承とか神社とかも失われた面が多々あるのかなと思います。今となっては分からなくなってしまったこともあるのでしょう。

狭川長老にもう一つ質問がきております。

「修二会で勧請された後、神さまは、お帰りになるのでしょうか」

狭川　神さまにお伺いしないとわからないのですが、常識的に考えますと、毎年、勧請しているのでから、お帰りになっているのでしょうとお答えしておきます。

吉川　一日目の先生方への質疑応答は、そこまでといたしまして、二日目に入ります。

谷川先生にご質問がきております。

「現在、仏教の多くの宗派に布教師という資格の制度があります。地域の寺での法要では住職とは別に布教師を呼び、説教するのが一般化しています。管長を呼ぶこともありますが、これは教導職制度に由来するのでしょうか」

いかがですか。

谷川　ありがとうございます。ある制度が近代にできたとしても、明治以前、近世ではどうであったか等を、よくよく知っておかないと評価できないと思います。教導職制度は、いきなり何もないところにポンとできたのかというとそうではなく、十九世紀前半段階でお坊さんが庶民に説教をするのはかなり広範化・日常化していて、それが無理のない形でできそうだ、国家として使えそうだという実績があったことから、できた制度かもしれないというところがあるのです。ですから、布教師が教導職制度に淵源するかどうかも、それ以前の状況から考えないといけないと思います。ただ、実際に「布教師」というものの養成をいちいちやっていくのが多くなったのは確かに明治に入ってからです。それぞれの宗門で学侶を養成するのとは別に、説教の能力を養成していかないといけないということで専門の機関をどの宗派でも作っていく。近代的教団には必要な機関として作られていくことは確かなので、そのことからいうと説教の高い能力が求められる教導職制度に由来しているとも言える、とお答えしたいと思います。

吉川　谷川先生に、もう一つ質問があります。

「明治時代、仏教政策が一般信者に与えた影響について。ご研究されていればお話しを伺いたいのです」

という質問ですが、いかがでしょう。

谷川　難しい質問ですが、究極的にはそれが知りたいと私も思い、考えてきたつもりです。今回のお話は教団制度ができていくとか教化政策を通じて宗門の中がどう変わるかという「上」の方の話をしましたが、それが普通の人にどんな影響があるか、関心があることは当然だと思います。ただそれを考えるにあたり、まず何をもって「影響」となるのか、今回お話しした説教や教化というのはいつ「影響が出る」と見るのかが、滅茶苦茶に難しい問題です。大学で授業をしていても、たとえば一番前の席でウンウン頷いているのにテストをすると全然わかっていなかった、という学生さんはよくいたりします。しかしそんな学生でも、もし亡くなる直前に、昔ああいう授業を受けていたなあ、なんてことを思い出してくれたら、それは「影響があった」といえるのか…という思いもあったりします。どうなってくれたら教化の影響を与えられたと言えるのか、実にとらえがたい問いだと思います。それでも今回お話しした「上」からの話に若干つなげるとすれば、南都寺院は、ある近代的教団の型、真言や天台や真宗やら浄土宗という教団の型にはまらないということで「いわゆる「正しい」仏教は七つの宗派である」、それ以外は「正しくない」という形でとりあえずその七つのうちのどれかに入れと命令されたわけです。修験道などもまさにそういう扱いを蒙った一例だと思いますが、それはある意味、「正しくない」ものをたくさん作り出してそれを排除するという一般的な動きを促します。道端のお地蔵さんを「古くさいもの」「幼稚なもの」という感じで見て、土俗的な信仰を「文明開化の世にはいらないもの」と見なしたりする。それによって信仰の形を狭めたという理解は、今回の話につながる論点と言えるでしょう。つまり、「正しい仏教とはこれだ」と「上」から枠をはめることによって、動きを窒息させられたような信仰のあり方が、実際にあったと思うのです。そういう点で明治新政府の仏教政策は「多様な信仰をもっていた信者にある程度、枷をはめる」という影響を与えたかもしれない。今回の話からそう展望できるかと思います。

また、戦争との関わりを通して見るなら、お坊さんの話を普通の法事以外で聞くとすれば、説教もそうですが、戦没者追悼の行事という場があり、直接の関係者以外にもそれは開かれて行われていました。そこでは、戦争で死んだ人を悼みその死を受け入れる、儀式を見るお坊さんの話を聞く。というだけでなく、たとえば公園を会場とした追悼法要なら、今回の博覧会のように出し物だとか、サーカスをやったり、屋台が並んだりして人を集める。そうした経験を通じて無意識のうちに、仏教が戦争にまつわる宗教だという認識が、近代社会において広まったという側面もあるでしょう。それは明治時代に一般の信者に与えた影響として、確かに考えておかないといけません。狭川長老のご講演の中に「年次法要」の話があり、八月十一日には「英霊盂蘭盆会」をやっておられるということでした。こうした法要が今も残っていることへの着目も、現代から戦争との関わりを考えていく一つのよすがになるのかなという気がしています。ちょっと話が拡散しましたけれど、そのようにお答えしたいと思います。

島薗　今のお話に関連して、田中先生のご講演にもあったように、「神仏分離」で修験道は大打撃を受けたのですが、修験道に近い信仰が、かなりの程度で、教派神道、御岳信仰、山岳信仰でいえば富士講、御岳講、天理教、やがては大本教も出てくる、これは従来の神仏習合、稲荷信仰も伏見稲荷は近代になって非常に発展した面がありますが、そういうものは教派神道に所属するのですが、そこにはそんなに天皇が出てこないのです。明治時代に必死に導いて大正、昭和と「天皇信仰」に組み込まれる時間をかけていると思いますが、「神仏分離」が、直ちに国家のいうとおりの宗教の方へ向けたかというと、そうでもないのです。神道へ向かう流れは政府だけが動かしたのではなく、民衆の側にもあったということがあるのだと思います。

吉川　谷川先生が詳しくお話ししてくださった明治時代の浄土宗寺院を中心とする動向などは、明治時代の宗教政策を考える場合、欠かせないものです。が、奈良で古文書調査をしていると、奈良はちょっと違うかな、と思っておりました。当時の寺院政策が主眼に据えたのは、多くの檀家を持っている巨大な寺院組織だと思います。それは京都が中心であって、檀家を持たない奈良の寺院はあまり関係がないのかなと今まで思っていました。その辺の理解が、谷川先生のお話しをうかがってみて、「やはり関係ないのかな」という気持ちもありますが、「いや、そうでもないのかな」とも思ったところです。

谷川　「そうでもない」と思いますよ。「そういうふうに見てこなかった」というのは私もそうです。でも、両方から見たらいいと思います。やっぱり特殊だという目と、存外と他の宗派とも似ているのに「南都は特別」と見落としてきた面もある…そのあたりは見直してみたらいいのではないか、というのが今回の報告の一つの趣旨でした。

吉川　「日本仏教全体の中での奈良仏教の特殊性と普遍性を考える必要もあるのかな」と思いました。島薗先生のお話とも絡んでくるところかと思います。

では、田良島先生へのご質問です。

「直接、写真と関わる話ではありませんが、「壬申検査」がなされる前の「古器旧物保存方」の対象物の中に、仏像や仏具は対象となっておりましたでしょうか。一方、守る立場にあった寺社等において古器旧物として認識していたのでしょうか」

いかがでしょうか。

田良島　補足を一つさせていただきます。先程の報告の中で写真の撮影の場所について推測を述べたのですが、早速、休憩時間中に当事者のみなさんからコメントをいただきました。一つは大きな仏像、浄瑠璃寺の阿弥陀さんとかが写っていた場所は「帝国奈良博物館ではなく、帝国京都博物館だった」というご指摘をいただきました。唐招提寺の大日さんが写っていたのは奈良で、像の周囲を白く消してあった羅睺羅像も奈良博の中だろうとのご指摘を奈良博の関係者の方から頂戴しました。そのとおりかと思いますので確認させていただきたいと思います。それから明治五年（一八七二）の正倉院の宝物を移した琵琶と琴、正倉を写した写真の中に、後ろに写っていた菊の御紋が入った幕が床下にかけられていたところがあったので、その場所かと考えました。ところが、正倉院の関係の方から「おそらくその場所だと光が入らない。幕の後ろの様相から見て正倉院の向かい側にある一角が考えられるのではないか」とご指摘をいただきました。このあたりは、今回ご紹介した写真に限らず、細かく検討していって場所の特定を進めていきたいと思いますので、ご関心のある向きは、写真をためつすがめつ、見ていただくとよいのではないかと思います。

ご質問について。明治四年、「古器旧物保存方」の調査で書き上げるべき古器旧物のカテゴリーが、布告の中に例示されています。陶磁器、漆器、楽器と類型が並んでいき、その中に古仏像並びに仏具の部があり、政府側は仏像や仏具を古器旧物と認識していたことは明らかです。これを受けたお寺さんの側は仏像、仏具を古器旧物と考えたかというと、別問題で、この時点では仏像を器物と考えるということは、お寺の立場から察するとなかったのではなかろうかという気がいたします。それが一定の転換をするためには仏像、仏具を「仏」ではなく、「造型的に優れているものである」という社会的認知がないと近代国家の政府としては「ありがたいか、ありがたくないか」ということで保護はできないわけです。したがって、モノとしての仏像、姿形のあるモノとして、仏像の姿形が優れているか、歴史的由緒があるかで保護の判断をすることになります。そこが当事者であるお寺さまとの認識の差となって現れていただろうと考えております。ある意味、認識が共有されたところで近代的文化財の行政が始まるといってもよいかと考えております。

吉川　明治初年の「神仏分離」で政府が言ったのは「分離」するだけで、別に「壊せ」とは言っていないということになるかもしれません。でも実際には「廃仏毀釈」になってしまいます。しかし早い段階から文化財的なものとして、宝物の記録、保存も行おうとしています。一方で壊しておきながら、他方で保存すると言っているように見えるので、政府の考え方が思い至らないところもありました。今、田良島先生のお答えを拝聴しますと、近代国家としてどういうものを優れていると認定していくのかという動きが、壬申検査のかなり早い段階からあったかと思います。それが現在の文化財という考えにつながっていくというお話しは、腑に落ちるところでございました。

次は黒岩先生へのご質問です。

「新史料の調査により奈良博覧会の全貌が明らかになり、官民合同といわれる組織の「民」の裾野の広さが改めて確認できました。明治二十七年（一八九四）を最後に博覧会は新設の奈良帝室博物館に移り、「官」主体に移行しますが、それまでの「民」の動きはどのようになっていたのでしょうか。

「博覧会の興行収入は何に利用されたのでしょうか。文化財の保護には利用されていたのでしょうか」

黒岩　博覧会の入場料は、大人が三銭、子どもが一銭、途中から四銭と二銭に変わります。先行研究の山上豊さんが書かれたように、明治二十年代になってから、それまでの記録をまとめた公文書がありますが、明治八年、九年だけを単体で見ていても、全体の会計文書がないのです。何々の収益とばらばらに出ているだけ。で、それを参考にせざるをえないのですが、今日の会社規則の中に出てくるように、第二十五条に「昨年、博覧会収益は金千円」と書いてあります。これが一番収益の多かった初回の明治八年（一八七五）ではないかと思われるので、史料は明治九年のものではないでしょうか。明治八年は入場者数が多くて十七万二千十名といわれています。入場料収入で経費を引いていない部分ですが、五一六〇円と記録があります。諸々の経費を四〇〇〇円近く引いて一〇〇〇円ではないか、おそらく黒字が出たのではないかと思っています。明治九年の日誌には「暇だ、暇だ」と書いてありましたが、半分くらいしか入っていません。会期は長く、通常は三月一日から五月末迄ですが、明治九年は三月十五日から六月終わりまで一〇〇日余りなのですが、人数は初回のほぼ半分の九万三千人しか入っていません。入場料収入は二七〇〇円。完全に赤ではないかと思われます。わかっている収入と経費とを見ていくと、黒字が出たのが明治十三年（一八八〇）の第五回、これも十一円だけでほぼトントンです。それから明治二十年（一八八七）の第十二回、これは奈良県が復県、再設置される年だったので、お祝いの意味も多少あって、それでも二〇〇円。それ以外の年は基本的に赤です。入場料収入を宝物の修繕に回す余裕はなかったのではないでしょうか。他に興行をやっていると、そちらで得られた分を博覧会社に還元している可能性はあります。しかし、それがどの程度のものか、経費に盛り込まれていないのです。合わせると黒が出ているのだったら、儲けるところと人智を開くところがきれいに分かれている、実に素晴らしい話になるのですが、それがどうかは、これからの調査でわかるのか、もしくは調査してもわからないのかもしれません。私は社会教育や学校教育ではあまり儲けようとしてはいけないと思っていますので、それでいいとも思うのですが、赤が出続けると経営が厳しいですから、辛いところもあるのです。これ単体で人智を開くもので、さらに儲けてもしんどいところがあるのではないかな、と思っているような次第です。

一番目の「官民合同がどう変化していくか」

帝国奈良博物館となると、入れ物は官立ですが、やはり県の役人は入っていますので、奈良博覧会社から続けて半官半民とするのがいいかもしれません。古器旧物を集めて、もともとは御開帳以外納めていたものを見ることができて、それも地方博覧会の開化の一環だといわれています。そういう機能は確かに帝国奈良博物館に移っていくかもしれませんが、監査官の中でも、中村雅真（中村堯圓の息子）などは古物蒐集をしていて、目利きとして優れていた人でした。水木要太郎もそうで、外見は官立になっていますが、中で実際に働く人や、モノに接する人たちは奈良博覧会から引き継がれているところもあり、モノ自体もそうですが、そういうところもあるのではないでしょうか。国のお金で運営されるので縛られるところは出てくるけれど、全く変わってしまったかどうか、そんなに簡単なものではないのではありませんか。完全な民の営業、殖産興業的なものは狭川長老も参照されたという『奈良市史』を見ても「近世くらいから奈良の産業は衰えた」としか書いてなくて、詳細もよくわからないことになっています。近代も右肩下がりの状況ばかりであるかどうか、明らかにしないといけないし、それが博覧会の大きな部分であったという可能性もあるのですが。明治三十五年（一九〇二）、奈良県物産陳列館ができて、そちらに引き継がれた部分もあったのではないかと思います。島薗さんも言われましたように、博覧会場となった東大寺は庶民の信仰を集め、庶民が親しみをもてる空間だったのではないでしょうか。興福寺が大きく破壊され、東大寺、唐招提寺も大きな影響を受けるのですが、奈良町を中心とした庶民がすがりつくような、そういう空間として。古器物という奈良の町の人間の底力を表すものとか、娯楽や産業の展観とか、そういうものが東大寺の博覧会の会場でいうと中門から先に集約されていくと考えてもいいのかもしれないなと思います。それが明治十三年（一八八〇）に奈良公園が開かれると、物産陳列館が奈良公園内にできて博物館も奈良公園内にできます。奈良公園の空間ができるまで、それを一手に担っていたのが東大寺のあの場所に、もしかしたらあったのもしれないと、お話を聞きながら大それたことを思って、空間ごと、そこへ移っていくのかもしれないと思いました。興行もの的に関しては、唯一足りない部分ですが、明治の終わりの方の本多静六（一八六六〜一九五二）の「奈良公園の改良意見」を見ると「奈良公園には、動物園とか植物園とか、大衆が楽しめるもの、娯楽がないから、それを作ればいいのだ」ということが書いてあり、それは、もしかしたら博覧会ではあったものが、引き継がれなかったものという形なのかもしれないなと、何となく断片的なものをつなぎあわせて思っております。

吉川　明治初期に奈良で博覧会があったことは知識としては知っておりましたが、詳しいことは存じておりませんでした。今回のご発表で具体的にわかりまして、文化財的なものは、やがて国立博物館につながっていき、一方で、近代の奈良の産業にもつながっていくのかと思いました。さらには、その後につながらない要素もあるのかどうか。また、大規模な催しがなされたその場が東大寺であったこと等、いろいろ考えるべき問題だろうと、聞いていて感じた次第です。面白いことがわかってきたという印象がございました。

では、坂東先生にご質問です。

「手向山八幡宮の県社列格は明治五年一月ではありませんか。そのように『神道史大辞典』に書いてあります」「明治四年五月は官社制度を定めた直後で、官国幣社は指定されたが県社列格まで至っていないはずです」

いかがでしょうか。

坂東　先ほどの狭川長老のお話と逆行するかもしれないのですが…。事典までは調べておりませんが、八幡宮の宮司さんに聞きに行ったら「わからない」ということだったので、「何かないかな」と調べてみたところ、太政官布告で県社までいってしまうのかなと思いました。確認はとっていませんが。太政官布告が流れてくるのには、しばらく時間がかかってからくるはずなので、やりとりを何度もして決まっていく、史料は一つしか上げてないので、そこが決定かどうかは、まだ判断しきれていない状況です。社格となるとあやしい、ということになるのでしょうか。東大寺との分離と書きましたが、鎮守という名前が東大寺と八幡宮でこだわっているようで、その名前がとれた時点で東大寺との分離を考えた方がいいのではないか等、いろいろ考えているところです。質問の正確な答えにはなりませんが、とりあえずの返答とさせていただきます。（鎮守の称号が廃止される決定がなされるのは明治五年五月晦日。本書坂東論文第二節（一〇七〜一一二頁）参照）

さきほどの報告の補足をさせていただきたいのですが、史料1「抗弁書（八幡宮御正体新造屋へ御迎鎮座ニ付）」をご覧ください。（本書坂東論文第三節（一一三頁下段）参照）般若寺の方へ遷ったと言っておりましたが、東大寺と八幡宮の認識を見られるかと思いますが、真ん中あたり…八幡神像が般若寺に遷っていて、それを新造屋に遷すことは聞いています。

宮司さんも「八幡神像を御神体としてやってきた。それを出したのは違うのではないですか？」と言われています。その後、新造屋の方に遷るか、史料的に見出せていないのですが、『東大寺要録』にも書いてあるように、新造屋は八幡宮の関連施設ということで「ここに遷せば何とかなるのではないか」という考え方で、「遷そう」という気があったのではないかと思います。遷された八幡さんの方も、八幡さんの御正体は本尊のご神体ですので、「ちょっと早いのではないかということで、承諾しない」というお知らせ的な手紙なので、その後、いろいろ話し合いがあったのでしょう。八幡宮の関係では、あちこちの史料に入っているものなので、見出すのが短時間では難しい状況で、教学執事の方から私に宿題ということでしたけれど、そこを調べていくのは非常に時間がかかるかと思います。GBSを、近代東大寺、奈良の近代史の研究のきっかけとして位置づけることでやっていかないといけないのではないかというのが、今回の報告の趣旨でございます。

吉川　東大寺さまの近代の史料調査は、緒に就いたばかりだと思います。東大寺内部の史料で見えてくる部分と、神社や国の史料から見えてくる部分とがあるでしょう。東大寺内部でどのように解決策を模索し、外部と折衝し、実際にはいつどのような形に落ち着くに至ったのか、さらに詰めていくべきことかと思いました。

坂東先生のご報告は基礎的な事実を明らかにした点で重要ですが、そこで私からの質問です。

「東大寺さまにとって明治維新の時、何が大きな打撃になり、その画期は、いつだとお考えなのか」

ご報告の最後のまとめを簡潔にお願い致します。

坂東　東大寺の大きな変化をいくつかあげましたが、東大寺がお寺として運営していくためにはお金が必要になってきます。檀家を持たない寺なので、収入源の朱印地がなくなり、その代替も明治七年（一八七四）からの後十年間で低減してなくしていく形となりました。そうなると明治の初めでもカツカツで運営していたので、同じ規模では運営できません。明治八年二月に、塔頭を閉めるとか寺制改革を県に願い出たのですが、東大寺にとってそれが一番大きなことではなかったかなという思いがあります。明治三、四年の「上知令」では、もらっていた朱印地をどうするか、県なり国なりで決めかねていたところで、奈良大学に明治四年の「塔頭にどのように配分し直すか」という史料がありました。明治八年以後が「東大寺の近代」になるのではないかという思いはしておりますが。

吉川　国の法令は、いつ、何が発布されたのかは分かります。しかし個々の寺院が、それにいつ、どのように対応したかは別問題で、まだ個別事例を積み重ねていっている段階かと思います。その対応の違いが、それぞれのお寺さまの近代の歩みにも反映していると思いますので、その動きは重要なところかと思います。またさらに研究が深まることを期待したいと思います。

せっかくの機会ですので、ご報告者同士で聞いてみたい点がありましたら議論を出し合っていただければと思います。

田良島　今日、調査の写真をご紹介させていただきましたが、今の博物館側には調査の記録があって、公文書、写真が残っています。「壬申検査」で調査した側の蜷川式胤（一八三五～八二）の『奈良之筋道』という日記があるのですが、歴史的にもそうですが、こういう学術的な調査は結構暴力的で、それなりに権力的作用ではあるわけで、受けた側がそれをどう受け止めたか、そこからどう反応していったか、落としてはいけない要素の一つで、人類学でも課題として上がることです。今のところ、された側、受け入れた側のお寺が、どのように受け止めたのか、どのように反応していったかは、まだ明らかになっていない気がします。調査を受けたことによって、何か御下賜金がくるとか、最終的に内務省の管轄になるプロセスがだんだんと出てきていると思いますが、そのあたりの受け止め方がわかってくると、近代における文化財調査が、どういう役割を果たしてきたかが立体的に見えてくるのかなと思うのですが、いかがでしょうか。

坂東　そういう記録を探している途中で、近世の日次記の流れをくむ明治六年（一八七三）の『年中日記』はあるのですが、その他、明治五年、『壬申検査』の後の記録、日記類がわかりません。日記には、お寺の者の気持ち等が書かれているとは思うのですが、見つかっておりません。「明治五年八月東南院宝庫目録」（本書坂東論文一一五頁下段一七～二一行目参照）の表紙を見て思うのですが、「壬申検査で正倉院が開いたので、うちもやろう」という形で提出しています。蜷川武胤や町田久成（一八三八～九七）が「これは大事だ。何とかしよう」ということで東南院宝庫に移したのかなというような感じが目録作成に見受けられます。やらされた感があるのかどうか、わからないですが、重要性を再認識して「宝物」としての形を再認識している感が、しないでもないのですが、僧侶の気持ちはわかりません。記録類が少なく、本当にないのか、見つけられていないと言う方がいいのでしょうか。今の時点では答えきれない形です。

吉川　文化財か信仰の対象なのかは、今でも問題になるところです。そのはしりですので面白い論点かと思います。他に何かありませんでしょうか。

島薗　今回の問題設定で、明治維新の時どんな衝撃があり、東大寺が、近世から続いていた面もあるが、大きな打撃を受ける、ここに焦点があたったと思いますが、廃仏毀釈的なものも数年間しか続かなかったともいえます。しかし仏教界を抱き込まないと近代国家の形成はできないのです。西本願寺は政権の中枢と結びついているので、リハビリテーションというか、明治国家の中で仏教はそれなりの地位をまた与えられてきます。そのプロセスの話を、東大寺、奈良仏教、南都仏教についてもしていく必要があるのではないでしょうか。明治という時代を考える時、そのプロセスが重要で、文化財も、その過程で「なぜ近代国家が文化財に力を入れ、その中で仏教がどういう役割を果たすのか」という、そういう問題設定も必要ではないかと感じるのですが、先生方いかがでしょうか。

田良島　近代国家における文化財保護の位置づけは、ここ二十年、三十年の中で研究がそれなりに進んでおります。関西でいうと代表的な方、京都大学人文科学研究所の高木博志先生の「天皇の地位を荘厳する立場としての文化財」というのが一つ、論点としてあるかと思います。ただそれだけに止めてしまうと議論の幅として狭いかと思いますので、より幅広くと思っております。現在、我々が博物館に勤めていて、幅広い形で、来館者も来館しない方も含めて文化財の意義を広めているわけで、この時代においても、どういう形で役割を果たしていたのか、日本の内外、両方に渡ってもう少し丁寧にやっていく必要があるのかなと思っています。

谷川　東大寺なり、南都寺院なりの文化財に着目すると、古いものを持っていることはそれらの寺院が仏教界全体の中に自分たちをどう位置づけていくかという際に、たいへん重要な意味を持つと思います。リハビリテーションという話からいうと、七宗派がある「仏教界」なるものが明治国家の中でどう形成されていくのか。その一つの形として試みられた大教院体制のもとで、東大寺はどういうふうに処していったのか。その体制が瓦解した次の段階に、古物・文化財によって「文化的価値」を示すことで、各宗派の中にあってどう位置づけようとしたのか、ということです。明治初年には先に名前の出た福田行誡らが中心になって、色々な宗派の有志がいっしょに行動しようということで「諸宗同徳会盟」という集まりを作ったことがあったのですが、それが駄目になったという経験が大教院体制の前段階としてあります。また、『教導職要用記』という史料が大正大学にあるといいましたが、大正大学も本当は各宗派集まってつくろうと思ったけれど、だんだんこっちが抜けあっちが抜けして特定宗派だけになってしまった、という経緯の末できたものです。近代、とくに明治時代はある意味で「仏教界」というものを、つくろうとしては失敗していく時代という見方ができます。その中で南都のお寺さんのプレゼンスはどういうものであったか。私などはそのあたりが興味深く感じられるところです。

吉川　時間も迫っておりますが、今回は狭川長老にご出席いただいているという、またとない機会です。最後に狭川長老からご感想など、もしありましたらお願いいたします。

狭川　今、先生からお話を聞いて、福田行誡さんではないですが、基本の思想、「基本は一体どういう教えなのだろうか」ということを、一生のテーマとして勉強を続けているのですか、簡単にいえば、昔から「雑華厳浄」、いろんな花が咲き乱れているようなありさまの教えだと教わってきたのです。雑華、いろいろな花というのは具体的には宗派でいえば真言、禅宗とかを象徴しているわけですが、ひとまとめというか、「宗という名前は違うけれど、みな仏さまの教えはいっしょだ、仏さまの教えは一つである」ことを狙っていると思うのですね。ただ現実の様子を見ますと、そうでもないのです。実は、仏教界全体で合同で法要をすることがありますが、その時に障害になるのは「般若心経」なのです。「般若心経」をお唱えしようとなると浄土真宗さんは絶対に般若心経をお唱えにならないのですね。これは私、あの世へいったら親鸞さんに聞こうとっております。「親鸞さんの教えで、なんで般若心経が、いかんのかな」ということが永遠の課題で、未だにわかりません。そういう障害が具体的にありますね。「三宝に帰依する」。そういうことがあればごまかして合同の法要をしているわけですが、ちっぽけというか、仏さまの世界からいうと実に些細な小さなことですが、それすら現在できていないのです。そういうところから手始めにいろんなお話をし合って、トランプではないですが、もっと話し合いを進めて、互いに胸襟を開いて互いの疑問をぶつけ合って、各宗派で話し合いをしていこうということが、まず大事だと思います。そのためには若い坊さま、次の世代を担う、若い僧侶が中心になってほしいです。年寄りが言うと、年寄りの冷や水とか言われて笑われますけれど、若い坊さまが中心になって「やろうじゃないか」という気風を、まずつくることが大事ですね。私も仏教の勉強をさせていただいて、未だに片かじりしかできないのですが、まず実行で、そのためには若いジェネレーションが踏ん張ってもらわないといけないと思っています。明日といわず、今からでも、そういう気持ちで進んでいきたいと思っておりますので、私の遺言として聞いていただけたら、ありがたいと思います（拍手）。

吉川　狭川長老から締めのお言葉もいただきましたので、今回の討論はこれで終わらせていただきたいと思います。どうもありがとうございました（拍手）。

上司　ありがとうございました。今、狭川長老さま、吉川さんがまとめてくださいましたので、私から何も言うことはございませんが、明治からという、どう捉えていいかわからない、この百五十年をテーマにさせていただきました。今の政府が明治百五十年をとらえて「この精神を次世代につないでいく、この精神をさらに飛躍する日本に」といって、マイナスではなく、プラスの光の部分で進めていこうと聞こえるのですが、そこはどうなのでしょうと。今回、いろいろなことを勉強させていただきました。今、お話がありましたので、それぞれみなさんが持ち帰って考えていただきたいと思います。

　最後に東大寺からのご挨拶としましては、刺さる言葉がたくさんあって、狭川長老から若い僧侶が中心になってというお言葉がありました。私、若いかどうかわかりませんが、長老と比べると、はるかに若いのですが、これをどうとらえていくか、何を考えていかなければならないのかなと、昨日からいろんな話がある中で、先生方からいただいたお言葉の中で「東大寺の正法の交流が大事なのではないか」と思いました。東大寺は「華厳」という大きな世界の中で「グローバルではなく、ユニバーサルだ」と思うこともあります。昨日、「グローカル」という言葉も出てきましたが、そんな中で「鎮護国家」という言葉、ひょっとすると「護国」という聖戦の名のもとに戦争ということを起こす、その中に「護国」という言葉があったと思いますが、その言葉と混同していたような気が、しないこともありません。もっと大きな、大きな国の単位ではないということでとらえようとしていたのかもしれませんが、「正法」という言葉、宗教が社会を動かさない、でも「宗教の光が社会を導いていくことが鎮護国家だ」というのが、ものすごく刺さりました。そのことを考えていくに、明治の時代の宗教観の返還は大きなことであったのかなと、それを今回の先生方、それぞれの言葉の中から拾い上げたように思います。東大寺も、今、どうやって、どういう立ち位置で、これから進んでいかないといけないのかを考える時期になっているかと思います。その中で「正法」、正しく法を伝えていくことが「鎮護国家」「宗教の光で国を、社会を照らしていく、導いていく」ことにつながっていくのかなと、そういうことを明治の時代はどういうふうに解釈したのか、誤ったのか、誤ってないのか、まださらに検証していかなければならないのか等と思いました。ほんとに勉強させていただき、ありがとうございました。長時間、ご静聴ありがとうございました。

　ＧＢＳも十七回目を迎えまして、ますますいろんな課題があることがわかってまいりました。次につながっていくのかなと思います。次は二〇一九年十一月二十三日（土）、二十四日（日）となりますが、どういうテーマになりますでしょうか。お楽しみにしていただければと思います。

　本日は、どうもありがとうございました。先生方、ありがとうございました。また来年、お会いしましょう。ありがとうございました。

Tōdai-ji Temple in the Meiji Period:
The Rise and Fall Ushered in by the Modern Era
Papers from the Great Buddha Symposium No. 17

Tōdai-ji and a Reexamination of Historical Perspectives on Modern Buddhism: Focusing on the Concept of the True Dharma and the *Golden Light Sutra*

Susumu Shimazono

When reexamining Japanese Buddhist history by removing the historic bias of Kamakura Buddhism's predominance, which has greatly influenced modern Japan, the importance of *shōbō*, or the "True Dharma", one of the fundamental concepts of Buddhist social ethics, becomes apparent. When reexamining the Buddhist history of the Nara period, the central role of the concept of the "True Dharma" is clear. Above all, Tōdai-ji and those associated with the temple such as Emperor Shōmu, Gyōki, and Jianzhen (J. Ganjin) come to mind. The *Golden Light Sutra*, belief in the Four Heavenly Kings, Saidai-ji Temple, and the precept platform are also closely connected to Tōdai-ji. When recalling the important role entrusted to Tōdai-ji in the Nara period, new light can be shed on the state of Japanese Buddhism in later periods. New perspectives can also be introduced in current discussions on Buddhist social ethics. Today, it has become increasingly necessary to restore important aspects of Buddhism to serve as the guiding principle for society and to devote itself to coexist with society while confronting people's hardships today.

Tōdai-ji under the Jurisdiction of Jōdo Shū in the Early Meiji Period: A Preliminary Study of the Records on the Agency for Religious and Moral Instructions

Yutaka Tanigawa

With the Meiji Restoration, Buddhism in Japan has generally been considered to have faced difficult times under the new government's anti-Buddhist policies (*haibutsu kishaku*). However, more than the damages from this blow, the hardships caused by the *agechirei* (the land confiscation laws issued in the first decade of the Meiji period), the decay and merger of temples without members or head priests, and the repeal of special privileges for priests were far greater. In addition to this, the Meiji government demanded that Buddhist priests teach new virtues that incorporated Shinto, such as "reverence for the gods and patriotism" (*keishin aikoku*). The Pure Land sect Jōdo shū, which temporarily administered Tōdai-ji, was also involved in these edification activities. The Records on the Agency for Religious and Moral Instructions (*Kyōdōshoku yōyōki*, 1873 to 1877) from the Pure Land temple Konkai Kōmyō-ji in Kyoto, however, reveal that Jōdo shū was not forcibly involved in these activities. The head priest of Konkai Kōmyō-ji attempted to strengthen the sect's solidarity by preaching to the priests and members of its branch temples throughout Japan and assigning them with official positions within this edification policy. Moreover, among the priests of the sect, there were those who raised the question of reconstructing the hierarchical order of Jōdo shū according to one's ability to teach. Although this policy ended in four short years, the experience gained from this by the various Buddhist organizations was not insignificant and eventually connected to explorations of solutions for self-governing and social enterprises. Tōdai-ji's modern period can perhaps also be reexamined within this context.

Photographs of Japanese Cultural Properties as Research Material: Focusing on Meiji-period Research in Nara

Satoshi Tarashima

After the Meiji Restoration, photography as a new technology of the time was actively adopted as a means to record cultural properties such as historic buildings and artworks. Photographs played an important role in the Photobook of the Former Edo Castle (*Kyū Edo-jō shashinjō*), the Official Survey of Cultural Heritages in 1872 (*Jinshin kensa*), and the Temporary National Treasures Investigation (*Rinji zenkoku hōmotsu torishirabe*), which were the result of surveys on cultural properties conducted by the government in the early Meiji period. Photographs also served as a major factor in bringing awareness to the cultural properties in the Kinki region, especially in Nara. Photography was frequently used in documenting cultural properties for its objectivity, economic advantages, and other benefits, and though there are different types of materials that have survived to the present, these need to be better understood and utilized more in research. Wet and dry glass plate negatives are invaluable for their rich detail and the information they contain from the period in which they were taken, hence, their wide use for research is anticipated. Moreover, with the development of digital photography in recent years, data, which have previously been difficult to use, have become easily accessible and reevaluations of previous studies have also begun to appear. Making these images publicly available will greatly benefit research hereon.

Modern Nara and the Nara Expositions

Yasuhiro Kuroiwa

The Nara expositions (*Nara hakurankai*), held during the early part of the Meiji period (1868-1912), have drawn much attention from scholars for many years due to their exhibition of the *Shōsō-in gyobutsu*, or imperial treasures of the Shōsō-in Repository. Although much basic information such as the arrangement of the objects had been missing, at the end of 2014, a massive amount of documents was found at Tōdai-ji revealing the circumstances of these early expositions. For example, the "company rules", dated around 1876, indicate that merchants, priests, and performers in the towns of Nara-machi, Kōriyama, and Nishinokyō supported the exposition company as shareholders and agents (*shūsennin*), while records from the maintenance office show the layout of the exhibited works and fabrication of the glass cases and vitrines in the exhibition spaces. Regarding the most important acquisition of specialty products and ancient works, the log for the Bureau of Goods (*Buppin kyoku*) reveals the use of art handlers in acquisitions and the movement of objects for rotations and for traveling exhibitions. The documents also show that female dancers were especially popular in drawing visitors as part of the "supplementary exposition" (*zuke hakurankai*), which functioned as entertainment, and the connection between the smaller, permanent exhibits and the Imperial Nara Museum, which opened in 1895.

Tōdai-ji during the Period of Transition from the Early Modern to Modern Era: Focusing on Institutional Changes

Toshihiko Bandō

This paper primarily examines the institutional changes at Tōdai-ji Temple during the transition from the early modern to the modern era. The Tōdai-ji sub-temples from the early Edo to the early Meiji period numbered around thirty; even in the midst of the social upheaval caused by the early Meiji policy to separate Shinto and Buddhism and the anti-Buddhist movement, the number of sub-temples did not decline. In part due to the patronage of daimyo, however, the collapse of the shogunal system inevitably reduced the scale of the temple's operations. For this reason, the sub-temples were reorganized and reduced to only nine temples in order to continue to maintain Tōdai-ji.

Under these circumstances, Tōdai-ji could no longer manage and maintain the treasures in the Shōsō-in Repository, which it had done for over a thousand years. This resulted in the relinquishing of the collection, which then went under the care of the Japanese government. Moreover, within the Meiji government's move to make Shinto the state religion, The Hachiman Shrine had planned to continue to coexist with Tōdai-ji through their mutual recognition in the concept of the "tutelary gods" since their respective establishment. The government, however, ordered the former to become a prefectural shrine of Nara Prefecture, thereby forcing the shrine and temple to separate.

第17回 ザ・グレイトブッダ・シンポジウム

平成30年11月24日（土）

開会挨拶：狹川　普文（華厳宗管長・東大寺別当）

基調講演：島薗　　進（上智大学）「近代仏教の見直しと東大寺」

特別講演：田中　利典（金峯山寺）「明治期における神仏分離と修験道」

特別講話：狹川　宗玄（東大寺長老）「東大寺に残る神仏習合」

11月25日（日）

《研究報告》

谷川　　穣（京都大学）「明治新政府の仏教政策とその波及について」

田良島　哲（東京国立博物館）「文化財写真の資料的意義―明治時代の奈良の調査を中心に―」

黒岩　康博（天理大学）「近代南都と奈良博覧会」

坂東　俊彦（東大寺史研究所）「近世近代移行期の東大寺―組織と寺宝管理を中心に―」

全体討論会「明治時代の東大寺―近代化がもたらした光と影―」

吉川　　聡（奈良文化財研究所）

狹川　宗玄（東大寺長老）

島薗　　進（上智大学）

谷川　　穣（京都大学）

田良島　哲（東京国立博物館）

黒岩　康博（天理大学）

坂東　俊彦（東大寺史研究所）

ザ・グレイトブッダ・シンポジウム論集第十七号
論集 明治時代の東大寺
―近代化がもたらした光と影―

二〇一九年十一月二十三日　初版第一刷発行

編　集　ＧＢＳ実行委員会
発　行　東大寺
〒六三〇―八五八七
奈良市雑司町四〇六―一
電　話　〇七四二―二二―五五一一
ＦＡＸ　〇七四二―二二―〇八〇八

制作・発売　株式会社　法藏館
〒六〇〇―八一五三
京都市下京区正面通烏丸東入
電　話　〇七五―三四三―五六五六
ＦＡＸ　〇七五―三七一―〇四五八

ISBN978-4-8318-0717-5 C3321

ザ・グレイトブッダ・シンポジウム論集

東大寺の新研究1
東大寺の美術と考古　栄原永遠男・佐藤　信・吉川真司編　一七、〇〇〇円

東大寺の新研究2
歴史のなかの東大寺　栄原永遠男・佐藤　信・吉川真司編　一七、〇〇〇円

東大寺の新研究3
東大寺の思想と文化　栄原永遠男・佐藤　信・吉川真司編　一七、〇〇〇円

東大寺叢書1
東大寺要録一　東大寺史研究所編　三〇、〇〇〇円

東大寺修二会の構成と所作　全四冊　東京文化財研究所芸能部編　上中下各　一四、〇〇〇円　別巻　一六、〇〇〇円

悔過会と芸能　佐藤道子著　一四、〇〇〇円

中世初期　南都戒律復興の研究　蓑輪顕量著　一六、〇〇〇円

法藏館　価格税別